21 世纪国际商务教材教辅系列

编写委员会

总 主 编：余世明
副总主编：袁绍岐　张彬祥　何　静
编写成员：（按姓氏笔画）

王雪芬	邓雷彦	邓棣嫦	邓宇松	刘德海	刘生峰
杨　青	杨　逞	杨子屯	李　涛	吴憲华	肖剑锋
何　静	余世明	张彬祥	张少辉	张小彤	陈　梅
陈夏鹏	林丽清	罗楚民	冼燕华	赵江红	胡丽媚
袁绍岐	袁以美	顾锦芬	黄　丽	黄清文	黄森才
彭伟力	彭月嫦	曾　馥	谢蓉莉	赖瑾瑜	詹益生

21世纪国际商务教材教辅系列

总 主 编　余世明

副总主编　袁绍岐　张彬祥　何　静

出口跟单实务

主编　余世明

Practice about

the Foreign Trade

Perform

暨南大学出版社
JINAN UNIVERSITY PRESS
中国·广州

图书在版编目（CIP）数据

出口跟单实务/余世明主编 . —广州：暨南大学出版社，2008.11（2012.1
重印）
（21世纪国际商务教材教辅系列）
ISBN 978 – 7 – 81079 – 962 – 1

Ⅰ. 出… Ⅱ. 余… Ⅲ. 出口—贸易实务 Ⅳ. F740.4

中国版本图书馆 CIP 数据核字（2008）第 022647 号

出版发行：暨南大学出版社

地　　址：中国广州暨南大学
电　　话：总编室（8620）85221601
　　　　　营销部（8620）85225284　85228291　85228292（邮购）
传　　真：（8620）85221583（办公室）　85223774（营销部）
邮　　编：510630
网　　址：http：//www. jnupress. com　http：//press. jnu. edu. cn

排　　版：暨南大学出版社照排中心
印　　刷：广东省农垦总局印刷厂

开　　本：787mm×960mm　1/16
印　　张：19.125
字　　数：363 千
版　　次：2008 年 11 月第 1 版
印　　次：2012 年 1 月第 2 次
印　　数：3001—5000 册

定　　价：33.00 元

（暨大版图书如有印装质量问题，请与出版社总编室联系调换）

目　录

编写说明

随着我国外经贸的快速发展，我国外经贸人才的需求缺口更大。社会急需一大批懂得外贸业务知识，特别是掌握国际贸易实务、国际商务单证实务和国际商务英语函电等专业知识，从事出口跟单业务的基础性人才。

为了满足我国外经贸发展对外贸跟单员的需要，2006年，国务院国资委商业技能鉴定与饮食服务发展中心在全国开展外贸跟单员培训认证。在该中心的授权下组织编写了《外贸跟单理论与实务》，并将其作为全国商务人员职业资格考评委员会外贸跟单员指定培训教材。本书就是在作者主编了该指定用书的基础上专门针对出口跟单实务编写而成。

本书的编写具有如下特点：

（1）顺序渐进。本书的讲解以出口跟单的业务顺序为线索，从开始的接单，到合同的订立和审核，再到最后的履约跟单，顺序渐进，通俗易懂。

（2）内容翔实。无论是本书中的国际贸易实务知识，还是单证实务知识，都能结合最新修订的国际贸易惯例（如《UCP 600》、《ISBP》等）和我国的最新外贸政策进行解释，采用的案例和单证实例更是近几年外贸公司的实际业务资料。

（3）实单实证。书中的信用证和单据，尽可能采用公司实际外贸单证，避免人为编造，这样可以提高学习者的感性认识，方便业务员工作时参考。

本书不仅可作为学生学习出口跟单的教材，也可作为涉外各类考证和各类干部培训国际商务基本知识的参考书，还可作为在岗外贸跟单员案头的工具书，以及有志于从事国际商务工作人员的自学用书。

本书由余世明担任主编，冼燕华、彭伟力担任副主编。在编写过程中，我们参考了大量的专著和资料，还引用了很多外贸公司的材料，在此谨向有关作者和提供材料的企业的厂长、经理、业务员、跟单员表示衷心的感谢！由于编者水平有限，错误之处敬请批评指正。

编　者
2008 年 8 月

第一章　出口合同订立前的跟单
——出口接单

第一节　贸易术语

一、贸易术语的含义和相关的国际贸易惯例

（一）贸易术语的含义

贸易术语（Trade Terms），又称价格术语（Price Terms），它是在长期的国际贸易实践中产生的，用来表示商品的价格构成，说明交货地点，确定风险、责任、费用划分等问题的专门用语。

由于每一种贸易术语对买卖双方的义务都有统一的解释，使用贸易术语，有利于买卖双方明确各自的权利和义务，早日成交。同时，各种贸易术语对于成本、运费和保险费等各项费用由谁负担都有明确的界定，使用贸易术语，买卖双方比较容易核算价格和成本。此外，由于贸易术语由相关的国际惯例解释，对买卖双方在交易中发生的争议，可引用相关的国际贸易惯例进行解释。

（二）与贸易术语相关的国际贸易惯例

1.《1932 年华沙—牛津规则》

1928 年国际法协会在华沙开会，制定了《1928 年华沙规则》，该规则专门解释 CIF 买卖合同的性质、买卖双方的责任、费用、风险的划分以及所有权的转移方式等问题。1932 年国际法协会在牛津开会，对原规则进行修订，产生了《1932 年华沙—牛津规则》。

2.《1941 年美国对外贸易定义修订本》

《1941 年美国对外贸易定义修订本》（Revised American Foreign Trade Definition 1941）由美国九个商业团体共同制定。最早于 1919 年在纽约制定，1941 年产生了修订本。该惯例对六种贸易术语进行了解释，在美国、加拿大等美洲国家和部分拉丁美洲国家有较大影响，具体是：

（1）Ex Point of Origin（产地交货）。

（2）FAS（在运输工具旁边交货）。

（3）FOB（在运输工具上交货）。

（4）C & F（成本加运费）。

（5）CIF（成本加运费、保险费）。

（6）Ex Dock（目的港码头交货）。

3.《2000 年国际贸易术语解释通则》

《2000 年国际贸易术语解释通则》（INCOTERM 2000）是由国际商会制定的。最早产生于 1936 年，全称为 International Rules for the Interpretation of Trade Terms 1936，简称为"INCOTERM 1936"。现行的《2000 年通则》是在修改《1990 年通则》的基础上于 2000 年 1 月 1 日起生效的。《2000 年通则》共解释了 13 种贸易术语，并分为 E、F、C、D 四组。该惯例在当今国际贸易中被普遍使用。

二、FOB

FOB 是 Free on Board（... named port of destination）的英文缩写，其中文含义为"装运港船上交货（……指定装运港）"。使用该术语，卖方应负责办理出口清关手续，在合同规定的装运港和规定的期限内，将货物交到买方指派的船上，承担货物在装运港越过船舷之前的一切风险，并及时通知买方。

（一）买卖双方的基本义务

卖方的基本义务	买方的基本义务
（1）在合同规定的时间或期限内，在装运港，按照习惯方式将货物交到买方指派的船上，并及时通知买方。	（1）负责租船或订舱，支付运费，并给予卖方关于船名、装船地点和要求交货时间的充分通知。
（2）自负风险和费用，取得出口许可证或其他官方批准证件，办理货物出口所需的一切海关手续并支付有关的税费。	（2）自负风险和费用，取得进口许可证或其他官方批准的证件，办理货物进口所需的一切海关手续并支付有关的税费。
（3）负担货物在装运港越过船舷之前的一切费用和风险。	（3）负担货物在装运港越过船舷后的一切费用和风险。

（续上表）

卖方的基本义务	买方的基本义务
（4）自负费用，提供证明货物已交至船上的通常单据。如果买卖双方约定采用电子通讯，则所有单据均可被具有同等效力的电子数据交换（EDI）信息所代替。	（4）接受卖方提供的有关单据，受领货物，并按合同规定支付货款。

（二）使用 FOB 贸易术语应注意的问题

1. 《1941 年美国对外贸易定义修订本》（下称《定义》）和《2000 年国际贸易术语解释通则》对 FOB 贸易术语解释的区别

（1）交货地点不同。根据《2000 年通则》的解释，卖方交货的地点在装运港的船上，而根据《定义》的解释，FOB 适应于各种运输工具，如果采用船运并在装运港的船上交货，应在 FOB 后加 VESSEL。例如，以"FOB 纽约"成交，卖方交货的地点在纽约某处的某种运输工具上；以"FOB VESSEL 纽约"成交，卖方交货的地点在纽约港的船上。

（2）风险划分的界限不同。根据《2000 年通则》的解释，买卖双方风险划分的界限以装运港的船舷为界，而根据《定义》的解释，买卖双方风险划分的界限以装运港的船舱为界。

（3）办理出口手续的费用由谁负担不同。根据《2000 年通则》的解释，办理出口手续的费用由卖方负担，而根据《定义》的解释，办理出口手续所产生的税费由买方负担。

2. FOB 贸易术语的变形

在 FOB 贸易术语成交的情况下，若没有特别说明，依惯例装货费用由卖方负担；但在大宗商品交易下，由于装货费用较大，必须明确装货费用由哪一方负担，从而产生了 FOB 贸易术语的变形。它具体有：

（1）FOB Liner Terms（FOB 班轮条件），该术语的变形卖方不必负担装货费用，但如在装运港需要驳运，则驳运至承运船只吊钩下的费用，须由卖方负担。

（2）FOB Under Tackle（FOB 吊钩下交货），该术语的变形卖方不必负担装货费用。

（3）FOB Stowed（FOB 包括理舱），该术语的变形卖方必须负担装货费用和理舱费用。

（4）FOB Trimmed（FOB 包括平舱），该术语的变形卖方必须负担装货费用和平舱费用。

（5）FOB Stowed and Trimmed（FOB 包括平舱和理舱），简称 FOBST，该术语的变形卖方必须负担装货费用、平舱和理舱费用。

三、CFR

（一）CFR 的含义

CFR 即"Cost and Freight"的英文缩写，其中文含义为"成本加运费"。使用该术语，卖方负责按通常的条件租船订舱并支付到目的港的运费，在合同规定的装运港和装运期内将货物装上船并及时通知买方。

使用 CFR 贸易术语，卖方的基本义务是在 FOB 的基础上增加租船订舱并支付运费，与其对应，买方的基本义务是在 FOB 的基础上减少租船订舱并支付运费。具体见下表：

卖方的基本义务	买方的基本义务
（1）负责租船或订舱，支付运费。	
（2）在合同规定的时间或期限内，在装运港按照习惯方式将货物交到买方指派的船上，并及时通知买方。	
（3）自负风险和费用，取得出口许可证或其他官方批准证件，办理货物出口所需的一切海关手续并支付有关的税费。	（1）自负风险和费用，取得进口许可证或其他官方批准的证件，办理货物进口所需的一切海关手续并支付有关的税费。
（4）负担货物在装运港越过船舷之前的一切费用和风险。	（2）负担货物在装运港越过船舷后的一切费用和风险。
（5）自负费用，提供证明货物已交至船上的通常单据。如果买卖双方约定采用电子通讯，则所有单据均可被具有同等效力的电子数据交换（EDI）信息所代替。	（3）接受卖方提供的有关单据，受领货物，并按合同规定支付货款。

（二）使用 CFR 贸易术语应注意的问题

1. 装船后，卖方应及时向买方发出装船通知

卖方装船后，应及时向买方发出装船通知，以便买方办理投保手续。否则，卖方应承担货物在运输途中的风险与损失。

2. CFR 贸易术语的变形

在 CFR 贸易术语成交的情况下，若没有特别说明，依惯例卸货费用由买方负担，但在大宗商品交易时，由于卸货费用较大，必须明确卸货费用由何方负担，从而产生了 CFR 贸易术语的变形。它具体有：

（1）CFR Liner Terms（CFR 班轮条件），该术语的变形由卖方负担装卸货费用。

（2）CFR Landed（CFR 卸至岸上），该术语的变形由卖方负担卸货费用。

（3）CFR Under Ex Tackle（CFR 吊钩下交货），该术语的变形由卖方负担卸货费用，但如在目的港需要驳运，则驳运至目的港码头的费用，须由买方负担。

（4）CFR Ex Ship's Hold（CFR 舱底交货），该术语的变形由买方负担卸货费用。

CFR 贸易术语的变形并不改变买卖双方交货的地点和风险划分的界限，即在以 CFR 贸易术语四种变形成交的情况下，卖方交货的地点都在装运港的船上，买卖双方风险划分的界限都以装运港的船舷为界。

3. 买方因承运人选择引起的风险问题

以 CFR 条件成交，由卖方负责租船订舱，并支付正常的运输费用。若因承运船只破旧，运输时间过长，管理不善对货物造成损失，其风险由买方承担。因此，当我方进口货量较大，须采用租船运输时，应尽量采用 FOB 条件成交，若不得不以 CFR 条件成交时，最好由我方指定船公司或规定船龄甚至指定装运船只，以减少我方的风险。

四、CIF

（一）CIF 的含义

CIF 即 "Cost Insurance and Freight" 的英文缩写，其中文含义为 "成本加保险费、运费"。使用该术语，卖方负责按通常的条件租船订舱并支付到达目的港的运费，在合同规定的装运港和装运期内将货物装上船并负责办理货物运输保险，支付保险费。

使用 CIF 贸易术语，卖方的基本义务是在 CFR 的基础上增加负责办理货物运输保险，支付保险费。具体见下表：

卖方的基本义务	买方的基本义务
（1）负责租船或订舱，支付运费。	
（2）在合同规定的时间或期限内，在装运港按照习惯方式将货物交到买方指派的船上，并及时通知买方。	
（3）自负风险和费用，取得出口许可证或其他官方批准证件，办理货物出口所需的一切海关手续并支付有关的税费。	（1）自负风险和费用，取得进口许可证或其他官方批准的证件，办理货物进口所需的一切海关手续并支付有关的税费。
（4）负担货物在装运港越过船舷之前的一切费用和风险。	（2）负担货物在装运港越过船舷后的一切费用和风险。
（5）负责办理货物运输保险，并支付保险费。	
（6）自负费用，提供证明货物已交至船上的通常单据。如果买卖双方约定采用电子通讯，则所有单据均可被具有同等效力的电子数据交换（EDI）信息所代替。	（3）接受卖方提供的有关单据，受领货物，并按合同规定支付货款。

（二）使用 CIF 贸易术语应注意的问题

1. 卖方不保证把货送达目的港

以 CIF 条件成交，卖方在合同规定的期限内，在指定的装运港将货物交至运往指定目的港的船上，即完成了交货义务，对货物交到船上后是否起航，何时起航，开航后运输途中货物发生灭失或损坏的风险以及货物交运后发生的事件所产生的费用，卖方概不承担责任。故 CIF 合同也称为装运合同。但如果卖方承诺货物送达目的港的时间，则改变了 CIF 合同性质，卖方必须按合同规定时间将货物送达目的港。

2. 卖方保险的问题

以 CIF 条件成交，在装运港越过船舷后，风险由买方承担，故海运中的风险主要由买方承担。卖方办理投保手续属于代办性质。若合同没有约定，按惯例，卖方可选择最低险别投保，投保加成率为 10%。

3. 象征性交货的问题

象征性交货（Symbolic Delivery）是相对于实际性交货（Physical Delivery）

而言的。象征性交货是指卖方按合同约定的地点和时间完成装运，并向买方提交合同规定的，包括物权凭证在内的有关单据，就算完成了交货义务，而无须保证到货。

象征性交货的特点是卖方凭单交货，买方凭单付款。只要卖方如期向买方提交合同规定的全套合格单据，即使货物在运输途中损坏或灭失，买方也必须履行付款义务。

4. CIF 贸易术语的变形

CIF 贸易术语的变形也是为了解决卸货费用的负担问题，其术语变形与CFR 相似。同样的，CIF 贸易术语的变形并不改变买卖双方交货的地点和风险划分的界限。

五、FCA、CPT 和 CIP

（一）FCA

FCA 即"Free Carrier"的英文缩写，其中文含义为"货交承运人"。使用该贸易术语，卖方负责办理货物出口结关手续，在合同约定的时间和地点将货物交由买方指定的承运人处置，并及时通知买方。

（二）CPT

CPT 即"Carriage Paid to"的英文缩写，其中文含义为"运费付至指定目的地"。使用该贸易术语，卖方应自费订立运输契约并支付将货物运至目的地的运费。在办理货物出口结关手续后，在约定的时间和指定的装运地点将货物交由承运人处置，并及时通知买方。

（三）CIP

CIP 即"Carriage and Insurance Paid to"的英文缩写，其中文含义为"运费、保险费付至（指定目的地）"。使用该贸易术语，卖方应自费订立运输契约并支付将货物运至目的地的运费，负责办理保险手续并支付保险费。在办理货物出口结关手续后，在指定的装运地点将货物交由承运人照管，以履行其交货义务。

（四）FOB、CFR、CIF 与 FCA、CPT、CIP 贸易术语的主要区别

（1）适用的运输方式不同	FOB、CFR、CIF 只适用于海洋运输和内河航运，其承运人一般是船公司；而 FCA、CPT、CIP 则适用于包括海运在内的各种运输方式以及多式联运方式，其承运人可以是船公司、航空公司或多式联运的联合运输经营人。
（2）风险转移的界限不同	FOB、CFR、CIF 三种贸易术语的风险转移是以装运港的船舷为界；而 FCA、CPT、CIP 的风险则自货物交付承运人接管时转移。
（3）装卸费用负担不同	采用租船运输时，FOB 条件下需要明确装货费用由何方负担，在 CFR、CIF 条件下要规定卸货费用由何方负担；而 FCA、CPT、CIP 术语同样采用租船运输时，由于装卸货费用通常已经包括在运费中，所以买卖双方一般不需要在合同中规定装卸货费用由何方负担。
（4）使用的运输单据不同	按 FOB、CFR、CIF 条件成交，卖方应提供与海运有关的运输单据；而按 FCA、CPT、CIP 条件成交，卖方向买方提供的运输单据视运输方式而定，可以是与海运有关的运输单据，也可以是铁路运单或航空运单等。
（5）交货的地点不同	FOB、CFR、CIF 三种贸易术语买卖双方交货的地点是装运港的船上；而 FCA、CPT、CIP 买卖双方交货的地点是卖方与承运人办理货物交接的装运地，承运人接管货物的地点可以在其提供的运输工具上，也可以在约定的运输站或收货站。

第二节　建立业务关系

一、建立业务关系的途径

寻找客户的途径很多，常用的有：

（一）第三方介绍、推荐

通过商务参赞、银行或贸易伙伴的介绍及推荐，与客户建立业务关系。

（二）企业网站

出口企业一般都有自己的网站，企业通过自己的网站发布商务信息，内容包括出口企业的简介、主要产品及型号、产品图片、包装要求等，客户通过访问出口企业的网站，了解产品的基本情况，并通过该网站与出口企业取得联系。

（三）互联网搜索

出口企业通过互联网输入有关的产品名称、贸易国或地区等信息，利用互联网的搜索软件进行搜索，确定有关的贸易对象后，向对方发送出口企业和产品的资料，与对方建立业务关系。

（四）展览会或博览会

出口企业通过广州出口商品交易会或其他国内外的展览会和博览会，宣传本企业的产品并与客户建立业务关系。该途径对于比较专门的产品，效果比较明显。

（五）广告

出口企业根据营销需要，在一定的时期、一定的国家或地区，利用各种媒体进行广告宣传，客户在获知出口企业的信息后主动与出口企业建立业务关系。

二、建立业务关系英语函电

（一）写信要点（Writing Skills）

（1）信息来源和写信的目的。
（2）自我介绍。
（3）要求寄送有关资料和表达愿望。

（二）常用句型（Sentence Patterns）

句型 1：信息来源：我们从……处得知……
　　　　　　　　通过……我们了解到……

（1）We learn your company from the internet that you are one of the leading manufacturers in this line.
我们从网上了解到贵公司是这一行业的主要生产商之一。

（2）We owe your name and address to Chamber of Commerce.

我们从商会得知贵公司的名称和地址。

（3）Having had/obtained the name and address of your company from ABC Trading Company, we know that you deal in textiles.

通过 ABC 贸易公司的介绍，我们得知贵公司的名称和地址，并获悉你方经营纺织品。

句型 2：写信目的：建立业务关系

（1）We are writing to you and hope to enter into trade relations with you.

我们写信给你方，希望能与你方建立业务关系。

（2）We are writing to you and willing to open up business relations with you.

我们写信与你联系，以期与贵公司建立业务关系。

（3）We would like to take this opportunity to establish business relations with you.

我们愿借此机会与贵公司建立业务关系。

句型 3：自我介绍（公司经营范围等）

（1）We are an importer/exporter handling Textiles for many years. Our products have enjoyed a high reputation in the world for their good quality and reasonable price.

我公司作为纺织品进口商/出口商已有多年。我们的产品质量好，价格合理，在世界上享有极高的声誉。

（2）We are writing to introduce ourselves as large dealers in Foodstuffs with good connections in the country.

现函告，我公司为食品大经销商，在国内拥有大批客户。

（3）We take this opportunity to introduce ourselves as exporters dealing exclusively in Garments.

我们利用此机会介绍，我公司为专门经营服装的出口商。

句型 4：要求寄送有关资料

（1）Please send us your catalogues and quotations.

请给我们寄送你公司的商品目录和价目单。

（2）We shall appreciate your catalogues and quotations.

如能寄送你公司的商品目录和价目单当十分感谢。

（3）We'll be pleased to have your catalogues and quotations.

我们将非常乐意收到你公司的商品目录和价目单。

（三）信函示例及译文（Sample Letters and Chinese Versions）

Dear Sir/Madam,

We obtain your name and address from Messrs. Hughes & Co. Ltd, London, who has informed us that you are in the market for Leather Goods.

We take this opportunity to write to you and see if we can enter into business relations with you.

We have been handling the export of Leather Goods for many years. In order to give you a rough idea of our products, we are enclosing our latest catalogue for your reference.

If you find any of the items interesting, please let us know as soon as possible. We await your specific enquiries.

Yours faithfully,

Encl.

参考译文

敬启者：

　　我们从伦敦休斯公司处得知你公司名称和地址，他们告知我们你们需要购买皮革制品。

　　借此机会我们愿与你公司联系并建立业务关系。

　　我们经营皮革制品的出口已多年，为了使你公司对我们的商品有所了解，现随函寄去我们的最新商品目录一份供参考。

　　如果你们对其中任何产品感兴趣，请告知。盼收到你方详细的询盘。

谨上

　　附件

第三节　询盘和发盘

一、询盘英语函电

询盘（Inquiry），又称询价或邀请发盘，是指交易的一方打算购买或出售某种商品，向对方询问买卖该项产品的有关交易条件，或者就该项交易提出带有保留条件的建议。例如："请报 200 台华凌牌 KFR 34 - GW 空调 FOB 广州最低价，5 月份装运。" "可供节能灯，详细资料见目录，10 月份交货，请发盘。"

询盘可以是口头表达，也可以是书面表达，如采用打电话、发电子邮件、寄送价目表、商业广告、招标公告、拍卖公告等形式。询盘的对象可以是特定的人，也可以是所有人。

询盘的主要目的是寻找买主或卖主，而不是同买主或卖主正式洽商交易条件。根据《联合国国际货物销售合同公约》（下称《公约》）的规定，询盘不具有法律效力。

（一）写信要点（Writing Skills）

（1）自我介绍和信息来源。
（2）说明感兴趣的商品并索取有关资料。
（3）要求报价或其他要求。

（二）常用句型（Sentence Patterns）

句型 1：对某产品感兴趣
（1）We take interest in various kinds of Men's Shirts.
我们对各种男式衬衫感兴趣。
（2）We are interested in Electronic Energy Saving Lamps.
我们对节能灯感兴趣。
（3）Your Textiles are of interest to us.
我们对你公司的纺织品感兴趣。

句型 2：要求寄送有关资料
（1）We shall be glad if you will send us your samples.

请给我们寄送你公司样品。

（2）We shall appreciate it if you will send us your samples and brochures.

如能寄送你们的样品和目录小册子当十分感谢。

（3）It would be appreciated if you could send us your latest catalogues and samples.

请寄来最新的目录和样品，十分感谢。

句型 3：要求报价

（1）We shall appreciate it if you will make us the best offer for your Children's Bicycles on CIF New York basis.

请报你公司童车的 CIF 纽约最低价。

（2）We would be pleased if you could quote us a price for Printed Shirting on the basis of CIF New York.

如能报印花细布的 CIF 纽约价当十分感谢。

（3）Please make us your lowest quotation for 500 tons of Walnuts.

请报我方 500 吨核桃的最低价。

句型 4：其他要求

（1）We intend to place a large order with you if your price is competitive.

如你方价格具有竞争性，我们将大量订购。

（2）We have to draw your attention to the point that we will place a large order if your price is acceptable.

我们拟提请你方注意，如你方价格合理，我们将大量订购。

（3）If your price is in line, we trust that important business can be closed.

如你方价格可行，相信我们可以达成大笔交易。

（三）信函示例及译文（Sample Letters and Chinese Versions）

From：Mayflower@ tom. com

To：vtc@ msn. com

Date：January 12, 2006, 11：12

Subject：Sport Shoes

Dear Sirs,

Thank you for your catalogues you sent to us and we are now interested in your Sport Shoes, and should appreciate it if you would give us the best quotation CIF New York for 500 dozen.

If your price is competitive, we intend to place a large order with you.

We look forward to your early reply.

Yours truly,

参考译文

敬启者:

感谢你方寄来的商品目录,我们目前对你方的运动鞋感兴趣,如能报我方500打纽约成本加保费和运费的最低价当十分感谢。

如果价格具有竞争性,我们拟向你方大量订购。

盼早复

谨上

二、发盘

(一) 发盘的含义及发盘的构成条件

1. 发盘的含义

发盘 (Offer),在法律上又称要约,根据《公约》的规定:"凡向一个或一个以上的特定的人提出的订立合同的建议,如果其内容十分确定并且表明发盘人有在其发盘一旦得到接受就受其约束的意思,即构成发盘。"

一项发盘有两个当事人,一个是提出发盘的人,称为发盘人 (Offeror);另一个是收受发盘的人,称为受盘人 (Offeree)。发盘人可以是买方,也可以是卖方,实务中多数发盘人为卖方。

2. 发盘的构成条件

根据《公约》的规定,一项发盘要有效成立,必须具备下列条件:

(1) 发盘必须向一个或一个以上特定人提出。此特定人即为受盘人,一般的商业广告不是对特定人提出，故不是一项发盘。

（2）发盘的内容必须十分确定。根据《公约》的解释，一项发盘中包含下列三个基本要素即为十分确定：①应明示货物的名称；②应明示或默示地规定货物的价格或规定确定价格的方法；③应明示或默示地规定数量或规定数量的方法。

（3）必须表明发盘人对其发盘一旦被受盘人接受就立即受约束的意思。

（二）发盘的有效期

通常情况下，发盘都会具体规定一个有效期，作为受盘人表示接受的时间限制，超过了发盘规定的有效期，则发盘人将不受约束。

1. 规定发盘有效期的主要方法

（1）发盘规定最迟接受的期限，如"限某年某月某日复到有效"。

（2）发盘规定一段接受的期限，如"限5天内复到有效"。

（3）口头发盘。根据《公约》的解释，在没有其他约定的情况下，口头发盘应立即接受方为有效。

2. 发盘有效期的计算

（1）《公约》第20条规定："发盘人在电报或信件内规定的接受时间，从电报交发时刻或信上载明的发信日期起算，如信上未载明发信日期，则从信封上邮戳日期起算。发盘人以电话、电传或其他快速通讯方法规定的接受时间，从发盘送达受盘人时起算。"

（2）《公约》还规定："在计算接受期间时，接受期间内的正式假日或非营业日应计算在内。但如果接受通知在接受期间的最后一天未能送达发盘人地址，因为那天在发盘人营业地是正式假日或非营业日，则接受期间应顺延至下一个营业日。"

（3）如发盘中未具体规定有效期，按惯例，应理解为受盘人在合理期限内接受有效。合理期限的理解，应根据商品特点、发盘方法等因素而定。以信件、电报发盘，其合理期限前者长，后者短；对初级产品、制产品来说，其合理期限前者短，后者长。

（三）发盘的生效、撤回、撤销和失效

1. 发盘的生效

根据《公约》的解释，发盘于送达受盘人时生效。对于口头发盘，除非双方另有约定，否则应当立即接受方为有效。

根据我国《合同法》第16条第2款的规定："要约到达受要约人时生效。

采用数据电文形式订立合同，收件人指定特定系统接收数据电文的，该数据电文进入该特定系统的时间，视为到达时间；未指定特定系统的，该数据电文进入收件人的任何系统的首次时间，视为到达时间。"

2. 发盘的撤回

根据《公约》第 15 条第 2 款的规定："一项发盘，即使是不可撤销的，得以撤回，如果撤回的通知在发盘送达受盘人之前或同时，送达受盘人。"

3. 发盘的撤销

根据《公约》第 16 条的规定："①在未订立合同之前，发盘可以撤销，如果撤销发盘的通知于受盘人发出接受通知之前送达受盘人。②在下列情况下，发盘不得撤销：发盘中写明了发盘的有效期或用其他方式表明发盘是不可撤销的；发盘人有理由信赖该发盘是不可撤销的，而且受盘人已本着对该发盘的信赖行事。"

4. 发盘的失效

根据《公约》的规定，一项发盘，即使是不可撤销的，在下列条件下也可失效。

（1）发盘人作出还盘。

（2）发盘人依法撤回或撤销发盘。

（3）不可抗力事件的发生。

（4）在发盘被接受前，当事人丧失行为能力。

（5）发盘中规定的有效期届满，如未规定具体有效期的，则指超过了合理期限。

（6）根据《公约》的解释，一项发盘，即使是不可撤销的，于拒绝通知送达发盘人时终止。

（四）发盘英语函电

1. 写信要点（Writing Skills）

（1）感谢对方的来函。

（2）发盘（商品、数量、价格、支付条款、装运、有效期）。

（3）盼早答复。

2. 常用句型（Sentence Patterns）

句型 1：感谢对方的来函

（1）We've received your letter of May 10, and as requested, we are offering you the following, subject to our final confirmation.

5 月 10 日函收悉，按你方要求，我们作如下发盘，以我方最后确认为准。

（2）We thank you for your enquiry of May 10 for 500 tons of Groundnuts.

感谢你方 5 月 10 日来函询购 500 吨花生。

（3）In reply to your enquiry for Walnuts, we offer you 500 tons of Walnuts as follows：

兹复你方对 500 吨核桃的询盘，我们特向你方发盘如下：

句型 2：报价

（1）We offer you 5 tons of Frozen Fish at USD 500 per ton CIF EMP.

我们现向你方报 5 吨冻鱼，每吨 500 美元 CIF 欧洲主要港口。

（2）We are making you an offer for 500 dozen of Men's Shirts at USD 80 per dozen CIFC5 San Francisco for shipment in May.

我们现向你方报 500 打男式衬衫，每打 80 美元 CIFC5 旧金山，5 月装运。

（3）We offer, subject to your reply reaching here on or before May 5th, 500 Bee Brand Bicycles at USD 35 per set CIF New York for shipment in July.

我们现向你方报 500 辆蜜蜂牌自行车，每辆 35 美元 CIF 纽约，7 月装运。此发盘以你方 5 月 5 日或之前复到为有效。

句型 3：支付条款

（1）Payment is to be made by irrevocable L/C at sight to be opened in our favor.

付款方式以不可撤销即期信用证支付，并以我方为受益人。

（2）We require payment by irrevocable L/C payable against draft at sight to be opened 30 days before the time of shipment.

我们要求以不可撤销信用证凭即期汇票支付，在装运前 30 天开出。

（3）Our terms of payment are by confirmed, irrevocable letter of credit at sight against presentation of a full set of shipping documents.

我们的支付方式是保兑的、不可撤销即期信用证，凭全套装运单据支付。

句型 4：装运

（1）Shipment is to be made /effected in May.

这笔订货在 5 月装运。

（2）We will deliver the goods within 30 days after receipt of your L/C but specific time is to be fixed upon receipt of your official order.

我们将在收到你方信用证后 30 天内装运，但具体时间要在收到你方的正式订单后再定。

(3) The goods will be shipped within 3 months upon receipt of your relative L/C.

货物将在收到你方相关的信用证的 3 个月内装运。

句型 5：报盘有效期

(1) This offer is valid for 3 days.

本报盘有效期为 3 天。

(2) The offer is subject to our final confirmation.

本报盘以我方最后确认为准。

(3) The offer is subject to your reply reaching here before 23rd of May.

本报盘以你方 5 月 23 日复到为有效。

3. 信函示例及译文（Sample Letters and Chinese Versions）

Dear Sir/Madam,

We have received your letter dated January 21 and, as requested, are sending you the latest catalogues for your reference.

In order to start a transaction between us, we are making you an offer as follows, subject to your reply reaching here before 28th of this month.

Commodity：Racing Bikes

Article No.：ST256

Quantity：500 sets

Price：USD 60/set CIF New York

Shipment：In April

Payment：By irrevocable L/C at sight

Packing：In cartons

We trust the above will be acceptable for you and await your trial order.

Best regards.

参考译文

敬启者：

你方1月21日函收悉。按你方要求，寄给你方最新商品目录供你方参考。

为了开展我们之间的贸易，特向你方作如下发盘，以你方本月28日前复到有效。

商品：自行车赛车

型号：ST256

数量：500辆

价格：每辆60美元CIF纽约价

装运期：4月

付款方式：不可撤销即期信用证

包装：纸箱装

相信上述报盘你方可以接受，并盼收到你方的试订单。

谨上

商祺

第四节　还盘和接受

一、还盘

（一）还盘概述

1. 还盘的定义

还盘（Counter Offer）又称还价，在法律上称为反要约。它是指受盘人不同意或不完全同意发盘人在发盘中提出的条件，为进一步协商，对发盘提出的修改意见。还盘一经作出，原发盘即告失效。还盘相当于一项新的发盘，还盘的内容对还盘人具有法律效力。

根据《公约》的规定，受盘人对货物的价格、付款、品质、数量、交货时间与地点，一方当事人对另一方当事人的赔偿责任范围或解决争端的办法等条件提出添加或更改，均作为实质性变更发盘的条件。

2. 处理对方的还盘应注意的问题

（1）实质性变更发盘的条件属于还盘性质。

实质性变更发盘条件的接受，可看成是一项还盘，我方可不予理睬。

（2）对发盘表示有条件的接受，也是还盘的一种形式。

在接受的同时提出某项条件，也只能看成是还盘。如以获得进口许可证为准、以本国的领事签证为准、以签订书面合同为准等。

（3）在接受的同时，表达某种希望或愿望，则该接受可视为一项有效的接受。

（二）还盘英语函电

1. 写信要点（Writing Skills）

（1）报盘信函收悉。

（2）抱怨价格太高。

（3）还盘建议。

2. 常用句型（Sentence Patterns）

句型 1：对价格的抱怨

（1）We regret to inform you that your price is rather on the high side though we appreciate the good quality of your products.

我们很遗憾地告知你方，尽管我们很满意你方产品的质量，但我们认为你方价格偏高。

（2）We regret very much that your price is out of line with the prevailing market.

我们很遗憾你方价格与现行价格不符。

（3）Although we are desirous of doing business with you, we regret to say that your price is unacceptable for us.

尽管我们渴望与你方成交，但我们遗憾地说你方价格不可接受。

句型 2：与其他供应商价格相比

（1）Indian makes have been sold here at a level about 10% lower than yours.

印度产的商品以大约低于你方 10% 的价格在本地出售。

（2）When compared with the other suppliers' prices, your price is almost 10% higher than theirs.

与其他货源的价格相比，你方的价格比他们的报价几乎高出 10% 。

（3）Your price compares much higher with those we can get from elsewhere.

你方的价格比我们从其他货源得到的价格高得多。

句型 3：还盘建议

（1）To step up trade, we counter-offer as follows：500 tons of Walnuts at USD 900/ton CIF EMP.

为了促进贸易，我们还盘如下：500 吨核桃，每吨 900 美元成本加保费运费欧洲主要港口。

（2）As the market of Walnuts is declining, there is no possibility of business unless you can reduce your price by 5%.

由于核桃行市下跌，除非你方能够降价5%，否则无法成交。

（3）We don't deny the quality of your products is superior to that of Indian makes, but the price difference should not be as big as 5%. Our counter-offer is USD 900/ton CIF EMP.

我们不否认你方产品的质量比印度的更好，但差价不可能大于5%。我们还盘是每吨 900 美元成本加保费运费欧洲主要港口。

3. **信函示例及译文**（Sample Letters and Chinese Versions）

Dear Mr Wang,

Re：Carpets

Thank you for your letter of 25th October quoting us for the captioned goods at USD 250/piece CIF Los Angeles.

While we are desirous of doing business with you, we are regretful to say that we find your price much too high. As we know, the Turkish makes have been sold here at a price about 5% lower than yours.

We would like to place large orders with you if you could reduce your price to USD 220/piece CIF Los Angeles.

We hope you will agree to our suggestion and look forward to your favorable reply.

Yours truly,
Frank wilson

参考译文

王先生：

　　事由：地毯

　　感谢你方 10 月 25 日来信，按每件 250 美元 CIF 洛杉矶价格向我们报标题商品。

　　尽管我们很希望与你方成交，但我们很抱歉地告知，你方价格太高。据我们所知，土耳其货已按低于你方约 5% 的价格在本地出售。

　　如能将价格降到每件 220 美元 CIF 洛杉矶价格，我们将大量订购。

　　希望你们能同意我们的建议并盼佳音。

Frank wilson 敬上

二、接受

（一）接受的定义及构成条件

　　接受（Acceptance），在法律上称为承诺，是指受盘人接到对方的发盘或还盘后，同意对方提出的条件，愿意与对方达成交易，并及时以声明或行动表示出来。一项有效的接受，必须具备以下条件：

　　（1）接受必须由受盘人作出。接受必须是原发盘中的特定人作出方为有效，其他人对发盘表示接受，只能看成对原发盘人的一项发盘。

　　（2）接受的内容必须与发盘相符。接受的内容必须与发盘的内容完全相符，否则，发盘人有权拒绝。但如果是非实质性变更发盘内容的接受，发盘人保持沉默，根据《公约》的规定，接受生效。

　　（3）接受必须在有效期内作出表示。

　　（4）接受必须用声明或行为作出表示，保持沉默不能算作接受。接受必须以声明或行动表示出来。按《公约》的规定，如根据发盘或依照当事人业已确定的习惯做法或惯例，受盘人可以作出某种行为对发盘表示接受，而无须向发盘人发出接受通知。例如，发盘人在发盘中要求"立即装运"，则受盘人可作出立即发运货物的行为来表示接受，而且这种以行为表示的接受，在装运货物时立即生效，合同即告成立，发盘人受其约束。

（二）逾期接受

　　在国际贸易中，由于各种原因，导致受盘人的接受通知有时晚于发盘人规定的有效期送达，这在法律上称为"逾期接受"。逾期接受在法律上不具有法律效力，对发盘人不具有约束力。

根据《公约》的解释，逾期接受在以下两种情况下仍具有效力：

（1）如果发盘人毫不迟延地用口头或书面形式将表示同意的意思通知受盘人。

（2）如果载有逾期接受的信件或其他书面文件表明，它在传递正常的情况下是能够及时送达发盘人的，那么这项逾期接受仍具有接受的效力，除非发盘人毫不迟延地用口头或书面方式通知受盘人，他认为发盘已经失效。

（三）接受的生效与撤回

接受在受盘人的接受通知送达发盘人时生效。根据《公约》的解释，接受得以撤回，如果撤回通知于接受原应生效之前或同时送达发盘人。但接受一旦生效，合同即告成立，就不得撤销接受或修改其内容，因为这样做等于修改或撤销合同。

（四）接受英语函电

1. 写信要点（Writing Skills）
（1）报盘/还盘信函收悉。
（2）报盘/还盘条件可接受。
（3）寄送订单/合同。
（4）其他要求（质量、装运等）。
2. 常用句型（Sentence Patterns）

句型1：下订单
（1）We thank you for your quotation of May 12 and now place an order with you for the following items.
感谢你方5月12日的报价，现向你方订购下列商品。
（2）In reply to your letter of May 12 quoting us the prices of Soy Beans, we are pleased to place a trial order as mentioned in the enclosed sheet.
兹回复你方5月12日大豆报价函，现试订购如所附订单。
（3）We have received your catalogues and price lists, and now we order the following goods at the prices named.
已收到你方目录和价格单，现按所示价格订购下列货物。

句型 2：接受某人订单

（1）Thank you for Order No. 123. We accept it and will dispatch the goods in the early June.

感谢你方第 123 号订单。我们接受此订单，并将于 6 月初交货。

（2）As regards the goods you ordered, we have decided to accept your order at the same price as that of last year.

关于你方订购的货物，我们决定按去年价格接受你方订单。

（3）Thank you very much for your order of May 23 for 300 cases of Canned Pineapple. We are pleased to confirm our acceptance as shown in the enclosed Sales Contract.

非常感谢你方于 5 月 23 日订购 300 箱菠萝罐头，并乐意确认予以接受，如附寄的销售合同所示。

句型 3：其他要求（质量、装运等）

（1）As we are in urgent need of the goods, you are requested to effect shipment during May as promised in your offer.

由于我们急需该货，请在你方报盘所承诺的 5 月装船。

（2）Please note that the goods are required to reach us regularly from May.

请注意货物应从 5 月起定期运达我方。

（3）The relative Letter of Credit will be opened in your favor soon. Please arrange shipment without delay upon receipt of the credit.

相关的以你方为受益人的信用证将尽快开出。请收到信用证后立即安排装运。

3. 信函示例及译文（Sample Letters and Chinese Versions）

Dear Mr. Smith,

Your offer for T-Shirts has been approved and we are therefore enclosing our Purchase Order No. 123 for this transaction.

We would draw your attention to the fact that this order has to be delivered on or before July 5 due to commitments we have made to our customers.

Thank you for your co-operation in this matter.

Best regards,

Amy Lee

Encl. As stated

参考译文

史密斯先生：

　　我们接受你方对 T 恤衫的报价，为此我们附寄第 123 号购买订单。

　　我们希望提请你方注意，这个订单需在 7 月 5 日或之前发货，因为我们对客户已作了承诺。

　　感谢你方在这方面的合作。

　　商祺

Amy Lee

　　附件：如上所述

第二章 出口合同订立中的跟单
——订约审单

第一节 出口商品的品质、数量、包装和价格

一、出口商品的品质

商品品质（Quality of Goods）是指商品的内在素质和外观形态的综合，前者包括商品的物理性能、机械性能、化学成分和生物的特征等自然属性；后者包括商品的外形、色泽、款式和透明度等。

根据《公约》的规定，若卖方的交货不符合约定的品质条件，买方有权要求损害赔偿，也可要求修理或交付替代货物，甚至拒收货物和撤销合同。

（一）表示商品品质的方法

在国际贸易中，表示商品品质的方法主要看该商品的性质、特点以及该商品品质在国际贸易中的习惯表示。总的来说可以分为以下两大类：

1. 以实物表示的品质

以实物表示商品品质就是通过买卖时的实际货物，直观地反映出货物的品质，一般可分为看货买卖和凭样品买卖两种。

（1）看货买卖。

看货买卖是指买方在货物现场验看货物，并以验看过的货物交货。由于该方式一般是在现场进行，因而多用于寄售、拍卖、展卖等贸易方式中，适用于珠宝、字画等商品的买卖。

（2）凭样品买卖。

凭样品买卖（Sale by Sample）是指凡以样品表示商品品质并以此作为交货依据的买卖，又称为凭样品交货（Delivery by Sample）。

根据提供样品者的不同，凭样品买卖可分为凭卖方样品买卖（Sale by Seller's Sample）、凭买方样品买卖（Sale by Buyer's Sample）、凭对等样品买

卖 （Sale by Counter Sample）。

　　凭卖方样品买卖是指凭卖方样品作为卖方日后交货的品质依据。如广州交易会外商凭我方提供的样品洽商，并以该样品作为品质依据达成交易。凭卖方样品买卖合同条款常表示为：Quality as per seller's sample.（品质以卖方样品为准。）

　　凭买方样品买卖是指凭买方样品作为卖方日后交货的品质依据。如外商寄样要求订制的商品。凭买方样品买卖合同条款常表示为：Quality as per buyer's sample.（品质以买方样品为准。）

　　对等样品是指卖方根据买方提供的样品，加工复制出一个类似的样品交买方确认，这种经确认后的样品被称为"对等样品"，有时也称为"确认样品"（Confirming Sample）。卖方为了避免因交货品质与买方样品不符而招致买方索赔甚至退货的风险，当买方提供样品订购时，一般使用对等样品。

　　凭样品买卖时卖方应注意留存复样（Duplicate Sample），复样是指交易一方向另一方寄送样品时，应留存一份或若干份相同的样品，以备日后交货或处理争议时核对。有时也可采用"封样"（Sealed Sample）的做法，"封样"是指由公证机构在卖方交货的货物中抽取同样品质的样品若干份，在每份样品上加上铅封或烫上火漆，供交易双方使用。

2. 以说明表示的品质

　　除以实物表示商品的品质外，其他表示商品品质的方式，如以规格、等级、图样、文字等方式来表示商品的品质，都属于以说明表示商品的品质。以说明表示商品的品质一般可分为六种，即凭规格买卖（Sale by Specification）、凭等级买卖（Sale by Grade）、凭标准买卖（Sale by Standard）、凭说明书和图样买卖（Sale by Description and Illustration）、凭商标或牌号买卖（Sale by Trade Mark or Brand）和凭产地名称买卖（Sale by Name of Origin）。

　　（1）凭规格买卖。

　　商品规格（Specification of Goods）是指用以反映货物的成分、含量、纯度、容量、大小、长短、粗细等质量的若干主要指标。例如：

Colour Lamps Candle type 110V 28W.

彩色灯泡，烛形，110 伏，28 瓦。

Soybean Oil content Min. 20%; Moisture Max. 12%; Admixture Max. 1%; Imperfect Grains Max. 8%.

大豆，含油量最低 20%；水分最高 12%；杂质最高 1%；不完全粒最高 8%。

　　凭规格买卖能比较方便、准确地表示出商品的质量，在国际贸易中应用最广。

（2）凭等级买卖。

商品等级（Grade of Goods）是指同一类货物，按其质地的差异，或尺寸、形状、重量、成分、构造、效能等的不同，用文字、数字或符号所作的分类。例如：

Special Grade Chinese Black Tea.

特级中国红茶。

（3）凭标准买卖。

商品标准（Standard of Goods）是指货物规格的标准化。如国际标准化组织 ISO 标准、国际电工委员会（IE）标准、欧洲合格评定（CE）标准、英国标准学会（BSI）标准等。

由于签订农产品贸易合同时，该农产品仍未收获，其质量如何买卖双方都无法确定，因此，通常采用"良好平均品质"（Fair Average Quality，F. A. Q）来表示农产品的质量标准。"良好平均品质"是指在一定时期内某地出口货物的平均品质水平，一般是指中等货。例如：

Lichee of P. R. of China, 2003 crop, F. A. Q.

2003 年中国产荔枝，良好平均品质。

（4）凭说明书和图样买卖。

有的商品（如机电产品）除了规定其名称、商标牌号、型号外，还要采用说明书（Description）来介绍产品的构造、原材料、产品形状、性能、使用方法等，有时还附以图样、图片、设计图纸、性能分析表等来完整说明其具有的质量特征。例如：

Quality and technical data to be strictly in conformity with the description submitted by the Seller.

品质和技术数据必须与卖方所提供的产品说明书严格相符。

（5）凭商标或牌号买卖。

由于市场营销的结果，著名的商标（Trade Mark）或牌号（Brand）不仅代表一定的质量水平，而且代表消费者一定的品位，能够增强消费者的购买欲望，刺激需求。例如：

Hualin Brand Air Conditioner Model：KFR 34 GW, 220V, 50Hz with remote control.

华凌牌空调机，型号 KFR 34 GW，220 伏，50 赫兹，带遥控。

（6）凭产地名称买卖。

由于自然条件和传统生产技术的影响，某些产品因产地的不同，其产品的质量、信誉也不同（如南非宝石、新疆哈密瓜、景德镇陶瓷）。对于这类产品可采用凭产地名称来表示产品的品质。例如：

Shichuan Preserved Vegetable　四川榨菜

France Perfume　法国香水

（二）品质条款的审核

1. 凭样品买卖，卖方交货的品质应与样品完全一致

《公约》第35条规定："货物的质量与卖方向买方提供的货物样品或式样相同。"为了避免所交货物与样品不符，对交货质量没有把握与样品完全一致的产品，卖方可把样品列为参考样品（Sample for Reference），或规定一定的品质机动幅度。

所谓品质机动幅度，是指允许卖方所交货物的质量指标在一定的幅度内有灵活性。品质机动幅度可分为品质公差和品质机动幅度两种。品质机动幅度是指对特定质量指标在一定幅度内可以机动。具体的方法有：

（1）规定一定的范围。例如：

植绒布，幅宽35/36英寸。

意指植绒布的幅宽在35英寸至36英寸的范围内，买方都认为是合格的。

（2）规定一定的极限。例如：

Rice, Broken Grains（max.）20%；Moisture（max.）12%；Admisture（max.）0.2%.

大米，碎粒（最高）20%；水分（最高）12%；杂质（最高）0.2%。

（3）规定一定上下差异的幅度。例如：

China Grey Duck Feather with 90% down content, 1% more or less allowed.

中国灰鸭绒含绒量为90%，允许上下浮动1%。

品质公差（Quality Tolerance）是指国际上同行业公认的产品品质误差。凡在品质公差范围内的货物，买方不得拒收或要求调整价格。品质公差多用于工业制成品，而品质机动幅度多用于农副产品。

2. 正确运用各种表示品质的方法

在实际业务中，应视商品的特性选用表示商品品质的方法。

案例：我国某土产贸易公司以CIF条件向新加坡B公司出口一批榛子仁。品质规定为：水分最高15%，杂质不超过3%。但在成交前我方公司曾向对方寄送样品，合同签订后又电告对方，确认成交货物与样品相似。货物装船前由中国商品检验局检验签发了品质规格合格证书。货物运抵新加坡后，B公司出具了所交货物平均品质比样品低7%的检验证明，并据此向我方公司提出索赔

600 英镑。我方认为合同中并未规定凭样品交货，而仅规定了凭规格交货，所交货物符合合同规格，因而拒赔。新加坡公司遂请求中国国际贸易促进委员会协助解决此案。我方进一步陈述说，交货时商品是经过挑选的，因该商品系农产品，不可能做到与样品完全相符，但不至于低 7%。由于我方公司已将留存的样品遗失，对自己的陈述无法加以证明，我仲裁机构也难以管理。最后只好赔付一笔差价而结案。试分析此案，找出本案中双方争执的主要焦点及我们应当吸取的主要教训。

　　分析：本案主要焦点在于：该交易究竟是凭规格还是凭样品买卖，或是既凭规格又凭样品买卖。我方应当吸取的主要教训：首先，从合同规定来看并非凭样品买卖，但遗憾的是，我方约前所寄样品未声明是参考样品，订约后又通知对方货物与样品相似，这就授人以柄，该交易变为既凭规格又凭样品买卖，这样，卖方所交货物品质就既应符合合同中规定的规格，又应与样品一致，使自己多承担了责任。其次，既然留有复样，就应妥善保存。若我方能以留存的复样为根据，反证我方所交货物与样品并无不符，则本案就另当别论了。

二、出口商品的数量

　　《公约》第 52 条规定，如果卖方交货数量大于合同规定的数量，买方可以收取也可以拒收多交部分的货物。如果买方收取多交部分货物的全部或一部分，他必须按合同价格付款。

　　《公约》第 51 条规定，如卖方交货数量少于约定的数量或交货数量中只有一部分符合合同规定，卖方应在规定的交货期届满前补交，但不得使买方遭受不合理的不便或承担不合理的开支，即使如此，买方也有保留要求损害赔偿的权利。

（一）常用的度量衡制度

　　因各国使用的度量衡制度不同而导致计量单位上的差异。在国际贸易中通常采用的度量衡制度有公制（或米制）（Metric System）、美制（U. S. System）、英制（British System）和国际单位制（International System of Units）四种。

　　公制是十进位制，法国在 18 世纪时最早开始使用。因公制长度的基本计量单位是"米"，所以公制又称"米制"。

　　英制由于不是十进制，换算不方便，故在世界上的使用越来越少，逐步被国际单位制及公制取代。

　　我国现行的法定计量单位制是在国际单位制的基础上增加一些非国际单位

制的单位。《中华人民共和国计量法》第 3 条规定："国家采用国际单位制。国际单位制计量单位和国家选定的其他计量单位为国家法定计量单位。"

（二）计量单位

1. 重量单位（Weight）

常用的重量单位有 kilogram（千克）、metric ton（公吨）、pound（磅）、ounce（盎司）、long ton（长吨）、short ton（短吨）等。这些单位常用于矿产品、钢铁及有色金属、农副产品等商品。公吨、千克、磅的换算关系是：1 公吨 = 1 000 千克 ≈ 2 204.62 磅。

2. 个数单位（Number）

常用的个数单位有 piece（只、件）、dozen（打）、set（套、台、架）、pair（双）、case（箱）、bag（袋）、bale（包）、gross（罗）、ream（令）等。这些单位常用于工业制成品、杂货、机器设备、棉花等商品。

棉花一般以"包"为单位，一标准包毛重 500 磅（约为 266.796 千克），净重 478 磅（约为 216.817 千克），美国以净重 480 磅（约为 217.724 千克）为一包。

3. 长度单位（Length）

常用的长度单位有 meter（米）、foot（英尺）、yard（码）等。这些单位常用于纺织品、绳索等商品。米、英尺、码的换算关系是：1 码 = 0.914 4 米，1 码 = 3 英尺。

4. 容积单位（Capacity）

常用的容积单位有 litre（公升）、bushel（蒲式耳）、gallon（加仑）等。这些单位常用于谷物、石油等液体类商品。公升、蒲式耳、加仑的换算关系是：1 蒲式耳 ≈ 35.238 公升，1 加仑（美制）≈ 3.785 3 公升，1 加仑（英制）≈ 4.546 公升，实务中一般以 1 加仑折合 3.785 3 公升计算。

谷物一般以美制蒲式耳计量。石油除了用加仑或公吨外，还常用"桶"（Barrel）计量，桶有美制和英制，其不同是：

1 桶（美制）≈ 158.99 公升　　　1 桶（英制）≈ 163.65 公升

由于石油的比重不同，每公吨石油的桶数也不同。世界平均比重的原油一般以 1 公吨折合 7.35 桶（美制）计。

5. 面积单位（Area）

常用的面积单位有 square meter（平方米）、square foot（平方英尺）、

square yard（平方码）等。这些单位常用于玻璃、纺织品等商品。

6. 体积单位（Volume）

常用的体积单位有 cubic meter（立方米）、cubic foot（立方英尺）、cubic yard（立方码）等。这些单位常用于木材、化学气体等商品。

（三）计算重量的方法

在国际贸易中，计算重量的主要方法有按毛重、净重、公量、法定重量和理论重量五种。

1. 毛重（Gross Weight）

毛重是指商品本身的重量加包装物的重量。

2. 净重（Net Weight）

净重是指产品本身的重量，即除包装后的商品实际重量。净重是国际贸易中最常见的计重方法。当没有特别说明时，计价的重量应理解为净重。

皮重就是毛重减去净重，皮重的计算方法有实际皮重（Actual Tare）、平均皮重（Average Tare）、习惯皮重（Customary Tare）和约定皮重（Computed Tare）。

对于价值较低的农产品或很难将包装与商品分别计算的商品，常采用以毛作净计算重量，所谓以毛作净（Gross for Net），是指按毛重来计算商品的重量。

3. 公量（Conditioned Weight）

公量是以商品的干净重加上标准的回潮率与干净重的乘积所得出的重量。该计重方法常用于价值较高而水分含量不稳定的商品，如生丝、羊毛等。其公式为：

$$公量 = 商品干净重 + 商品干净重 \times 标准回潮率$$
$$商品干净重 = \frac{商品的实际重量}{1 + 实际回潮率}$$

4. 法定重量（Legal Weight）

法定重量是商品重量加上直接接触商品的包装物料重量。法定重量是海关依法征收从量税时，作为征税基础的重量。除去直接接触商品的包装物料所表示出来的重量，称为实物净重（Net Weight）。

5. 理论重量（Theoretical Weight）

理论重量适用于有固定规格和固定体积的货物，如马口铁、钢板等，根据件数即可计算出其总重量。

（四）数量条款的审核

1. 交易双方采用的度量衡制度是否相同

在国际货物买卖中，常用的度量衡制度有公制、美制、英制和国际单位制。不同国家因采用不同的度量衡制度，对同一计量单位，其理解是不同的。如计算重量，实行英制的国家一般采用长吨（long ton），实行美制的国家一般采用短吨（short ton），国际单位制为公吨（metric ton）。它们的换算关系是：1 长吨 = 1 016 千克，1 短吨 = 907 千克。

2. 订立数量条款时是否有合理规定数量的机动幅度

对于不准分批装运，以件数计数的商品，在实际装运时，既不能多装，也不能少装，使卖方陷于被动。因此，订立数量的机动幅度条款，可使卖方保持主动。

数量的机动幅度条款也称为溢短装条款（More or Less Clause），是指允许卖方在交货时，可根据合同的规定多交或少交一定的百分比。例如："6 800 PCS 5% more or less at seller's option."根据该条款，卖方交货数量可在 7 140 件至 6 460 件之间机动。规定溢短装条款应考虑以下问题：

（1）机动幅度的大小要适当。实务中一般规定为 5%。

（2）机动幅度的确定权由谁掌握。实务中有三种情况，即由买方、卖方或船公司确定。一般情况多由卖方确定，若买方租船订舱，应由买方确定。若合同或信用证没有说明由何方确定，按惯例由卖方确定。

（3）溢装或短装部分货物的价格如何确定。溢短装部分的价格有按市场价格计算和按合同价格计算两种。若合同没有规定，对溢短装部分，依惯例应按合同价格计算。

3. 是否已正确理解了《UCP 600》有关交货数量增减的规定

（1）根据《UCP 600》第 30 条 a 款规定：凡"约"或"大约"用于信用证金额、数量或单价时，应解释为允许有关金额、数量或单价不超过 10% 的增减幅度。例如，"about 1 000 M/T"（大约 1 000 公吨），则卖方实际交货最高可达 1 100 公吨，最低可达 900 公吨。

（2）若合同和信用证中未明确规定可否溢短装，则对于散装货，可根据《UCP 600》第 30 条 b 款的规定处理：只要信用证未注明货物以包装单位或个数计数，并且总支付金额不超过信用证金额，货物数量准许有 5% 的增减幅度。

三、出口商品的包装

《公约》第 35 条规定，卖方交付的货物必须与合同所规定的数量、质量和规格相符，并须按照合同所规定的方式装箱或包装。除双方当事人业已另有协议外，货物除非符合以下规定，否则即为与合同不符……货物按照同类货物通用的方式装箱或包装，如果没有此种通用方式，则按照足以保全和保护货物的方式装箱或包装。

按照某些国家法律规定，如卖方交付的货物未按约定的条件包装，或者货物的包装与行业习惯不符，买方有权拒收货物。如果货物虽按约定的方式包装，但与其他货物混杂在一起，买方可以拒收违反约定包装的那部分货物，甚至可以拒收整批货物。

（一）出口商品包装的分类

除了散装货（如煤炭、矿石、大豆等）和裸装货（如汽车、轮船、飞机、钢材等）外，商品一般都需要包装。按包装所起的作用分类，包装可分为销售包装和运输包装。

1. 销售包装

销售包装又称为内包装，是直接接触商品并随商品进入零售网点和消费者直接见面的包装。销售包装具有保护、美化、宣传、促销产品等作用。

常见的销售包装有便携式包装、挂式包装、易开包装、喷雾包装、堆叠式包装、配套包装、复用包装和礼品包装。

2. 运输包装

运输包装是指为了方便运输、保护商品而设计的包装。它具有保护产品安全，方便储存、运输、装卸等作用。运输包装一般可根据包装方式、包装的材料和包装层次分类。

（二）运输包装标志

运输包装的标志是指在运输包装上标出图形、代号、字母，以提醒操作人员该货物的特性及在装卸、运输和保管货物的过程中应注意的问题。按运输包装标志的用途划分，运输包装的标志可以分为运输标志、指示性标志和警告性标志。

1. 运输标志

运输标志（Shipping Marks）又称唛头，它是指书写、压印或刷制在外包装上的图形、文字和数字。运输标志通常由一个简单的几何图形和一些字母、数字及简单的文字组成，其主要内容包括：①收、发货人代号；②目的地；③件号、批号。例如：

ABC	收货人代号
NEWYORK	目的港
NO. 1 – 400	件号

如果合同或信用证没有规定，运输标志可以略去，也可由卖方确定。

国际标准化组织制定了一项标准运输标志向各国推荐使用，该标准运输标志包括的内容有：①收货人或买方名称的英文缩写字母或简称；②参考号，如订单号、运单号或发票号；③目的地；④件号。例如：

ABC	收货人代号
GD04 – 33445	参考号
NEWYORK	目的港
NO. 1 – 400	件号

2. 指示性标志

指示性标志（Indicative Marks）是指对容易破碎、残损、变质的货物，通过标志提示人们在装卸、运输和保管货物的过程中需要注意的事项。指示性标志一般不需要在合同中规定，由卖方根据货物的实际要求自行刷制在包装上。

我国参照国际标准 ISO 780—1985 规定了国家标准 GB 191—90 "包装储运图示标志"共 12 种，具体是：

爆炸品标志	爆炸品标志	爆炸品标志	易燃气体标志	有毒气体标志
易燃液体标志	易燃固体标志	自燃物品标志	遇湿易燃物品标志	氧化剂标志
有机过氧化物标志	剧毒品标志	有毒品标志	有害品标志	感染性物品标志
一级放射性物品标志	二级放射性物品标志	三级放射性物品标志	腐蚀品标志	杂类标志

包装储运图示标志图

3. 警告性标志

警告性标志（Warning Marks）是指在装有爆炸品、易燃物品、腐蚀物品、氧化剂和放射性物质等危险货物的运输包装上用图形或文字表示各种危险品的标志。

警告性标志又称为危险品标志，国际海事组织制定的《国际海运危险货物规则》（简称《国际危规》）对危险品有专门的规定标志。

《国际危规》规定，危险货物的所有标志均须满足经至少三个月海水浸泡后，既不脱落又清晰可辨。有的国家进口危险货物时，要求在运输包装上标打国际海事组织规定的危险品标志，否则，不准靠泊卸货。

易碎物品

向上

怕雨

此面禁用手推车

怕晒

重心

禁用手钩

怕辐射

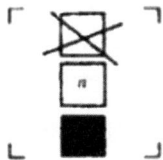
堆码层数极限

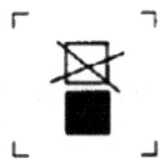
禁止堆码

禁止翻滚

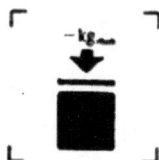
堆码重量极限

我国危险货物包装标志图

（三）条形码、中性包装和定牌生产

1. 条形码

条形码（Bar Code）是指商品包装上由一组带有数字的黑白及粗细间隔不等的平行条纹所组成，它是利用光电扫描阅读设备为计算机输入数据的特殊的代码语言。条形码用以表示一定的信息，这些信息包括商品的品名、规格、价格、制造商等。由于采用光电扫描录入信息，操作简单、准确、快捷，许多国家在超市自动销售管理系统中普遍使用。有的国家规定，包装上没有条形码的商品不准进口。

国际上通用的条形码有两种：一种是 UPC 条形码，通用于北美地区，主要用于货物的包装、销售、记账和数据处理等方面；另一种是 EAN 条形码，由国际物品编码协会统一分配和管理。1991 年 4 月我国正式加入该协会，分配给我国的国别号为"690"、"691"和"692"。

2. 中性包装

中性包装（Neutral Packing）又称"白袋"，是指既不标明生产国别、地名和厂商名称，也不标明商标或牌号的包装。当货物或包装上使用买方指定的商标或牌号，但不注明生产国别和厂商名称时，称为定牌中性；当货物或包装上均不使用任何商标品牌，也不注明生产国别和厂商名称时，又称为无牌中性。

采用中性包装，是为了打破某些进口国家与地区的关税和非关税壁垒，以及适应交易的特殊需要，它是出口国家厂商加强对外竞销和扩大出口的一种手段。

3. 定牌生产

定牌生产是指卖方按买方要求在其出售的商品或包装上标明买方指定的商标或牌号，这种做法称为定牌生产。出口厂商采用定牌生产的目的是为了利用买方的经营能力及其商业信誉和品牌声誉，提高商品售价和扩大商品销路。

（四）商品包装条款的审核

1. 是否已考虑货物的特点和不同运输方式对货物的要求

对于易碎货物，包装时应有衬垫物以保护货物，但有些国家为防止动植物传染病传播，禁止采用报纸、稻草、麻袋等作为衬垫物。不同的运输方式（如飞机、火车、轮船等），对所载货物的单件长度、重量等都有明确规定，否则无法装运。

2. 包装条款的规定是否明确具体

包装条款中经常出现诸如"习惯包装"（Customary Packing）、"适合海运包装"（Seaworthy Packing）或"卖方惯用包装"（Seller's Usual Packing）之类的术语，为了避免引起争议，包装条款应明确规定具体的要求。

3. 包装费用由谁负担是否已明确

包装费用一般包括在货价之内，不另行计收。若买方对包装有特殊要求，应明确包装材料由谁供应和包装费用由谁负担。

四、出口商品的价格

（一）出口商品成本核算

1. 出口总成本

出口总成本是指外贸企业为出口商品而支付的国内总成本，它的构成要素

有进货成本及出口前的一切费用和税金。如果有出口退税时，应减去出口退税额。即

$$出口总成本 = 进货成本 + 出口前的一切费用 + 税金 - 出口退税额$$

2. 出口销售外汇（人民币）净收入

出口销售外汇净收入是指出口商品按 FOB 价所得的外汇收入。

出口销售人民币净收入是指出口商品的 FOB 价所得的外汇收入按当时外汇牌价折算成人民币的数额。

3. 出口销售盈亏率

$$出口销售盈亏率 = \frac{出口销售人民币净收入 - 出口总成本}{出口总成本} \times 100\%$$

4. 出口销售换汇成本

$$出口销售换汇成本 = \frac{出口总成本（人民币元）}{出口销售外汇净收入（外汇）}$$

例题： 深圳维斯尔贸易有限公司出口一批工艺品，FOB 总值为 14 000 美元。已知该批工艺品成本结构为：国内进货价为 80 000 人民币元，商品加工费为 6 000 人民币元，商品流通费为 4 800 人民币元，税金支出为 3 200 人民币元。请问：该批工艺品的出口总成本是多少？该批工艺品的出口销售换汇成本是多少？该工艺品的出口销售盈亏率是多少？（结汇当天的汇率：USD 100 = RMB 737.02 - 731.12）

解：（1）出口总成本 = 进货成本 + 出口前的一切费用 + 出口前的一切税金

$$= 80\ 000 + 6\ 000 + 4\ 800 + 3\ 200 = 94\ 000（人民币元）$$

（2）出口商品换汇成本 = 出口总成本/出口销售外汇净收入

$$= 94\ 000/14\ 000 = 6.71（人民币元/美元）$$

（3）出口商品盈亏率 =（出口销售人民币净收入 - 出口总成本）/出口总成本 × 100\%

$$=（14\ 000 \times 7.370\ 2 - 94\ 000）/94\ 000 \times 100\%$$

$$= 9.77\%$$

答：该笔业务中，出口总成本为 94 000 人民币元；出口商品换汇成本为 6.71 人民币元/美元；出口商品盈亏率为 9.77%。

（二）主要贸易术语的价格换算

1. FOB 价换算为其他价

CFR 价 = FOB 价 + 国外运费

CIF 价 =（FOB 价 + 国外运费）/（1 - 投保加成 × 保险费率）

2. CFR 价换算为其他价

FOB 价 = CFR 价 - 国外运费

CIF 价 = CFR 价/（1 - 投保加成 × 保险费率）

3. CIF 价换算为其他价

FOB 价 = CIF 价 ×（1 - 投保加成 × 保险费率）- 外国运费

CFR 价 = CIF 价 ×（1 - 投保加成 × 保险费率）

例题：我国出口某商品对芬兰商人报价为 80 欧元/件 FOB 广州，现芬兰商人要求将价格改报 CIF 哈米纳，我方经查保险费率为 0.4%，每件运费是 FOB 价的 5%。请问：在不减少我方利益的情况下，CIF 的报价应为多少？

　　解：CIF 价 =（FOB 价 + 国外运费）/（1 - 投保加成 × 保险费率）

　　　　　 =（80 + 80 × 5%）/（1 - 110% × 0.4%）

　　　　　 = 84/0.995 6

　　　　　 = 84.37（欧元）

答：在不减少我方利益的情况下，CIF 的报价应为 84.37 欧元。

（三）佣金（Commission）

国际货物买卖合同的价格条款中所规定的价格，可分为包含佣金或折扣的价格和不包含这类因素的净价。包含佣金的价格，在业务中通常称为"含佣价"。

1. 佣金的含义及其规定方法

佣金是指代理人或经纪人为委托人介绍生意或代买代卖而收取的报酬。在价格条款中，对于佣金可以有不同的规定方法。

（1）价格中包括佣金的，即为"含佣价"，一般用百分比表示，如250美元/公吨 CIF 纽约，含2%的佣金。

（2）直接在术语后加"C"来代表佣金，如250美元/公吨 CIFC 5% 纽约。

（3）用绝对数来表示，如每台支付佣金18美元。

根据佣金是否在价格条款中表明，还可分为"明佣"和"暗佣"。"明佣"是指在合同价格条款中明确规定佣金率；"暗佣"是指暗中约定佣金率的做法；若中间商从买卖双方都获得佣金，则被称为"双头佣"。

2. 佣金的计算

佣金的计算公式有：

单位货物佣金额 = 含佣价 × 佣金率

净价 = 含佣价 – 单位货物佣金额 = 含佣价 × （1 – 佣金率）

例题： 我某公司出口某商品300桶，对外报价为每桶60美元 FCAC 3% 大连，外商要求将价格改报为每桶 CIPC 5% 东京。已知运费为每桶10美元，保险费为每桶0.24美元，进货成本为438人民币元/桶，商品流通费为每桶30人民币元，出口退税为每桶68人民币元。请问：该商品的出口销售盈亏率及换汇成本是多少？要维持出口销售外汇净收入不变，CIPC 5% 应改报为多少？（结汇当天的汇率：USD 100 = RMB 737.02 – 731.12）

解：（1）每桶出口总成本 = 进货成本 + 出口前的一切费用 – 出口退税

$$= 438 + 30 - 68 = 400 （美元）$$

每桶出口销售外汇净收入（FCA）= 含佣金价 × （1 – 3%）

$$= 60 × （1 - 3\%）$$

$$= 58.2 （美元）$$

出口商品盈亏率 = （每桶出口销售人民币净收入 – 每桶出口总成本）/ 每桶出口总成本 × 100%

$$= （58.2 × 7.370\ 2 - 400）/ 400 × 100\%$$

$$= 7.24\%$$

（2）出口商品换汇成本 = 每桶出口总成本 / 每桶出口销售外汇净收入

$$= 400 / 58.2 = 6.87 （人民币元/美元）$$

（3）CIP = FCA + 运费 + 保险费 = 58.2 + 10 + 0.24 = 68.44 （美元）

含佣价 = 净价 / （1 – 佣金率）

则

$$CIPC\ 5\% = CIP/\ (1-5\%)$$
$$= 68.44/\ (1-5\%)\ = 72.04\ (美元)$$

答：该商品的出口销售盈亏率为 7.24%，出口商品换汇成本为 6.87 人民币元/美元，CIPC 5% 应改报为 72.04 美元。

3. 佣金的支付方法

（1）出口商收清包含佣金的货款后，按合同规定的佣金率提取佣金，并在规定的期限内付给中间商。实务中，大多采用汇付的方式支付佣金。

（2）中间商直接从货价中扣除佣金。

（3）中间商扣除部分佣金，剩余佣金待出口商收妥货款后，汇付给中间商。

（四）折扣（Discount，Rebate，Allowance）

折扣是指卖方给予买方一定的价格减让。在价格条款中，折扣的表示方法主要有：①用文字明确表示给予折扣的比例；②用绝对数表示；③根据折扣是否在价格条款中表明。与佣金一样，折扣也可分为"明扣"和"暗扣"。

有关折扣的计算公式：

单位货物折扣额 = 含折扣价 × 折扣率

净收入 = 含折扣价 - 单位货物折扣额

例题：A 公司向美国出口某商品一批共 180 公吨，每公吨 FOB 大连 1 200 美元，含折扣 2%。请问 A 公司的实际净收入是多少？

解：卖方实际净收入 =（含折扣价 - 单位货物折扣额）×180
$$=（1\ 200 - 1\ 200 \times 2\%）\times 180$$
$$= 211\ 680\ （美元）$$

答：A 公司的实际净收入为 211 680 美元。

（五）商品价格条款的审核

价格条款一般包括单价和总值两项内容。外贸跟单员在审核价格条款时，一般应考虑以下问题：

1. 单价的内容是否齐备，表述是否清楚

一个完整的单价包括计量单位、货币单位、单位价格的金额和贸易术语四个部分。应审核合同中单价是否完整，如出口商品报价为"每件 300 美元"、"每件 300 元 FOB 广州"、"每件 300 美元 CIF 广州"，这些报价不是内容不完

整，就是表述不清楚，都必须改正。

2. 贸易术语的选择是否已考虑运输问题

不同的贸易术语要求卖方承担不同的义务。如果在运输上卖方无把握按时安排船期，或无法提供买方指定的船公司，则不可采用 CIF 或 CFR 等贸易术语，而应改用 FOB 等贸易术语，由买方自行解决。

3. 是否已选择有利的计价货币

由于汇率的变动，选择不同的计价货币将影响到卖方的结汇，如果选择了软币，结汇时将造成损失。因此，外贸跟单员应及时跟踪国际金融市场，了解哪些货币是硬币，哪些货币是软币，在订立价格条款时才能选择对自己有利的货币计价。

4. 佣金或折扣的运用是否合理

佣金或折扣是国际贸易中经常使用的习惯做法，但不能因为佣金或折扣的使用而使出口企业蒙受损失。外贸跟单员应审核净价和含佣金价或含折扣价的换算是否正确。

第二节　国际货物运输

国际贸易中的货物运输主要有海运、铁路运输、航空运输、邮包运输和多式联运等。由于海运运输量大、成本低，且不受道路的限制，一直以来都是国际贸易货物运输最主要的方式，占货运总量的60%以上。但海运的缺陷也是比较明显的，即受自然条件的影响大，运输速度慢，运输安全性和准确性较差。近年来，航空运输发展迅速，目前占货运总量的20%以上。

一、海洋运输

海洋运输根据营运方式可分为班轮运输和租船运输两大类。在海洋运输业务中，国际贸易的货物采用班轮运输方式所占比率最大。

（一）班轮运输

1. 班轮运输的含义及特点

班轮运输（Liner Shipping）又称定期船运输，是指船舶按照固定的船期表，沿着固定的航线和港口并按相对固定的运费率收取运费的运输方式。

班轮运输具有以下主要特点：

（1）"四定"。固定的港口、固定的航线、固定的船期和相对固定的运费费率。

（2）"一负责"。货物由班轮公司负责配载和装卸，在班轮运费中包含了装货费和卸货费，故班轮公司不向托运人计收滞期费和速遣费。

2. 班轮运费

班轮运费是指班轮公司为运输货物而向货主收取的费用，其中包括货物在装运港的装货费、在目的港的卸货费以及从装运港至目的港的运输费用和附加费用。在实际业务中，班轮公司均按照班轮运价表的规定计收运费。有的运价表将承运货物分为若干等级（一般分为 20 个等级），每一个等级有一个基本费率（一级的费率最低，二十级的费率最高），称为"等级运价表"。班轮运费由基本运费和附加费两部分组成。

（1）基本运费。基本运费是指货物从装运港到目的港所应收取的费用，其中包括货物在港口的装卸费用，它是构成全程运费的主要组成部分。其计算标准主要有以下六种：

①按货物的毛重计收。以重量吨（Weight Ton）收取。重量吨有公吨、长吨或短吨，视船公司采用公制、英制或美制而定。按此方法计费者，在班轮运价表中商品名称后面注有"W"字样。

②按货物的体积计收。以尺码吨（Measurement Ton）收取。尺码吨为立方米或立方英尺。前者为公制，后者为英制，视船公司采用何种度量衡制度而定。按此方法计费者，在班轮运价表中商品名称后面注有"M"字样。按重量吨和尺码吨计收运费的单位统称为运费吨（Freight Ton）。

③按货物的价格计收。以有关货物的 FOB 总价值按一定的百分比收取。按此方法计费者，在班轮运价表中商品名称后面注有"A. V."或"Ad. Val."字样，"Val."是拉丁文 Valorem 的缩写，即从价的意思。因此该计费标准也称从价运费。

④按收费较高者计收。从重量吨、尺码吨（W/M）两者或从重量吨、尺码吨、货物的价格（W/M or A. V.）三者中，选择较高者收费。此外，还有从重量吨、尺码吨两者中选择较高者收费后，另加收一定百分比的从价运费，即"W/M plus A. V."。

⑤按货物的件数计收。

⑥大宗商品交易由船、货双方议定。

（2）附加费。附加费是指针对某些特定情况或需要作特殊处理的货物而在基本运费之外加收的费用。附加费名目繁多，主要有超重附加费（Heavy Lift Additional）、超长附加费（Long Length Additional）、直航附加费（Direct Additio-nal）、转船附加费（Transshipment Additional）、港口拥挤附加费（Port

Congestion Surcharge）、选港附加费（Optional Additional）、燃油附加费（Bunker Surcharge）、绕航附加费（Deviation Surcharge）等。实际业务中超重附加费、超长附加费每转船一次就加收一次，若货物既超重又超长，其附加费以超重附加费和超长附加费中较高者计收。

班轮运费的计算公式：

班轮运费 = 商品数量 × 计费标准 × （1 + 各种附加费率之和）

例题： 我国某外贸公司出口铁矿砂 3 200 公吨至日本，已知运往日本基本港口的基本运费费率为每吨运费 80 美元，运往非基本港口的转船附加费率为 20%，同时，每吨运费加收 10 美元的港口附加费。请问：该批铁矿砂运往非基本港口的运费为多少？

解： 港口附加费 = 10 × 3 200 = 32 000 （美元）

基本运费 = 80 × 3 200 = 256 000 （美元）

转船附加费 = 80 × 3 200 × 20% = 51 200 （美元）

总运费 = 基本运费 + 港口附加费 + 转船附加费

= 256 000 + 32 000 + 51 200

= 339 200 （美元）

答： 该批铁矿砂运往非基本港口的运费为 339 200 美元。

例题： 我国某外贸公司出口货物共 400 箱，每箱 350 美元 CFR 新加坡，新加坡商人要求将价格改报为 FOB 价，已知该批货物每箱的体积为 40 cm × 30 cm × 30 cm，毛重为 30 千克，商品计费标准为 W/M，每吨基本运费为 200 美元，另需加收燃油附加费 10%，货币附加费 10%，港口拥挤费 10%。试求每箱货物应付的运费及应改报的 FOB 价是多少？

解：（1）40 cm × 30 cm × 30 cm = 0.036 m^3，因为 0.036 > 0.03，

且基本运费的计收方法是 W/M，所以应选择 0.036 m^3 来计算运费。

代入公式：

单位运费 = 计费标准 × 基本运费 × （1 + 各种附加费率）

= 0.036 × 200 × （1 + 10% + 10% + 10%）

= 9.36 （美元）

（2）FOB = CFR − 运费 = 350 − 9.36 = 340.64 （美元）

答： 每箱的运费是 9.36 美元，应报的 FOB 价是 340.64 美元。

（二）租船运输

1. 租船运输的含义及特点

租船运输（Chartering Shipping）又称不定期船运输（Tramp Shipping），是相对于班轮运输的另一种海上运输方式，其既没有固定的船舶班期，也没有固定的航线和挂靠港，而是按照货源的要求和货主对货物运输的要求，安排船舶航行计划，组织货物运输。

租船的一方称为承租人、租船人或租家（Charterer）。承租双方所签订的租船合同被称为租约（Charter Party，简称 C/P）。

租船运输的特点包括：

（1）按照船舶出租人与承租人双方签订的租船合同安排船舶就航航线，组织运输，没有固定的船期表、港口和航线。

（2）适合于大宗散装货运输，货物的特点是批量大、附加值低、包装相对简单、运价也较低。

（3）舱位的租赁一般以提供整船或部分舱位为主，承租人一般可以将舱位或整船再租予第三人。

（4）船舶营运中的风险以及有关费用的负担责任由租约约定。

（5）租船运输中提单的性质不完全与班轮运输中提单的性质相同，它一般不是一个独立的文件，对于承租人和船舶出租人而言，仅相当于货物收据。

（6）承租人与船舶出租人之间的权利和义务是通过租船合同来确定的。

（7）租船运输中，船舶港口使用费、装卸费及船期延误造成的费用，按租船合同规定由船舶出租人和承租人分担、划分及计算，而班轮运输中船舶的一切正常营运支出均由船方负担。

2. 租船方式

租船方式主要有程租船、定期租船、光船租船、包运租船和航次期租。下面仅介绍程租船的含义及特点。

程租船又称为航次租船（Voyage Chartering），是指由船舶所有人向承租人提供船舶或船舶的部分舱位，在指定的港口之间进行单向或往返的一个航次或几个航次，用以运输指定货物的租船运输方式。

程租船的特点有：

（1）与班轮运输相同，提单都可能具有海上货物运输合同证明的性质。

（2）航次租船合同是确定船舶出租人与承租人的权利、义务和责任的依据。

（3）由托运人或承租人负责完成货物的组织，支付运费及相关的费用。

（4）船舶出租人占有和控制船舶，负责船舶的营运调度，配备和管理船员。

（5）船舶出租人负责船舶营运所支付的费用。

（6）船舶出租人出租整船或部分舱位，按实际装船的货物数量或整船舱位包干计收运费。

（7）承租人向船舶出租人支付的运输费用通常称为运费，而不称租金。

（8）航次租船合同中都有关于可用于在港装卸货物的时间、装卸时间的计算方法、滞期和速遣以及滞留损失等方面的规定。

3. 租船合同

采用租船运输时，船舶出租人和承租人双方应签订租船合同。航次租船是目前最常用的租船方式，航次租船合同的主要条款有：

（1）合同当事人。航次租船合同的当事人是船舶出租人和承租人。

（2）船舶概况。船舶概况主要有船名、船籍、船级、船舶吨位等内容。

（3）装卸港口。装卸港口通常由承租人指定或选择，并在航次租船合同中具体记载港口名称。

合同中一般默示可以使用的港口数量为一装一卸，而且一个港口仅可以使用一个泊位。港口的约定方法有：①明确指定具体的装货港和卸货港；②规定某个特定的装卸泊位或地点；③由承租人选择装货港和卸货港。

（4）受载期与解约日。受载期是船舶在租船合同规定的日期内到达约定的装货港，并做好装货准备的期限。在受载期内的任一天到达装货港都是允许的，无论是受载期的第一天还是最后一天，船舶抵达装货港并做好装货准备即可。

解约日是船舶到达合同规定的装货港，并做好装货准备的最后一天。解约日条款赋予承租人的权利是直到解约日这一天来临时，才可以解除合同。

我国《海商法》规定："船舶出租人在约定的受载期限内，未能提供船舶的，承租人有权解除合同。但是，船舶出租人将船舶延误情况和船舶预期抵达装货港的日期通知承租人的，承租人应当自收到通知起48小时内，将是否解除合同的决定通知船舶出租人。"

（5）装卸费用分担。装卸费用分担是指将货物从岸边（或驳船）装入舱内和将货物从船舱卸至岸边（或驳船）的费用。常见的约定方法有：①船方负担装卸费（Gross Terms），也称"班轮条件"（Liner Terms）；②船方不负担装卸费（Free in and out, FIO）；③船方管装不管卸（Free out, FO）；④船方管卸不管装（Free in, FI）。

（6）运费。航次租船的运费按所装运货物的数量计收。默示的法律性质为到付，运多少付多少，即提单记载数量和实际卸货数量从小计收。在英、美、法等国，运费不得扣减和对冲。

（7）装卸时间。装卸时间是指合同当事人约定的船舶所有人使船舶并保证船舶适于装卸货物，无须在运费之外支付附加费的时间。

装卸时间的起算必须满足这样三个条件：船舶抵达合同约定的地点；船舶已经备妥，可装卸货物；在第一装港或第一卸港，船长要递交装卸准备就绪通知书。装卸时间经过一个通知时间后开始起算。装卸时间的规定方法有：

①日或连续日——午夜连续 24 小时的时间。在此期间，不论是实际不可能进行装卸作业的时间（如雨天、施工或其他不可抗力），还是星期日或节假日，都计为装卸时间。

②累计 24 小时好天气工作日——在好天气的情况下，不论港口习惯作业为几小时，均以累计 24 小时为一个工作日，如果港口规定每天作业 8 小时，则工作日便跨及几天的时间。

③连续 24 小时好天气工作日——在好天气的情况下，连续作业 24 小时算一个工作日，如中间因坏天气影响而不能作业的时间应予以扣除。

（8）滞期费与速遣费。如果在约定的允许装卸时间内未能将货物装卸完，致使船舶在港内停泊时间延长，给船方造成经济损失的，延迟期间的损失，应按约定每天若干金额补偿给船方，这项补偿金叫滞期费（Demurrage）。一般采取"一旦滞期，始终滞期"的方式计算。如果按约定的装卸时间和装卸率提前完成装卸任务，使船方节省了船舶在港的费用开支，船方将其获取的利益的一部分分给租船人作为奖励，叫速遣费（Dispatch Money）。依国际航运惯例，速遣费费率为滞期费费率的一半。

对于装货港产生的滞期费，船舶出租人一般不能在卸货港留置承租人以外的货物，除非是提单中有一个有效的并入条款，使租约中的留置权条款并入到提单中去，以此约束提单持有人。

对于卸货港产生的滞期费等，原则上船舶出租人只能向收货人收取，除非他在无法有效地行使留置权的情况下，船舶出租人才可以向承租人收取。

二、其他运输方式

（一）铁路运输

铁路运输具有运量大、速度快、受天气影响小、运输较准点的优点。我国的铁路运输可分为国内铁路运输和国际铁路联运两个部分，而对外贸易运输还包括对港澳铁路运输部分。

1. 对港澳铁路运输

供应港澳地区的货物由内地利用铁路运往香港九龙，或运至广州南部转船至澳门属于国内铁路运输。但它与一般的国内铁路运输不同，其具体做法是先由发货人将货物托运到深圳北站，再由深圳外贸运输公司办理港段铁路托运手续，最后由香港中国旅行社收货后转交给香港或九龙的买主；其特点是两票运输。出口企业凭外贸运输公司出具的承运货物收据办理收汇手续。去澳门的货物也凭外贸运输公司出具的承运货物收据办理收汇手续。

2. 国际铁路联运

我国的国际铁路货物联运主要是通过铁路合作组织在1951年缔结的《国际铁路货物联运协定》（简称《国际货协》）来进行的。凡参加国际货协国家的进出口货物，从发货国家的始发站到收货国家的终点站，只要在始发站办妥托运手续，使用一份运送单据，即可由铁路以连带责任办理货物的全程运送。根据国际货协规定，不仅缔约国之间可办理货物运送，还可向非缔约国运送货物；反之，非缔约国也可向缔约国运送货物。1980年，欧洲各国在瑞士伯尔尼举行的各国代表大会上也制定了《国际铁路货物运送公约》（简称《国际货约》）。这就为国际的铁路联运提供了方便，使参加《国际货协》国家的进出口货物也可以通过铁路转送至参加《国际货约》的国家。

（二）航空运输

航空运输是一种现代化的运输方式，具有快捷、安全、准时、货损少和空间跨度大等优点，适用于鲜活、易腐、精密仪器、贵重物品以及紧急物品的运输。但航空运输的运价比较高，载量有限且易受天气影响。随着世界经济贸易发展对国际货物运输的要求，航空运输得到了快速的发展。目前，航空运输量占国际贸易货物运输量的比例超过了20%。

1. 航空运输种类

航空运输主要有班机运输、包舱（板）运输、集中托运和航空快递等。

（1）班机运输。班机运输有固定航线和停靠航站，并定期起航。由于班机运输能安全、迅速、准时地到达世界各航站，因此最受托运人的欢迎。

（2）包舱（板）运输。包舱（板）运输是航空货物运输的一种形式，它是指托运人所运输的货物在一定时间内需要单独占用飞机部分或全部货舱、集装箱、集装板，而承运人需要采取专门措施予以保证。

（3）集中托运。集中托运是指航空货运代理机构把若干批单独发送的货物组成一整批向航空公司集中托运，填写一份总运单发运到同一目的站，由航空货运代理机构委托目的站所在地的代理人负责收货，并分拨给各个实际收货人。这种托运方式在航空运输中使用最普遍。

（4）航空快递。航空快递（Air Courier）是指具有独立法人资格的企业将进出境货物或物品从发件人（Consignor）所在地通过自身或代理网络运达收件人（Consignee）的一种快速运输方式，采用上述运输方式的进出境货物、物品叫快件。世界主要的快递公司有 DHL、FedEx、UPS、TNT、OCS 和 EMS。

快件业务从所发运快件的内容来看，主要分为快件文件和快件包裹两大类。快件文件以商务文件、资料等无商业价值的印刷品为主，但也包括银行单证、合同、照片、机票等。快件包裹又叫小包裹服务。包裹是指一些贸易成交的小型样品、零配件返修及采用快件运送方式的一些进出口货物和物品。

航空快递业务具有如下特点：①快递公司有完善的快递网络；②以收运文件和小包裹为主；③有特殊的单据 POD；④流程环节全程控制；⑤高度的信息化控制。

2. 航空运价

货物的航空运价是指将一票货物自始发地机场运输到目的地机场所应收取的航空运输费用，不包括其他费用。货物的航空运费主要由两个因素组成，即货物适用的运价与货物的计费重量。

（1）运价又称费率，是指承运人对所运输的每一重量单位货物（千克或磅）（kg or lb）所收取的自始发地机场至目的地机场的航空费用。货物的航空运价一般以运输始发地的本国货币公布。

（2）货物的计费重量或者是货物的实际毛重，或者是货物的体积重量，或者是较高重量分界点的重量。其包括：①实际毛重：包括货物包装在内的货物重量。②体积重量：体积重量的折算，换算标准为每 6 000 立方厘米折合 1 千克。③计费重量：采用货物的实际毛重与货物的体积重量两者比较取高者；但当货物较高重量分界点的较低运价计算的航空运费较低时，则将较高重量分界点的货物起始重量作为货物的计费重量。

国际航协规定，国际货物的计费重量以 0.5 千克为最小单位，重量尾数不足 0.5 千克的，按 0.5 千克计算；0.5 千克以上不足 1 千克的，按 1 千克计算。

（三）邮政运输

邮政运输是通过各国邮政之间订立的协定或公约，使邮件包裹在全球得以传递。它比较适合于体积小、重量轻的货物的运输。邮政运输是一种"门到门"的运输方式。

国际邮政运输具有广泛的国际性，而且通常需要经过两个或两个以上国家的邮政局和两种或两种以上不同的运输方式的联合作业才能完成，而寄件人只要向邮局办理一次托运手续，一次付清邮资并取得邮包收据作为邮局收到邮包的凭证和邮包灭失或损坏时凭以向邮局索赔的依据，其余的事宜概由各有关邮局负责办理。

邮政运输使用的单据是邮包收据。邮包收据并非物权凭证，不能通过背书进行转让和作为抵押品向银行融通资金。这是因为货物到达目的地后，承运人向收货人发出到件通知，收货人凭到件通知和身份证明即可提取邮件。

（四）集装箱运输

集装箱运输是以集装箱为运输单位进行运输的一种现代化的先进的运输方式，它具有装卸效率高、加快车船的周转、节省货物运输的包装、提高货物运输的安全与质量和减少货物运输费用等优点。它可适用于各种运输方式的单独运输和不同运输方式的联合运输。

集装箱运输的货物可分为整箱货（FCL）和拼箱货（LCL）。整箱货是指由发货人负责装箱和计数，填写装箱单，并加封志的集装箱货物。通常是一个发货人和一个收货人。拼箱货是指由承运人的集装箱货运站负责装箱和计数，填制装箱单，并加封志的集装箱货物。通常是多个发货人和多个收货人。

集装箱货物主要的交接方式有：①场到场的交接（CY TO CY），主要用于海运承运人；②站到站的交接（CFS TO CFS），主要用于拼箱经营人；③门到门的交接（DOOR TO DOOR），主要用于货代、多式联运、物流经营人。

关于集装箱的标准化，ISO/TC104 制定的第一系列的四种箱型是：A 型—40 英尺；B 型—30 英尺；C 型—20 英尺；D 型—10 英尺。实务中最常用的箱型有 1A 型—40 英尺集装箱（FEU）和 1C 型—20 英尺集装箱（TEU）。一般情况下，FEU 可载货 67 立方米，可载重 26 公吨；TEU 可载货 33 立方米，可载重 21 公吨。

集装箱标记由 11 个字母和数字组成，即四个字母箱主代码（第四位为海运集装箱代号 U），顺序号六位数，核对数一位。

（五）国际多式联运

国际多式联运是指按照多式联运合同，以至少两种不同的运输方式，由多式联运经营人将货物从一国境内接受货物的地点运往另一国境内指定交付货物的地点的运输方式。

国际多式联运具有提高运输组织水平，综合利用各种运输优势，实现门到门运输的有效途径，手续简便、提早结汇，安全迅速，降低运输成本、节约运杂费用等优点。

　　根据《联合国国际货物多式联运公约》的解释，国际多式联运方式需同时具备以下六个条件：①必须有一份多式联运合同；②使用一份包括全程的多式联运单据；③由一个多式联运经营人对全程运输负责；④必须是至少两种不同运输方式的连贯运输；⑤必须是国际的货物运输；⑥必须是全程单一的运费费率。

　　（六）陆桥运输

　　陆桥运输（Land Bridge Transport）就是以陆为桥的运输，可分为大陆桥运输、小陆桥运输和微型陆桥运输。

1. 大陆桥运输

　　大陆桥运输是指使用横贯大陆的铁路或公路运输系统作为中间桥梁，把大陆两端的海洋运输连接起来的连贯运输方式。目前主要的大陆桥有美国大陆桥、西伯利亚大陆桥（SLB）和亚欧大陆桥等。

　　西伯利亚大陆桥（Siberian Land Bridge Transport），经前苏联远东的纳霍特卡港和东方港，横贯西伯利亚到莫斯科，进而扩散到欧洲，是全球最重要的大陆桥运输线路。运输方式有铁—铁、铁—海（黑海）、铁—卡三种。与海运比较，西伯利亚大陆桥的优点有运输距离缩短 1/2（Suez Cana 缩短 1/3）、途中时间减少 50%、运输成本降低 20%～30% 等。

2. 小陆桥运输

　　小陆桥运输就是比大陆桥的海—陆—海缩短了一段海上运输，形成海—陆或陆—海的形式。

3. 微型陆桥运输

　　微型陆桥运输是在小陆桥运输的基础上派生出来的，其运输路线较小陆桥运输缩短。它是指使用联运提单，经美国西海岸和美国湾沿海港口，利用集装箱拖车或铁路运输将货物运至美国内陆城市。

4. OCP（Overland Common Point）

　　OCP 称为内陆公共点或陆上公共点，它的含义是使用两种运输方式将卸至美国西海岸港口的货物通过铁路转运抵美国的内陆公共点地区，并享有比直达西海岸港口费率较低的优惠，陆运的运费费率也有相应的优惠，相反方向的运送也享受同样的优惠。发货人将货物运至指定的西海岸港口，就完成了联运提单的运输责任，发货人的责任止于西海岸港口。OCP 运输的货运单证中，必须将卸货港和目的地列明，如 SEATTLE OCP—卸货港、OCP CHICAGO—目的地。

三、装运条款的审核

装运条款一般涉及装运期、装运港和目的港、分批装运和转运等问题，这些问题直接影响到卖方能否按期交货，能否按规定航线运输，能否按规定的批次交货，每一个问题的失误都有可能引起买方拒付货款。因此，外贸跟单员应重视装运条款的审核。审核货物运输条款一般应考虑如下问题：

（一）装运期的规定是否明确具体

装运期的规定不应使用诸如"迅速"、"立即"、"尽快"之类的词语，如使用此类词语，按《UCP 600》的规定，银行将不予置理；《UCP 600》还规定"以后"将理解为不包括所述日期。

（二）目的港和目的地是否明确具体

采用 CFR、CIF、CIP、CPT 等贸易术语成交时，目的港（地）的不同将直接影响到卖方的交货成本，甚至影响到合同能否顺利履行。因此，应明确具体的目的港（地），使卖方确定能否运达合同规定的目的港（地）并准确核算运费、保费。

在审核目的港时，特别要注意所选择的港口是否有重名问题。国际上有不少港口存在重名问题，审核时应注意是否有重名。凡有重名的港口或城市，应加注国名；在同一个国家有同名港口或城市者，应注明所在国家的部位，以防发生因漏注而错运货物的事故。

（三）特殊情况下的海运是否已订立转运的条款

合同中规定以海上运输方式交运的交易，货物运往目的港无直达班轮或航次很少的，应了解清楚航线，在合同中规定允许转运的条款，争取主动。

（四）目的港是否为船舶可以停泊的港口

对内陆国家的贸易，而又采用 CIF 或 CFR 条件的，一般应选择距离该国最近的、我方能够安排船舶的港口为目的港。在采用多式联运情况下，除非联运承运人接受全程运输，一般不可接受以内陆城市为目的港的条件。

（五）是否已熟练掌握《UCP 600》对分批装运和转船的有关规定

《UCP 600》规定：

（1）运输单据表面注明货物系使用同一运输工具并经同一路线运输的，即使每套运输单据注明的装运日期不同及/或装货港、接受监管地、发运地不同，只要运输单据注明的目的地相同，也不视为分批装运。

（2）除非信用证另有规定，允许分批装运和转船。

（3）如信用证规定在指定时期内分期装运，其中任何一期未按期装运，信用证对该期和以后各期货物均告失效，除非信用证另有规定。

第三节　国际货物运输保险

在国际贸易中，由于空间跨度大，货物一般要经过长途运输，而且中间要经过储存、装卸等环节，遭遇各种风险的可能性较大。通过保险，当货物在运输中遭受承保范围内的损失时，被保险人可以得到保险公司的赔偿。

一、国际货物运输中的风险、损失与费用

（一）风险

风险是国际货物运输中货物损失的起因，风险不同，造成的损失也不同。国际货物运输中可保险的风险分为海上风险与外来风险。

1. **海上风险**（Perils of the Sea）

海上风险又称海难，它包括海上发生的自然灾害和意外事故。自然灾害（Natural Calamity）是指由于自然界的变异引起破坏力量所造成的现象，如恶劣气候、雷电、海啸、地震、洪水、火山爆发等人力不可抗拒的灾害。意外事故（Fortuitous Accidents）是指船舶搁浅、触礁、沉没、失踪、互撞或与其他固体物如流冰、码头碰撞，以及失火、爆炸等意外原因造成的事故或其他类似事故。

2. **外来风险**（Extraneous Risks）

外来风险是指海上风险以外的其他外来原因所致的风险。外来风险可分为一般外来风险和特殊外来风险。一般外来风险是指偷窃、雨淋、破碎、串味、钩损、锈损、渗漏、沾污、受潮受热、短量、包装破裂等。特殊外来风险是指

由于军事、政治、国家政策法令和行政措施等以及其他特殊外来原因，如战争、罢工、交货不到、被拒绝进口或没收等带来的风险。

（二）损失

可补偿的海上损失是指被保险货物在海洋运输途中，因遭遇海上风险所引起的损坏或灭失。按照各国海运保险业务习惯，海上损失也包括与海运连接的陆上运输和内河运输过程中所遇到的自然灾害和意外事故所致的损坏或灭失。海上损失按损失的程度可分为全部损失和部分损失。

1. 全部损失（Total Loss）

全部损失是针对被保险货物在海运过程中，由于海上风险所造成的损坏或灭失而言的。全部损失可分为实际全损和推定全损。

实际全损（Actual Total Loss）是针对被保险货物全部灭失或完全变质失去原有价值或不可能归还被保险人而言的。例如，船舶触礁后船货同时沉入海底；大豆被海水浸泡后被日晒变质；船舶失踪已达半年以上仍无消息等。

推定全损（Constructive Total Loss）是指货物发生事故后，认为实际全损已不可避免，或者为避免实际全损所支付的费用与继续将货物运抵目的港的费用之和超过保险价值。如果由于保险责任范围内的原因造成货物的损失虽未达到全部损失的程度，但为挽回损失而采取措施的支出大于全部损失的情况下，要求保险公司按全部损失给予赔偿时，被保险人必须向保险公司办理"委付"手续。所谓委付（Abandonment）就是被保险人将被保险货物的一切权利转让给保险人，并要求保险人按全损给予赔偿的行为。委付必须经保险人明示或默示的承诺方能有效。凡不属于实际全损和推定全损的损失为部分损失。

2. 部分损失（Partial Loss）

部分损失是指被保险货物的损失没有达到全部损失的程度。它分为共同海损和单独海损。

共同海损（General Average）是指载货船舶在海上运输途中遭遇灾害、事故，威胁到船、货等各方的共同安全，为了解除这种威胁，维护船货的安全，或者使航程得以继续完成，由船方有意识地、合理地采取措施所作出的某种牺牲或支出某些特殊的费用，这些损失和费用叫共同海损。共同海损的成立必须具备以下条件：

（1）船方采取紧急措施时，必须确有危及船、货共同安全的危险存在，不能主观臆测可能有危险发生。

（2）船方所采取的措施必须是有意的、合理的。

（3）所作出的牺牲或费用的支出必须是非常性质的。

（4）构成共同海损的牺牲和费用支出，最终必须是有效的。

共同海损的牺牲和费用都是为了使船舶、货物和运费免于遭受损失而支出的，因而应该由船方、货方和运费方按最后获救的价值共同按比例分摊，这种分摊叫做共同海损分摊。

单独海损（Particular Average）是指除共同海损以外的意外损失，即由承保范围内的风险所直接导致的船舶或货物的部分损失。

单独海损和共同海损的区别主要有：

（1）造成海损的原因不同。前者是承保范围内的风险所直接导致的损失；后者是为了解除或减轻风险而人为造成的损失。

（2）承担损失的责任不同。前者由受损方自己承担；后者由获益各方按获救价值的大小按比例分摊。

（三）费用

费用是指被保险货物遇险时，为防止损失的扩大而采取抢救措施所支出的费用。海上费用主要有施救费用、救助费用、特别费用和额外费用。

1. 施救费用（Sue & Labor Charges）

施救费用是指当保险标的遭遇保险责任范围内的灾害事故时，被保险人或者他的代理人、雇用人员和受让人等为防止损失的扩大而采取抢救措施所支出的费用。例如，保险船舶在航行途中遭遇恶劣气候，虽然被保险人竭尽全力进行抢救，船舶仍然沉没。假若该船舶投保定值保险，保险金额为 1 000 万元，被保险人在抢救船舶中支付了 50 万元的施救费用，那么保险人按实际全损赔付保险标的后，仍需赔偿被保险人为抢救保险标的支付的施救费用 50 万元，即保险人应承担的赔偿责任是 1 050 万元。而如果保险标的的保险金额低于保险价值，保险人对施救费用的赔偿就按比例减少。例如，货物的保险价值是 100 万元，保险金额是 50 万元，保险人就只赔偿施救费用的一半，因保险金额与保险价值的比例为 1∶2。

2. 救助费用（Salvages Charges）

救助费用是指保险标的遭遇保险责任范围内的灾害事故时，由保险人和被保险人以外的第三者采取救助行动，而向其支付的费用。

3. 特别费用（Special Charges）

特别费用是指运输工具在海上遭遇海难后，在中途港或避难港卸货、存包、重装及续运货物所产生的费用。按照国际惯例，这种费用也都被列入海上保险承保责任范围。保险人对特别费用补偿可以单独负责。

4. **额外费用**（Extra Charges）

额外费用是指为了证明损失索赔的成立而支付的费用。例如，检验费用、拍卖受损货物的销售费用、公共费用、查勘费用和海损理算师费用等。额外费用一般只有在索赔成立时，保险人才对这些与索赔有关的费用负赔偿责任。但是，如果保险合同双方对某些额外费用事先另有约定，如船舶搁浅后检查船底的费用，不论有无损失发生，保险人都要负责赔偿。又如公证、查勘等是由保险人授权进行的，也不论索赔是否成立，保险人也需承担该项额外费用的赔偿。

二、海运货物保险条款

中国人民保险公司根据我国保险业务的实际需要并参照国际保险市场的习惯做法，分别制定了各种不同运输方式的货物运输保险条款以及适用于不同运输方式的各种附加险条款，总称《中国保险条款》（China Insurance Clauses，简称 CIC）。我国的货物运输险别，按照能否单独投保，可分为基本险和附加险两类。基本险是指可以单独投保的险别，附加险是指不能单独投保的险别。

（一）基本险

按照中国人民保险公司 1981 年 1 月 1 日修订的《海洋运输货物保险条款》的规定，海洋运输保险的基本险别分为平安险、水渍险和一切险三种。其中，保险公司的承保范围平安险最小，水渍险居中，一切险最大。

1. **平安险**（Free from Particular Average，FPA）

平安险是指单独海损不负责赔偿。保险公司对平安险的承保责任范围是：

（1）被保险货物在运输途中由于恶劣气候、雷电、海啸、地震、洪水等自然灾害造成的整批货物的实际全损和推定全损，被保险货物用驳船运往或运离海轮的，每一驳船所装的货物可视作一个整批。

（2）由于运输工具遭受搁浅、触礁、沉没、爆炸等意外事故造成货物的全部或部分损失。

（3）由于运输工具遭受搁浅、触礁、沉没、爆炸等意外事故，货物在此前后在海上遭受恶劣气候、雷电、海啸、地震、洪水等自然灾害造成的货物的部分损失。

（4）在装卸或转船时由于一件或数件货物落海造成的全部损失或部分损失。

（5）被保险人对遭受承保责任内危险的货物采取抢救、防止或减少货损的措施而支付的合理费用，但以不超过该批被救货物的保险金额为限。

（6）运输工具遭遇海难后，在避难港由于卸货所引起的损失以及在中途港、避难港由于卸货、存仓和运送货物所产生的特殊费用。

（7）共同海损的牺牲、分摊和救助费用。

（8）运输契约定有"船舶互撞责任"条款，根据该条款的规定应由货方偿还船方的损失。

2. 水渍险（With Particular Average，WPA 或 WA）

水渍险是指保险公司的承保责任范围除平安险的各项责任外，还负责被保险货物在运输途中由于恶劣气候、雷电、海啸、地震、洪水等自然灾害造成的部分损失。

3. 一切险（All Risks）

一切险是指保险公司对一切险的承保责任范围除水渍险的各项责任外，还负责被保险货物在运输途中由于一般外来风险所致的全部或部分损失。

（二）附加险

《中国保险条款》中的附加险分为一般附加险和特殊附加险，一般附加险承保一般外来原因所造成的损失，而特殊附加险则承保由于特殊外来原因所造成的损失。

附加险只能在投保某一种基本险的基础上才可加保，但因一切险的责任范围已包括了一般附加险，故如投保人在投保时选择了一切险，则无须再加保一般附加险。

1. 一般附加险

一般附加险主要有 11 种，它们是偷窃提货不着险（简称 TPND）、淡水雨淋险、短量险、沾污险、渗漏险、碰损险、破碎险、串味险、受潮受热险、钩损险、锈损险等。

2. 特殊附加险

特殊附加险有战争险、罢工险、舱面险、进口关税险、拒收险、黄曲霉素险、交货不到险、货物出口香港（包括九龙）或澳门存仓火险责任扩展条款（简称 FREC）等八种。

对战争险，保险公司承保的是由于战争或类似战争的行为所直接导致货物的损失，对由于敌对行为使用原子或热核武器所致的损失和费用不负责任，对根据执政者、当权者或其他武器集团的扣押、拘留引起的承保航程的丧失和挫折而提出的索赔也不负责。已投保了战争险后另加保罢工险，保险公司不另增收保险费。投保了罢工险，但属于罢工造成劳动力不足或无法使用劳动力而使货物无法正常运输、装卸以致损失，属于间接损失，保险公司不负责任。

（三）保险期限、除外责任和保险利益

1. 保险期限

中国人民保险公司的《海洋运输货物保险条款》规定的承保责任起讫或称保险期限，采用国际保险业务中惯用的"仓至仓条款"（Warehouse to Warehouse Clause，简称 W/W Clause）。"仓至仓条款"是指保险责任自被保险货物运离保险单所载明的起运地仓库或储存处所开始，包括正常运输中的海上、陆上、内河和驳船运输在内，直至该项货物运抵保险单所载明的目的地收货人的最后仓库或储存处所被保险人用作分配、分派或非正常运输的其他储存处所为止。如上述保险期限内被保险货物需转运到非保险单所载明的目的地时，保险责任于该保险货物开始转运时终止。

当被保险货物从目的港全部卸离海轮时起算满 60 天，不论被保险货物有没有进入收货人仓库，保险责任自动终止。

战争险的保险责任起讫以水上危险为限，即以货物装上海轮开始，直至货物卸离海轮为止。当海轮到达目的港当日午夜起算满 15 天，不论被保险货物是否卸离海轮，保险责任自动终止。

2. 除外责任

对于三种基本险，《中国保险条款》规定保险公司所具有的除外责任是：

（1）被保险人的故意行为或过失所造成的损失。

（2）由于发货人的责任所引起的损失。

（3）在保险责任开始之前，被保险货物已存在的品质不良或数量短差所造成的损失。

（4）被保险货物的自然耗损、本质缺陷、特性以及市价下跌、运输延迟所引起的损失或费用支出。

（5）属于海洋运输货物战争险和罢工险条款所规定的责任范围和除外责任。

3. 保险利益

海上保险与其他保险一样，要求被保险人必须对保险标的物具有保险利益。保险利益又称可保权，是指投保人对保险标的物具有法律上承认的利益。就货物保险而言，反映在运输货物上的利益，主要是货物本身的价值，但也包括与此相关联的运费、保险费、关税、预期利润等。海上保险仅要求被保险人在保险标的物发生损失时必须具有保险利益。

根据货物运输的实际情况，保险人可以要求扩展保险期，如被保险货物在港口卸货后即转运至内陆，无法在保险条款规定的保险期限内到达目的地，可申请扩展，经保险公司出具凭证予以延长，每日加收一定保险费。

（四）伦敦保险协会海运货物保险条款

伦敦保险协会海运货物保险条款的英文简称为 ICC，该条款有六种保险险别：

（1）Institute Cargo Clauses（A），协会货物条款（A），简称 ICC（A）。

（2）Institute Cargo Clauses（B），协会货物条款（B），简称 ICC（B）。

（3）Institute Cargo Clauses（C），协会货物条款（C），简称 ICC（C）。

（4）Institute War Clauses Cargo，协会战争条款（货物）。

（5）Institute Strike Clauses Cargo，协会罢工条款（货物）。

（6）Malicious Damage Clauses，恶意损害险。

在六种险别中，除恶意损害险不能单独投保外，其余五种险别都可以单独投保。保险公司的承保范围为：ICC（A）相当于我国海运货物保险的一切险，ICC（B）相当于我国海运货物保险的水渍险，ICC（C）相当于我国海运货物保险的平安险。以上三种险别，保险公司的承保责任起讫适用于"仓至仓条款"。我保险公司可根据客户的要求，酌情按 ICC 条款的有关规定承保。

三、我国陆、空、邮运货物保险

（一）我国陆上运输货物保险险别与条款

1. 陆上运输货物保险险别

根据 1981 年 1 月 1 日修订的我国《陆上运输货物保险条款》的规定，陆上运输货物保险的基本险别分为陆运险和陆运一切险两种，前者的承保范围与海上运输货物保险条款的水渍险相似，后者的承保范围与海上运输货物保险条款的一切险相似。此外，还有适用于陆运冷藏货物的专门保险——陆上运输冷藏货物险（属于基本险性质）以及陆上运输货物战争险（火车）等附加险。

2. 陆上运输货物保险责任期间

保险公司的承保责任起讫适用于仓至仓条款，当货物到达目的地而一直没有进仓时，保险公司只承担货到目的地后 60 天内的保险责任。附加险的办理与海运货物保险的办理方法一致。

（二）我国航空运输货物保险险别与条款

1. 航空运输货物保险险别

根据1981年1月1日修订的我国《航空运输货物保险条款》的规定，航空运输货物保险的基本险别分为航空运输险和航空运输一切险两种，前者的承保范围与海上运输货物保险条款的水渍险相似，后者的承保范围与海上运输货物保险条款的一切险相似。此外，还有航空运输货物战争险等附加险。

2. 航空运输货物保险责任期间

保险公司的承保责任起讫适用于仓至仓条款，当货物到达目的地而一直没有进仓时，保险公司只承担货到目的地后30天内的保险责任。附加险的办理与海运货物保险的办理方法一致。

（三）我国邮包运输货物保险险别与条款

1. 邮包运输货物保险险别

根据1981年1月1日修订的我国《邮包运输货物保险条款》的规定，邮包运输货物保险的基本险别分为邮包险和邮包一切险两种，前者的承保范围与海上运输货物保险条款的水渍险相似，后者的承保范围与海上运输货物保险条款的一切险相似。此外，还有邮包运输货物战争险等附加险。

2. 邮包运输货物保险责任期间

对于基本险别，保险公司的承保责任起讫都适用于仓至仓条款，当货物到达目的地而一直没有进仓时，保险公司只承担货到目的地后15天内的保险责任。附加险的办理与海运货物保险的办理方法一致，即不能单独投保，投保人在投保了战争险的基础上加保罢工险，保险公司不另外加收保险费。

四、保险条款的审核

保险条款一般包括保险险别、保险金额、保险条款等问题，外贸跟单员审核保险条款时一般应考虑以下问题：

（一）保险条款中是否有明确保险适用的条款

实务中，保险条款主要有"中国保险条款"（China Insurance Clauses，简称CIC）和伦敦保险协会海运货物保险条款（Institute Cargo Clauses，简称ICC）。应避免发生两种保险条款同时出现的情况。

（二）投保险别是否有明确规定，"仓至仓条款"是否被误用

中国人民保险公司的《海洋运输货物保险条款》规定的平安险、水渍险和一切险三种险别与伦敦保险协会海运货物保险条款规定的 ICC（A）、ICC（B）、ICC（C）对承保责任起讫或称保险期限，均采用国际保险业务中惯用的仓至仓条款（即 Warehouse to Warehouse Clause，简称 W/W Clause）。但战争险和罢工险不适用"仓至仓条款"。

（三）加保战争险、罢工险时是否明示保险费率调整时保费由买方负担

一般情况下，战争险和罢工险的保险费率不高，但如果有特殊情况（如战争）发生时，其保险费率将被大幅调高。若出口企业采用 CIF 或 CIP 等术语成交，将可能额外承担保险费率调高的费用。因此，对于出口贸易，如加保战争险、罢工险，应明确"若发生有关的保险费率调整，所增加的保费由买方负担"，把可能出现的费用增加转移由买方支付。

（四）是否只投保了附加险

附加险只能在投保某一种基本险的基础上才可加保，但因一切险的责任范围已包括了一般附加险，故投保人在投保时选择了一切险，则无须再加保一般附加险。

伦敦保险协会海运货物保险条款的战争险和罢工险可单独投保。

（五）保险加成率是否过高

根据《UCP 600》的规定，保险加成率双方没规定的，按惯例卖方加成10%的投保；没有规定保险险别的，卖方只有义务投保最低险别。若买方要求提高保险加成率，应在合同中规定额外的费用由买方承担。

第四节　国际货款的收付

一、信用证的定义及种类

进出口业务中，出口商担心交了货却不能取得货款，而进口商担心付了款却提不到货，借助银行利用信用证付款方式就可以解决这个问题。

（一）信用证的定义

信用证（Letter of Credit，简称 L/C）是一种由银行开立的，以银行信用为保证，凭规定的单据付款的保证文件。"跟单信用证"和"备用信用证"是指一项约定，不论其名称或描述如何，即由一家银行（开证行）依照客户（申请人）的要求和指示或以自身的名义，在符合信用证条款的条件下，凭规定单据：①向第三者（受益人）或其指定人付款，或承兑并支付受益人出具的汇票；②授权另一家银行进行该项付款，或承兑并支付该汇票；③授权另一家银行议付。

信用证开立后，只要出口商严格按照信用证规定的条款执行，做到单证一致、单单一致，就能及时收到货款。

（二）信用证的特点

1. 信用证是一种银行信用

银行信用是指由银行向买卖双方提供的信用。在信用证支付方式下，开证银行以自己的信用作为保证，只要卖方按信用证规定的条款办理并向开证银行提交与信用证规定相符的有关单据，开证银行就保证付款，即承担第一性的付款责任。

2. 信用证是一种自足文件

信用证是依买卖合同开立的，但信用证一经开立，就成为独立于合同以外的另一份契约。开证银行只根据信用证的有关规定办理信用证业务。

3. 信用证是一种单据买卖

在信用证结算方式下，银行处理的是单据，而不是货物。开证银行的付款遵循"单单一致、单证一致"的原则，只要受益人提交的单据"单单一致、单证一致"，开证银行就必须支付货款。

（三）信用证的种类

信用证可根据其性质、期限、流通方式等特点，分为以下 11 种：

1. 跟单信用证和光票信用证

以信用证项下的汇票是否附有货运单据划分，信用证可分为跟单信用证和光票信用证。

（1）跟单信用证（Documentary L/C）是指开证行凭跟单汇票或仅凭单据付款的信用证。

（2）光票信用证（Clean L/C）是指开证行仅凭不附单据的汇票付款的信用证。

我国的信用证结算方式，大多数采用跟单信用证。

2. 不可撤销信用证和可撤销信用证

以开证行所负的责任为标准，信用证可分为不可撤销信用证和可撤销信用证。

（1）不可撤销信用证（Irrevocable L/C）是指信用证一经开出，在信用证的有效期内，未经受益人及所有当事人的同意，开证行不得片面修改或撤销，只要受益人提交的单据符合信用证规定，开证行就必须履行付款义务。不可撤销信用证对受益人比较有保障，在国际贸易中，使用最广泛。凡是不可撤销信用证，在信用证中应注明"Irrevocable（不可撤销）"字样。根据《UCP 600》的规定，如信用证中未注明"不可撤销"或"可撤销"字样，应视为不可撤销信用证，即信用证没有说明是否可撤销，按惯例应理解为不可撤销信用证。

（2）可撤销信用证（Revocable L/C）是指开证行对所开信用证不必征得受益人或有关当事人的同意而有权随时撤销或修改的信用证。凡是可撤销信用证，在信用证中应注明"Revocable（可撤销）"字样。可撤销信用证对出口商不利。因此，出口商一般不接受这种信用证。对于可撤销信用证，开证银行撤销或修改信用证并非不受限制。根据《UCP 600》的规定，只要受益人依信用证条款规定已得到了议付、承兑或延期付款保证，该信用证即不能被撤销或修改。也就是说，只要可撤销信用证被受益人利用了，则该可撤销信用证就不能被撤销。

3. 保兑信用证和不保兑信用证

按有没有另一家银行对信用证加以保兑，信用证可分为保兑信用证和不保兑信用证。

（1）保兑信用证（Confirmed L/C）是指有另一家银行保证对符合信用证条款规定的单据履行付款的义务。对信用证加以保兑的银行被称为保兑行。根据《UCP 600》的规定，信用证一经保兑，即构成保兑行在开证行以外的一项确定承诺。保兑行与开证行一样承担第一性的付款责任，保兑行付款后对受益人或其他前手无追索权。

信用证的"不可撤销"是指开证行对信用证的付款责任。"保兑"则是指开证行以外的银行对信用证的付款责任。不可撤销保兑的信用证，意味着该信用证不但有开证行不可撤销的付款保证，而且有保兑行的兑付保证。两种付款人都负第一性的付款责任。所以，这种有双重保证的信用证对出口商最为有利。保兑以符合信用证的条款为条件。保兑行通常是通知行，有时也可以是出口地的其他银行或第三国银行。保兑的手续一般是由保兑银行在信用证上加列保兑文句。

（2）不保兑信用证（Unconfirmed L/C）是指开证银行开出的信用证没有经另一家银行保兑。保兑必须向保兑行支付保兑费，在开证银行资信较好和成交金额不大的情况下，一般都使用不保兑信用证。

4. 即期付款信用证、延期付款信用证、承兑信用证和议付信用证

按付款方式的不同，信用证可分为即期付款信用证、延期付款信用证、承兑信用证和议付信用证。在《UCP 600》中明确指出，一切信用证都必须清楚地表明该证适用于即期付款、延期付款、承兑付款或议付付款。

（1）即期付款信用证（Sight Payment L/C）是指采用即期兑现方式的信用证，证中通常注明"付款兑现"（Available by Payment）字样。

即期付款信用证一般不要求受益人开立汇票，其信用证的付款行可以是开证行，也可以是出口地的通知行或指定的第三国银行。如开证行自己是付款行，开证行应履行即期付款的承诺；如由通知行或第三国银行担任付款行，开证行应保证该款的即期照付。付款行一经付款，对受益人均无追索权。

以出口地银行为付款人的即期付款信用证的交单到期地点一般在出口地，便于受益人交单收款；以开证行本身或第三国银行为付款人的即期付款信用证的交单到期地点通常规定在付款行所在地，受益人要承担单据在邮寄过程中遗失或延误的风险。

（2）延期付款信用证（Deferred Payment L/C）是指开证行在信用证中规定货物装船后若干天付款，或开证行收单后若干天付款的信用证。

延期付款信用证不要求出口商开立汇票，所以，出口商不能利用贴现市场资金，只能自行垫款或向银行借款。在出口业务中，若使用这种信用证，货价应比银行承兑远期信用证高一些，以拉平利息率与贴现率之间的差额。

（3）承兑信用证（Acceptance L/C）是指银行在收到符合信用证规定的远期汇票和单据时，先在远期汇票上履行承兑手续，到期再履行付款的信用证。

承兑信用证一般适用于远期付款的交易。

根据《UCP 600》的规定，开立信用证时不应以申请人作为汇票的付款人。因此，汇票的付款人应为银行。承兑信用证的汇票承兑人可以是开证行或其他指定的银行，但不论由谁承兑，开证行均负责该汇票的承兑及到期付款。因此，承兑信用证又称为银行承兑信用证（Banker's Acceptance L/C）。

由于承兑人是银行，因此，其交单条件一般采用 D/A，承兑人在汇票上承兑后就可取得单据，而持票人可凭该承兑汇票在贴现市场上交易转让。

（4）议付信用证（Negotiation L/C）是指开证行允许受益人向某一指定银行或任何银行交单议付的信用证。

议付是指由议付行对汇票和（或）单据付出对价。只审单据而不支付对价，不能构成议付。实务中银行大多采用审单、寄单、收款、结汇，在结汇时向出口商收取议付费用。

议付信用证又可分为公开议付信用证和限制议付信用证。

①公开议付信用证（Open Negotiation L/C）又称自由议付信用证（Freely Negotiation L/C），是指开证行对愿意办理议付的任何银行作公开议付邀请和普遍付款承诺的信用证。对于公开议付信用证，任何银行均可按信用证条款自由议付。

②限制议付信用证（Restricted Negotiation L/C）是指开证银行指定某一银行或开证行本身自己议付的信用证。

公开议付信用证和限制议付信用证的到期地点都在议付所在地，一般为出口商所在地。这种信用证经议付后，如因故不能向开证行索取票款，议付行有权向受益人行使追索权。

5. 即期信用证、远期信用证和假远期信用证

根据付款时间的不同，信用证可分为即期信用证、远期信用证、假远期信用证。

（1）即期信用证（Sight L/C）是指开证行或付款行收到符合信用证条款的跟单汇票或装运单据后，立即履行付款义务的信用证。这种信用证的特点是出口商收汇迅速、安全，有利于资金的周转。为了尽快转移货款，在即期信用证中，有时还加列电汇索偿条款（T/T Reimbursement Clause）。电汇索偿条款，是指开证行允许议付行用电报或电传通知开证行或指定付款行，说明各种单据与信用证要求相符，开证行或指定付款行接到电报或电传通知后，有义务立即用电汇将货款拨交议付行。

（2）远期信用证（Usance L/C）是指开证行或付款行收到信用证项下的单据后，暂不立即付款，而是在规定期限届满时才付款的信用证。远期信用证主要有承兑信用证和延期付款信用证。

（3）假远期信用证（Usance L/C Payable at Sight）是指从表面上看是远期信用证，但出口商却可以即期收到十足的货款的信用证。

假远期信用证的构成条件包括：①信用证规定受益人开立远期汇票，由付款行负责该远期汇票的贴现；②因付款行贴现而产生的一切利息和费用由进口商负担；③出口商即期收回十足货款。对进口商来说，要承担承兑和贴现费，因此，人们也把这种信用证称为买方远期信用证（Buyer's Usance L/C）。

6. 可转让信用证

可转让信用证（Transferable Credit）是指开证行授权可使用信用证的银行（转让银行），在受益人（第一受益人）的要求下，可将信用证的全部或部分转让给一个或数个受益人（第二受益人）使用的信用证。

根据《UCP 600》的规定，唯有开证行在信用证中明确注明"可转让"字样，信用证方可转让。

可转让信用证只能转让一次，即只能由第一受益人转让给第二受益人，第二受益人不得要求将信用证转让给其后的第三受益人。但第二受益人再将信用证转回给第一受益人，不属被禁止转让的范畴。

在实际业务中，转让银行一般为信用证的通知行，要求开立可转让信用证的第一受益人通常是中间商。为了赚取差额利润，中间商可将信用证转让给实际供货商，由供货商办理出运手续。但信用证的转让并不等于买卖合同的转让，如果第二受益人不能按时交货或单据有问题，第一受益人（即原出口人）仍要负买卖合同上的卖方责任。

7. 循环信用证

循环信用证（Revolving Credit）是指信用证被全部或部分使用后，其金额又恢复到原金额，可再次使用，直至达到规定的次数或规定的总金额为止。

循环信用证分为按时间循环的信用证和按金额循环的信用证两种。

（1）按时间循环的信用证是指受益人在一定的时间内可多次支取信用证规定的金额。例如：

The total amount of drawings for any calender month is not to exceed ×××
and unused balances are non-accumulative.

每月支取总金额不得超过×××，未用金额不可累积。

（2）按金额循环的信用证是指信用证金额议付后，仍恢复到原金额，可再次使用，直至用完规定的总额为止。例如：

Credit amount USD 250,000.00, non-accumulatively revolving three times up
to a total amount USD 1,000,000.00.

信用证金额 250,000.00 美元，非累积循环三次总额达 1,000,000.00 美元。

循环信用证又可分为自动循环、非自动循环和半自动循环。

（1）自动循环（Automatic Revolving）是指每期用完一定金额后，不需要等待开证行的通知到达，即可自动恢复到原金额继续使用。

（2）非自动循环（Non-Automatic Revolving）是指每期用完一定金额后，必须等待开证行的通知到达，信用证才可恢复到原金额继续使用。

（3）半自动循环（Self-Automatic Revolving）是指每次支款后若干天内，开证行未提出停止循环使用的通知，自第 × 天起即可自动恢复到原金额。

当买卖双方长期有业务往来，并且货款金额较大时，可利用循环信用证，这是因为循环信用证有这样的优点：进口商可不必多次开证而节省开证费用；出口商可不必多次审证、改证，减少了工作，提高了效率，有利于合同的履行。

8. 对开信用证

对开信用证（Reciprocal Credit）是指两张信用证的开证申请人互以对方为受益人而开立的信用证。

对开信用证多用于综合易货贸易和进料加工贸易。对开信用证一般以同时生效为妥，即进口信用证开出后暂不生效，对方回头证开到并经受益人接受且通知对方银行后第一张信用证才生效。对开信用证中表明对开性质的条款一般如下：

This is a reciprocal credit against... Bank credit No.... favoring... Covering shipment of...

意即"本信用证是相对于……银行开立的、编号为……的、以……为受益人的、用于结算……货物的对开信用证"。

9. 对背信用证

对背信用证（Back-to-Back Credit）又称转开信用证，它是指受益人要求原证的通知行或其他银行以原证为基础，另开一张内容相似的新信用证。

对背信用证的新证开立后，原证仍然有效，由开立新证的开证行代原受益人保管。原开证行和原开证申请人与新证毫无关联，因请求开立新证的不是原开证申请人，也不是原开证行，而是原证的受益人。

开立对背信用证的开证行对新证的受益人付款后，便立即要求原证的受益人提供符合原证条款的商业发票和汇票，以便与对背信用证受益人提供的商业发票及汇票进行调换，然后附上货运单据寄到原证的开证行收汇。

对背信用证除了允许商业发票和汇票可以与原证不符外，对于其他的所有货运单据则要求与原证中的要求完全相符，否则，将导致原证的受益人无法交单结汇。

10. 预支信用证

预支信用证（Anticipatory Credit）是指开证行授权代付行（通常是通知行）向受益人预付信用证金额的全部或一部分，由开证行保证偿还并负担利息。预支条款通常用红色表示，故预支信用证又称"红条款信用证"。

预支信用证的特点是开证行付款在先，受益人交单在后。如果预支银行预支了货款，在受益人未能及时交单或偿还预支货款的情况下，开证行负责向预支银行清偿。

必须注意，预支银行没有必须办理货款预支的义务，它可根据情况确定是否承担预支银行的职责。

11. 备用信用证

备用信用证（Standby Letter of Credit）又称商业票据信用证（Commercial Paper Letter of Credit）、担保信用证或保证信用证（Guarantee Letter of Credit），是指开证行根据开证申请人的请求向受益人开立的承诺承担某项义务的凭证，即开证行保证在开证申请人未履行其应履行的义务时，受益人只要按备用信用证的规定向开证行开具汇票（或不开汇票），并提交开证申请人未履行义务的声明或证明文件，即可取得开证行的偿付。

备用信用证属于银行信用，开证银行保证在开证申请人未履行其义务时，即由开证银行付款。因此，备用信用证对受益人来说是备用于开证申请人毁约时取得补偿的一种信用证。

（四）国际商会《跟单信用证统一惯例》

由于对跟单信用证有关当事人的权利、责任、付款的定义和术语在国际上缺乏统一的解释，容易引起当事人的争议。为了减少国际贸易中的争议，国际商会制定了《跟单信用证统一惯例》。最新的修订版本为《跟单信用证统一惯例》600 号出版物，简称《UCP 600》，该版本于 2007 年 7 月 1 日起实行。

《跟单信用证统一惯例》不是一个国际性的法律规章，对有关当事人不具有约束力。但如果在信用证中加注"除另有规定，本证根据国际商会《跟单信用证统一惯例（2007 年修订）》即国际商会 600 号出版物办理"，则该惯例对有关当事人具有约束力。

二、信用证的内容

不同的银行开立的信用证格式不同，但其基本内容大致相同，一般有对信用证本身的说明、信用证的关系人、金额和币制、汇票条款、货物说明、单据条款、装运条款、特别条款、开证行的保证和跟单信用证统一惯例文句等。

（一）对信用证本身的说明

主要有信用证的类型、信用证的编号、开证银行、开证日期、到期日和到期地点等。

（二）信用证的当事人（Parties to a L/C）

1. 开证人（The Applicant for the Credit）

申请开立信用证的人称为开证人，在国际贸易中，开证人通常是买方。表示开证人，信用证中常见的词或词组有：

Applicant/Principal/Accountee/Accreditor/Opener　开证人

account of...　　并由……付款

for account of...　　由……付款

by order of...　　按……的指示

at the request of...　　应……的请求

at the request of and for...　　应……的请求

by order of and for account of...　　按……的指示并由……付款

2. 受益人（Beneficiary）

在国际贸易中，受益人通常是出口商。表示受益人，信用证中常见的词或词组有：

Beneficiary　受益人

in favour of...　　以……为受益人

in your favour...　　以你方为受益人

Transferor...　　转让人（可转让信用证的第一受益人）

Transferee...　　受益人（可转让信用证的第二受益人）

3. 开证行（Opening Bank）

应开证人要求开立信用证的银行称为开证行。表示开证行，信用证中常见的词或词组有：

Opening Bank/Issuing Bank/Establishing Bank

4. 通知行（Advising Bank）

开证行将信用证寄送一家受益人所在地银行，并通过该银行通知受益人信用证开出，这家银行就是通知行。表示通知行，信用证中常见的词或词组有：

Advising Bank / Notifying Bank / Advised through

5. 议付行（Negotiation Bank）

议付行就是购买出口商的汇票及信用证规定的单据的银行。表示议付行，信用证中常见的词或词组有：

Negotiation Bank / Honoring Bank

6. 付款行（Paying Bank, Drawee Bank）

付款行就是经开证行授权，按信用证规定的条件向受益人付款的银行。

7. 保兑行（Confirming Bank）

保兑行就是对开证行开立的信用证进行保兑的银行，在国际贸易中，通常以通知行作为保兑行。保兑行与开证行一样承担第一性付款责任。

（三）金额和币制（Amount and Currency）

金额条款是信用证的核心内容。其表达方式有：

Amount：USD...　金额：……美元

For an amount/a sum not exceeding total of USD...　总金额不超过……美元

Up to an aggregate amount of USD...　总金额不超过……美元

（四）汇票条款（Clause on Draft or Bill of Exchange）

对于即期付款信用证，一般不要求出具汇票；对于远期付款，一般要求出具汇票。信用证常见的汇票条款有：

Drafts drawn under this credit must be presented for negotiation in Guangzhou, China on or before 25th June, 2000.

凭本证开具的汇票须于 2000 年 6 月 25 日前（包括 25 日这一天在内）在广州提交议付。

Drafts in duplicate at sight bearing the clauses "Drawn under...L/C No...dated...".

即期汇票一式两份，注明"根据……银行信用证……号，日期……开具"。

Drafts are to be drawn in duplicate to our order bearing the clause "Drawn under United Malayan Banking Corp. Bhd. Irrevocable Letter of Credit No...dated July 12, 2002".

汇票一式两份，以我行为抬头，并注明"根据马来亚联合银行 2002 年 7 月 12 日第……号不可撤销信用证项下开立"。

Draft (s) drawn under this credit to be marked "Drawn under... Bank L/C No... Dated (issuing date of credit) ...".

根据本证开出的汇票须注明"凭……银行……年……月……日（按开证日期）第……号不可撤销信用证项下开立"。

All draft (s) drawn under this credit must contain the clause, "Drawn under Bank of China, Singapore credit No. 6111 dated 15th August, 2000".

所有凭本信用证开具的汇票，均须包括本条款："（本汇票书）凭新加坡中国银行 2000 年 8 月 15 日所开第 6111 号信用证开具。"

Draft (s) bearing the clause "Drawn under documentary credit No. ... (shown above) of... Bank".

汇票注明"根据……银行跟单信用证……号（如上所示）项下开立"。

（五）货物说明（Description of Goods）

货物说明内容一般包括货名、品质、数量、单价、价格术语，有时还包括合同号码、货物包装要求等。价格术语常用的有 CIF、CFR、FOB、FCA、CIP、CPT 等，其中装运港交货的三个价格术语 CIF、CFR、FOB 最常用。例如：

4 500 PCS of Stainless Steel Spade Head S821/29099, USD 9.60 per pc, according to Sales Contract No. A97DE23600256 dd. Nov. 12, 1997 CIF Rotterdam (*Incoterms* 1990).

4 500 件不锈钢铲头，货号为 S821/29099，根据 1997 年 11 月 12 日签订的 A97DE23600256 号合同，每件 9.60 美元，CIF 鹿特丹（《1990 年通则》）。

（六）单据条款 [Clause (s) on Documents]

信用证项下要求提交的单据通常有商业发票（Commercial Invoice）、提单（Bill of Lading）、保险单（Insurance Policy）、汇票（Draft 或 Bill of Exchange）、原产地证（Certificate of Origin）、检验证书（Inspection Certificate）、受益人证明书（Beneficiary's Certificate）、装箱单（Packing List）等。常见条款有：

Documents required:

需要下列单据：

Documents marked "×" below:

（须提交）下列注有"×"标志的单据：

Draft（s）must be accompanied by the following documents marked "×":

汇票须随附下列注有"×"标志的单据:

... available against surrender of the following documents bearing out credit number and the full name and address of the openers.

（议付时）以提交下列注明本信用证编号及开证人详细姓名、地址的各项单据为有效。

Accompanied by the following documents marked "×" in duplicate:

须随附下列注有"×"标志的单据一式两份:

信用证一般都具体说明提供单据的份数,常见的词组有:

in duplicate（triplicate, quadruplicate, quintuplicate, sextuplicate, septuplicate, octuplicate, nonuplicate, decuplicate）

一式两份（三、四、五、六、七、八、九、十份）

（七）装运条款（Clauses on Shipment）

装运条款通常包括装运期限、是否允许分批和转运以及起讫地点的规定。

1. 装运期（Date of Shipment）

装运期常见条款有:

Shipment must be effected not later than Mar. 12, 2004.

货物不得迟于2004年3月12日装运。

From China Port to Singapore not later than Mar. 12, 2004.

自中国口岸装运货物驶往新加坡不得迟于2004年3月12日。

Latest date of shipment: Mar. 12, 2004.

最迟装运日期:2004年3月12日。

Bill of Lading must be dated not before the date of this credit but later than Mar. 12, 2004.

提单日期不得早于本信用证开具日期,但不得迟于2004年3月12日。

2. 分运/转运（Partial Shipments/Transshipment）

分运、转运的常见条款有:

With（without）partial shipment/transshipment.

允许（不允许）分运/转船。

Transshipment is allowed provided "Through" Bills of Lading are presented.

如提交联运提单允许转运。

Transshipment Partial Shipment Prohibited（not allowed/not permitted）.

不允许分运/转船。

Transshipment is authorized at Hong Kong.

允许在香港转运。

Part shipments allowed, but part shipments of each item not allowed.

允许分运，但每个品种的货物不得分运。

Evidencing shipment from China to New York by steamer in transit Singapore Arabia not later than 15th July, 2004 of the goods specified below.

列明下面的货物按 CFR 价格用轮船不得迟于 2004 年 7 月 15 日从中国通过新加坡转运到纽约。

（八）特别条款（Special Clauses / Conditions）

特殊条款主要是根据进口国政治、经济和贸易情况的变化，或每一笔具体交易的需要而作出的特别规定。常见的条款有：

1. 佣金、折扣（Commission and Discount）

5% commission to be deducted from the invoice value.

5%的佣金须在发票金额中扣除。

Signed invoices must show 5% commission.

经签署的发票须标明5%的佣金。

Less 3% commission to be shown on separate statement only.

用单独声明书列明所扣3%的佣金。

Drafts to be drawn for full CIF value less 5% commission, invoice to show full CIF value.

汇票按 CIF 总金额减少5%开具，发票须表明 CIF 的全部金额。

2. 费用（Charges）

All banking charges for seller's account.

一切银行费用由卖方负担。

Charges must be claimed either as they arise or in no circumstances later than the date of negotiation.

一切费用须于发生时或不迟于议付期索偿。

Port congestion surcharges, if any, at the time of shipment is for opener's account.

装运时如有港口拥挤附加费，应由开证人负担。

All banking charges outside Hong Kong are for account of accountee.

香港以外的全部银行费用由开证人负担。

Drawee bank's charges and acceptance commission are for buyer's account.

付款行的费用和承兑费用由买方负担。

3. **议付与索偿**（Negotiation and Reimbursement）

Original documents must be sent by registered airmail, and duplicate by subsequent airmail.

单据的正本须用挂号航邮寄送，副本在下一班航邮寄送。

All original documents are to be forwarded to us by air mail and duplicate documents by sea-mail.

全部单据的正本须航邮，副本用平邮寄交我行。

In reimbursement, please draw on our head office account with your London office.

偿付办法：请从我总行在你伦敦分行的账户内支取。

You are authorized to reimburse yourself for the amount of your negotiation by drawing as per arrangement on our account with United Bank Limited, London.

兹授权你行索偿你行议付金额，请按约定办法从伦敦联合银行我的账户内支取。

The amount and date of negotiation of each draft must be endorsed on reverse hereof by the negotiation bank.

每份汇票的议付金额和日期必须由议付行在本证背面签注。

All bank charges outside UK. are for our principals account, but must claimed at the time of presentation of documents.

在英国境外发生的所有银行费用，应由开证人负担，但须在提交单据时索取。

Negotiating bank may claim reimbursement by T/T on the. . . bank certifying that the credit terms have been complied with.

议付行证明本证条款已履行，可按电汇索偿条款向……银行索回货款。

4. **其他**

For special instructions please see overleaf.

特别事项请看背面。

Letter of guarantee and discrepancies are not acceptable.

书面担保和错误单据均不接受。

If the terms and conditions of this credit are not acceptable for you please contact the openers for necessary amendments.

如你方不接受本证条款，请与开证人联系，以作必要修改。

Cable copy of shipping advice dispatched to the accountee immediately after shipment.

装船后，即将装船通知副本寄交开证人。

One copy of commercial invoice and packing list should be sent to the credit openers 15 days before shipment.

商业发票和装箱单各一份须在装船前 15 天寄给开证人。

All documents except Bills of Exchange and B/L are to be made out in name of ABC Co. Ltd. and whose name is to be shown in B/L as joint notifying party with the applicant.

除汇票和提单外，所有单据均须以 ABC 有限公司作为抬头，并以该公司和申请人作为提单的通知人。

This letter of credit is transferable in China only, in the event of a transfer, a letter from the first beneficiary must accompany the documents for negotiation.

本信用证仅在中国可转让，如实行转让，由第一受益人发出的书面（证明）须连同单据一起议付。

（九）开证行的保证（Warranties of Issuing Bank）

常见的条款有：

We hereby undertake to honor all drafts drawn in accordance with terms of this credit.

凡按本信用证所列条款开具并提示的汇票，我行保证承兑。

We hereby engage with drawers and/or bona fide holders that draft (s) drawn and negotiated on presentation and that draft (s) accepted within the terms of this credit will be duly honored at maturity.

我行兹对出票人及/或善意持有人保证：凡按本证条款开具及议付的汇票一经提交即予承兑；凡依本证条款承兑的汇票，到期即予照付。

（十）跟单信用证统一惯例文句

Except as otherwise expressly stated herein, this credit is subject to *the Uniform Customs and Practice for Documentary credits-UCP*（2007 *Revision*）International Chamber of Commerce publication No. 600.

除非另有规定外，本证根据国际商会 2007 年修订本第 600 号小册《跟单信用证统一惯例》办理。

中英文对照信用证

英文信用证	参考译文
EasyLink IMS 0701 - 069 69835701M 2JUL07 17：19 TEST /WUW 716420244（SCBSZ CN）+ GA	银行之间互对的密押（Test Key）
FROM：National Bank of Alaska 　　　Anchorage, Alaska U. S. A. TO：　Bank of China Guangdong Branch 　　　Guangzhou, CHINA	信用证由美国阿拉斯加州安克雷奇市的阿拉斯加国立银行用电传开往中国银行广东省分行
DATE：7/2/2007 SUBJECT：OUR IRREVOCABLE COMMERCIAL 　　　LETTER OF CREDIT NO. CO - 1561	日期：2007 年 7 月 2 日 　事由：本行（阿拉斯加国立银行）第 MK - 1855 号不可撤销的商业信用证
Please further advise the Letter of Credit below without any liability or obligation on your part other than authenticating the issuance. 　　ADVISE THROUGH：Bank of China Guangdong 　　　　　　Branch Guangzhou, CHI- 　　　　　　NA AS FOLLOWS：	请贵行确认这份信用证，贵行对本信用证不负任何义务和责任，并通过中国银行广东省分行作出以下的通知
IRREVOCABLE DOCUMENTARY CREDIT Credit Number：MK - 1855	不可撤销的跟单信用证 信用证编号：MK - 1855
Beneficiary：Guangdong Machinery import & Export 　　　Corporation（Group） 　　　720 Dong Feng Road East Guangzhou, 　　　China	受益人：广东省机械进出口公司 　　　（集团），中国广州东风 　　　东路 720 号
Applicant：ABC Corporation 　　　1888 W. Northen Lights Blvd. , Room 1, 　　　Anchorage, Alaska U. S. A.	开证人：ABC 公司 　　　美国阿拉斯加州安克雷奇市西北来兹大街 1888 号， 　　　1 号套房
Amount：US DOLLARS SIXTY SEVEN THOUSAND 　　　TWO HUNDRED ONLY	金额：六万七千二百美元 （USD 67，200. 00）

（续上表）

英文信用证	参考译文
EXPIRY DATE：August 15，2007 at the counters of National Bank of Alaska International Banking Department，301 West Northern Lights Boulevard Anchorage，Alaska U. S. A.	有效期：本证在阿拉斯加国立银行国际金融部议付有效期至 2007 年 8 月 15 日。美国阿拉斯加州安克雷奇市西北来兹大街 301 号
We hereby issue this documentary credit which is available by payment of beneficiary's drafts at sight for full invoice value drawn on National Bank of Alaska，International Banking Department，being marked as having been drawn under this credit，and accompanied by the following documents：	本行兹开立这份跟单信用证，该信用证议付时需要凭受益人按本信用证和发票的总金额开给阿拉斯加国立银行国际金融部的即期汇票，以及凭以下单据议付：
1. Signed Commercial Invoice，in triplicate. 　　2. Packing List，in triplicate. 　　3. Insurance Policy，in triplicate	1. 签字或盖章商业发票一式三份。 　　2. 装箱单一式三份。 　　3. 保险单一式三份。
4. Beneficiary's Certificate，reflecting that it has been signed by an authorized individual of Guangdong Machinery Import & Export Corporation （Group），certifying that，"One set of non-negotiable documents（Invoice，Packing List and Bill of Lading）have been faxed to ABC Corporation，at 001 - 907 - 888 - 5678，immediately after shipment."	4. 受益人的证明书一份，由广东省机械进出口公司（集团）负责人签字。证明一整套的单据副本（发票、装箱单和提单）在装运后已经用传真（001 - 907 - 888 - 5678）发给 ABC 公司。
5. Full set（3/3）of Clean On Board Ocean Bills of Lading issued to the order of shipper and blank endorsed，marked "Notify ABC Corporation，1888 W. Northen Lights Boulevard，Room 1，Anchorage，Alaska".	5. 全套清洁的已装船海运提单一式三份正本，以托运人指示为抬头并空白背书，注明"通知美国阿拉斯加州安克雷奇市西北来兹大街 1888 号 1 号套房 ABC 公司"。

（续上表）

英文信用证	参考译文
COVERING：7,000 pcs. of Stainless Steel Spade Head S821 USD 9.60 per pcs. other details as per Sales Contract No. A923444 dd. JUN. 23, 2007 CIF NEWYORK (*Incoterms 2000*)	标的物：7 000 件 S821 不锈钢铲头，每件 9.60 美元，其他按照 2007 年 6 月 23 日签订的合同，CIF 纽约（《2000 年通则》）。
Latest shipment date：July 31, 2007 Shipment From：Guangzhou, CHINA Shipment to：NEW YORK via HONG KONG. Partial shipment are not allowed. Transshipment allowed.	最迟装运日期：2007 年 7 月 31 日 　　装运：中国广州到纽约，由香港转船。 　　不允许分批装运。 　　允许转船。
SPECIAL CONDITIONS： 　1. Drafts and documents must be presented to the negotiating bank or drawer bank within twenty-one (21) days after the date of issuance of transport documents within the validity of this credit.	特殊条款： 　　1. 受益人必须在提单签发日期后 21 天之内，但必须在本信用证有效期内将汇票和装运单据呈交议付行或付款兑现。
2. All banking charges (including advising commission, payment commission, negotiation commission and reimbursement commission) outside Alaska, U.S.A., are for the account of the Beneficiary.	2. 在美国阿拉斯加州之外的一切银行费用（包括通知费、支付费、议付费和偿付费）都由受益人支付。
3. This Letter of Credit is transferable in full or in part.	3. 该信用证可部分或全部转让。
4. Third Party Bills of Lading and documents are acceptable.	4. 可接受第三方的提单和单据。
We hereby engage that drafts drawn and documents presented under and incompliance with the terms and conditions of this Letter of Credit will be duly honored by us, if presented to the counters of our International Banking Department on or prior to the expiration date set herein.	本行保证根据本证，并按照本证内条款开出的汇票和单据在本证有效期内提交本行的国际金融部时，本行即承兑付款。

（续上表）

英文信用证	参考译文
This credit is subject to the Uniform Customs and Practice for Documentary Credit（2007 Revision）, International Chamber of Commerce, Publication No. 600.	本信用证是根据国际商会 600 号出版物（2007 年修订版）"跟单信用证统一惯例"而开出的。
INSTRUCTIONS TO THE NEGOTIATING BANK： 　　1. Drafts and documents are to be sent to us in one lot by courier express delivery or by registered airmail.	对议付行的指示： 　　1. 请用特快专递或航空挂号将全部汇票和单据一次性寄给我行。
2. Reimbursement according to your instructions.	2. 按贵行的指示偿还（本信用证金额）。
This is to be considered the original Letter of Credit. No mail confirmation will follow again, please advise this Documentary Credit through Bank of China, Guangdong Branch.	本信用证是正本，不再用信函确认。再次请贵行通过中国银行广东省分行通知本信用证。
Thank you, National Bank of Alaska International Banking Department	多谢！ 阿拉斯加国立银行国际金融部

三、SWIFT

（一）SWIFT 简介

"SWIFT"是环球银行金融电讯协会（Society for Worldwide Inter-bank Financial Telecommunication）的简称，是一个国际银行同业间非营利性的合作组织。该组织于 1973 年在比利时成立，总部设在比利时的布鲁塞尔，并在荷兰阿姆斯特丹和美国纽约设立与总部相互连接的大型电脑操作中心，在各会员银行所在的国家和地区设有与操作中心相连的处理站。会员银行通过专用电脑设备与处理站和操作中心的电脑、数传通讯设备连通，构成全球性通讯网，开展电讯国际银行业务。目前全球大多数国家的大多数银行已使用 SWIFT 系统。

凡利用 SWIFT 系统设计的特殊格式（Format），通过 SWIFT 系统传递的信用证的信息（Message），即通过 SWIFT 开立或通知的信用证称为 SWIFT 信用证，也被称为"环银电协信用证"。

中国银行在 1983 年 2 月正式加入该协会成为会员银行，1984 年开始使用该协会的通讯系统办理国际业务，1985 年中国银行总行建立了 SWIFT 中国地区处理站。

（二）SWIFT 的特点

1. 采用会员制度

使用 SWIFT 系统的银行必须加入环球银行金融电讯协会，成为会员后方可使用 SWIFT 系统。

2. 格式标准化

对于 SWIFT 电文，SWIFT 有统一的要求和格式。使用 SWIFT 信用证，必须遵守 SWIFT 使用手册的规定，使用 SWIFT 手册规定的代号（Tag）。

3. 安全性高

与信开信用证比较，SWIFT 是全证加押密，而信开信用证只对重要的内容（如金额）加密押。与电传比较，SWIFT 的密押比电传的密押可靠性更强、保密性更高。

4. 解释统一

采用 SWIFT 信用证，信用证必须按国际商会制定的《UCP 600》的规定处理。因此，在 SWIFT 信用证中可以省去银行的承诺条款，但并不能免去银行所应承担的义务。SWIFT 信用证可省去按《UCP 600》处理的声明，但该信用证仍按《UCP 600》处理。

5. 费用较低

与电传、电报比较，同样多的内容，SWIFT 的费用只有 TELEX（电传）的 18% 左右，只有 CABLE（电报）的 2.5% 左右。

6. 系统服务范围广

SWIFT 系统服务范围很广，凡会员银行所处理的有关国际银行业务的电讯均可使用 SWIFT 系统。主要业务包括外汇买卖、证券交易、开立信用证、办理信用证项下的汇票业务等，同时还兼理国际的账务清算和银行间的资金调拨。

7. 处理业务快捷

SWIFT 系统电讯的线路速度为普通电传的 48～192 倍，在正常情况下，每笔交易从发出电讯到收到对方确认只需 1～2 分钟。会员间还可以利用 SWIFT 系统的存储功能，随时从该系统索得所需要的电讯往来记录。

8. 自动功能

SWIFT 系统具有自动收发储存信息、自动加押和核押、自动将文件分类等自动功能，可每周 7 天 24 小时连续不停地运转。

（三）SWIFT 电文的表示方式

1. 项目表示方式

SWIFT 由项目（FIELD）组成，项目由两位数字的代号（Tag）或两位数字代号加上字母组成，如"44C LATEST DATE OF SHIPMENT（最后装船期）"、"44D SHIPMENT PERIOD（船期）"。代号不同，其含义也不同，如"57A ADVISE THROUGH BANK（通知行）"、"45A DESCRIPTION OF GOODS（货物描述）"。

SWIFT 的项目分为必选项目（Mandatory Field）和可选项目（Optional Field）两种类型。必选项目是必不可少的，如 31D DATE AND PLACE OF EXPIRY（信用证有效期）；可选项目是另外增加的，并不一定每个 SWIFT 信用证都有，如 39B MAXIMUM CREDIT AMOUNT（信用证最大限制金额）。

2. 日期表示方式

SWIFT 电文的日期表示为 YYMMDD（年月日），如 2004 年 10 月 9 日，表示为 041009。

3. 数字表示方式

在 SWIFT 电文中，数字不使用分格号，小数点用逗号","来表示，如 8，123，286.36 表示为 8123286，36。

（四）SWIFT 电文常用项目

代号	英　文	中文含义
20	DOC. CREDIT NUMBER	信用证号码（MT700）
20	SENDER'S REERENCE	信用证号码（MT707）
21	RECEIVER'S REFERENCE	收报行编号
23	ISSUING BANK'S REFERENCE	开证行的号码
26E	NUMBER OF AMENDMENT	修改次数
27	SEQUENCE OF TOTAL	电文页次
30	DATE OF AMENDMENT	修改日期

（续上表）

代号	英　文	中文含义
31C	DATE OF ISSUE	开证日期
31D	DATE AND PLACE OF EXPIRY	信用证有效期
31E	NEW DATE OF EXPIRY	信用证新的有效期
32B	INCREASE OF DOCUMENTARY CREDIT AMOUNT	信用证金额的增加（MT707）
32B	AMOUNT	信用证结算的货币和金额（MT700）
33B	DECREASE OF DOCUMENTARY CREDIT AMOUNT	信用证金额的减少
34B	NEW AMOUNT	信用证修改后的金额
39A	Pos. /Neg. Tol.（％）	金额上下浮动允许的最大范围
39B	MAXIMUM CREDIT AMOUNT	信用证最大限制金额
39C	ADDITIONAL AMOUNTS COVERED	额外金额的修改
40A	FORM OF DOCUMENTARY CREDIT	跟单信用证形式
41A	AVAILABLE WITH/BY	指定的有关银行及信用证的兑付方式
42A	DRAWEE	汇票付款人
42C	DRAFTS AT...	汇票付款日期
42M	MIXED PAYMENT DETAILS	混合付款条款
42P	DEFERRED PAYMENT DETAILS	迟期付款条款
43P	PARTIAL SHIPMENTS	分批装运条款
44A	LOADING IN CHARGE	装船、发运和接收监管的地点
44B	FOR TRANSPORTATION TO...	货物发运的最终地
44C	LATEST DATE OF SHIPMENT	最后装船期
44D	SHIPMENT PERIOD	船期
45A	DESCRIPTION OF GOODS	货物描述
46A	DOCUMENS REQUIRED	单据要求
47A	ADDITIONAL CONDITIONS	特别条款
48	PRESENTATION PERIOD	交单期限

（续上表）

代号	英　文	中文含义
49	CONFIRMATION	保兑指示
50	APPLICANT	信用证开证申请人
51A	APPLICANT BANK	信用证开证行
53A	REIMBURSEMENT BANK	偿付行
57A	ADVISE THROUGH BANK	通知行
59A	BENEFICIARY	信用证受益人
71B	DETAILS OF CHARGES	费用情况
72	SENDER TO RECEIVER INFORMATION	附言
78	INSTRUCTION	给付款行、承兑行、议付行的指示（MT 700）
78	NARRATIVE	修改详述（MT 707）

样单：SWIFT 信用证

```
2002APR25 07:55:54                                    Logical Terminal GDPF
MT S700              Issue of a Documentary Credit          Page 00001
                                                            Func JSRVPR1
MSGACK  DWS765I Auth OK, key B0020421064AF648, BKCHCNBJ AIBK**** record797208
Basic Header       F  01 BKCHCNBJA400 0649 494074
Application Header  O 700 1715 020424 AIBKIE2DAXXX 3189 448014 020425 0015 N
                            *AIB BANK
                            *DUBLIN
User Header        Service Code    103:
                   Bank. Priority  113:
                   Msg User Ref.   108:
                   Info. from CI   115:                  ORIGINAL
Sequence of Total  *27   : 1 / 1
Form of Doc. Credit *40 A : IRREVOCABLE
Doc. Credit Number *20   : AIB.IM02023502
Date of Issue      31 C  : 020424
Expiry             *31 D : Date 020619 Place CHINA
Applicant Bank     51 A  : AIBKIE2DXXX
                            *AIB BANK
                            *DUBLIN
Applicant          *50   : B AND C CANTWELL, CC FITTINGS,
                            MEADOWLANDS
                            GRANTSTOWN
                            CO WATERFORD
Beneficiary        *59   : GUANGDONG TEXTILES IMPORT AND
                            EXPORT.COTTON MANUFACTURED GOODS CO
                            14/F GUANGDONG TEXTILES MANSIONS
                            168 XIAO BEI RD GUANGZHOU CHINA
Amount             *32 B  :        Currency USD Amount 20,000.00
Available with/by  *41 A  : AIBKIE2DXXX
                            *AIB BANK
                            *DUBLIN
                            BY ACCEPTANCE
Drafts at ...      42 C  : 30 DAYS SIGHT
Drawee             42 A  : AIBKIE2DXXX
                            *AIB BANK
                            *DUBLIN
Partial Shipments  43 P  : PROHIBITED
Transshipment      43 T  : PERMITTED
Loading in Charge  44 A  :
                   GUANGZHOU CHINA
For Transport to ... 44 B :
                   DUBLIN,IRELAND.
Descript of Goods  45 A  :
                   +DRAWER SLIDES AND HANDLES
                   CIF DUBLIN,IRELAND.
Documents Required 46 A  :
                   +SIGNED INVOICES IN TRIPLICATE
                   +FULL SET OF CLEAN ON BOARD MARINE BILLS OF LADING CONSIGNED TO
                   ORDER, BLANK ENDORSED, MARKED FREIGHT PREPAID AND CLAUSED NOTIFY
                   APPLICANT.
                   +INSURANCE POLICY/CERTIFICATE BLANK ENDORSED COVERING ALL RISKS
                   FOR 10 PER CENT ABOVE THE CIF VALUE.
                   +CERTIFICATE OF CHINA ORIGIN ISSUED BY A RELEVANT AUTHORITY.
                   +PACKING LIST
Additional Cond.   47 A  :
                   +PLEASE FORWARD ALL DOCUMENTS TO ALLIED IRISH BANKS, TRADE
                   FINANCE SERVICES, CARRISBROOK HOUSE, BALLSBRIDGE, DUBLIN 4.
                   +IF BILLS OF LADING ARE REQUIRED ABOVE, PLEASE FORWARD
                   DOCUMENTS IN TWO MAILS, ORIGINALS SEND BY COURIER AND
                   DUPLICATES BY REGISTERED AIRMAIL.
```

```
2002APR25 07:55:56                                    Logical Terminal GDPF
MT S700                  Issue of a Documentary Credit        Page 00002
                                                             Func JSRVPRI
Details of Charges    71 B : BANK CHARGES EXCLUDING ISSUING
                             BANKS ARE FOR ACCOUNT OF
                             BENEFICIARY.
Presentation Period   48   : DOCUMENTS TO BE PRESENTED WITHIN
                             21 DAYS FROM SHIPMENT DATE
Confirmation          *49  : WITHOUT
Instructions          78   :
                      DISCREPANT DOCUMENTS, IF ACCEPTABLE, WILL BE SUBJECT TO A
                      DISCREPANCY HANDLING FEE OF EUR100.00 OR EQUIVALENT WHICH
                      WILL BE FOR ACCOUNT OF BENEFICIARY.
                      SPECIAL NOTE: ISSUING BANK WILL DISCOUNT ACCEPTANCES ON
                      REQUEST, FOR A/C OF BENEFICIARY (UNLESS OTHERWISE STATED)
                      AT APPROPRIATE LIBOR RATE PLUS 1.00 PER CENT MARGIN.
Send. to Rec. Info.   72   : THIS CREDIT IS ISSUED SUBJECT TO
                             THE U.C.P. FOR DOCUMENTARY CREDITS,
                             1993 REVISION, I.C.C. PUBLICATIONS
                             NO.500
Trailer                      Order is <MAC:> <PAC:> <ENC:> <CHK:> <TNG:> <PDE:>
                             MAC:1D20750E
                             CHK:5034662F748C
```

信开信用证（通知书）

ADD: GUANGZHOU INT'L FINANCAIL BUILDING.
NO. 197. Dong Feng Xi Lu, Guangzhou.
P.R. China.
TEL.

中国银行 广东省分行
BANK OF CHINA
GUANGDONG BRANCH
GUANGZHOU, CHINA

ORIGINAL

信　用　证　通　知　书

通 知 日： JUN 4, 1997
我行号码： DN4009988/97

致　　： 省轻工家电
GUANGDONG LIGHT ELECTRICAL APPLIAN
CES CO.,LTD.
8090010000318

开证行 ：
ALAHLI BANK OF KUWAIT (K.S.C.),

U.A.E.

转递行 ：

信用证号 ：DUB-97/11356
开证日 ：05/21/97　有效期 ：08/20/97
本证页数（不包面函）：3
我行费用负担 ：Beneficiary Account

金　　额 ：USD8,203.00
来证方式 ：Original Letter
我行是否加保 ：Unnecessary

迳　启　者 ：
　　　兹通知贵司，我行收自上述银行的信用证一份，现随附通知，并请注意下列
打 " × " 条文 ：
（　　）该行首次来证，请慎重处理．
（　　）此证如需加保，请与我行联系．
（　　）此证尚未生效，请切勿出货．
（　　）此证印押未符，请切勿出货．

注意事项 ：
1. 贵司交单时，请将信用证及通知书一并提示 ；
2. 我行保兑信用证，限向我行交单议付，否则保兑无效 ；
3. 非我行保兑信用证，不构成我行任何责任 ；
4. 费用由受益人负担时，对我行客户，我行会主动借记其账，收取我行费用 ；
5. 请注意我行对信用证中有关条款的提示．

贵司负担费用 ：
通　知　费 ：CNY200.00
保　兑　费 ：CNY
预先通知费 ：CNY
电　报　费 ：CNY

备注 ：

中 国 银 行 广 东 省 分 行 具
For BANK OF CHINA, GUANGDONG BRANCH

下 列 项 目 仅 供 我 行 使 用 ：
ADV-CHG:USD
CONFIRM:USD
PRE-ADV:USD
TLX-CHG:USD

信开信用证（正面）

ALAHLI BANK OF KUWAIT (KSC)
P.O. Box 1719 Dubai United Arab Emirates
Telex · 4551B. Fax : 215527. Telephone : 224175

البنك الأهلي الكويتي (ش.م.ك)
حرب . ١٧١٩ . دبي . الإمارات العربية المتحدة
تلكس ٤٥٥١٨ . فاكس ٢١٥٥٢٧ . تلیفون ٢٢٤١٧٥

LETTER OF CREDIT NUMBER   DUB–97/11356   DUBAI: 21 MAY, 1997

BY REGISTERED AIRMAIL

------- BENEFICIARY -------   ---- ADVISING BANK ----------
GUANGDONG LIGHT ELECTRICAL   BANK OF CHINA
APPLIANCES COMPANY LIMITED   137 CHANDGI
52, DEZHENG ROAD SOUTH   GUANGZHOU
GUANGZHOU, CHINA   CHINA

------- AMOUNT -------   ---- APPLICANT ----------
AMOUNT:USD:8,203.00   AL SHAMALI & WARIS TRADING CO.LTD.
EIGHT THOUSAND, TWO HUNDRED AND   P.O.BOX 27445, DUBAI
THREE US.DOLLARS ONLY   UNITED ARAB EMIRATES

VALID IN   : CHINA   AVAILABLE AT:SIGHT
VALID UNTIL: 20 AUGUST, 1997 .   BASIS:CFR

Please advise our above IRREVOCABLE Documentary Letter of Credit,without your
confirmation, available by beneficiaries draft (s) without recourse drawn on
us for the full invoice value, and accompanied by the following documents:-

1. Signed commercial invoices in quintuplicate certified to be true & correct
   showing the price of each type of goods.

2. Certificate of Origin showing the name of country of origin, country of
   exporting goods, the exporter and the name and address of Manufacturers.
   (Refer Clause No:9 on the reverse side).

3. Packing List in triplicate showing gross and net weights and detailing the
   complete packing specifications.

4. Complete set of atleast 3/3 original clean "ON BOARD" Ocean Bills of Lading
   issued to our order, notifying Openers and evidencing "FREIGHT PRE-PAID".
   Original set of documents must include 2/3 Bills of Lading and duplicate
   set the remaining 1/3.

Shipping documents to evidence shipment from CHINA TO DUBAI, UAE not later
than 20 AUGUST, 1997 by VESSEL covering:-

ENERGY SAVING LAMPS 220/240V. ALL OTHER DETAILS ARE AS PER INDENT
NO:D/269/97 OF AL HASHEMI LINK TRADING COMPANY L.L.C., P.O.BOX 986,
DUBAI, UAE AND INVOICE TO CERTIFY THE SAME.

SHIPPING MARKS:AL SHAMALI/DUBAI
(SHIPPING MARKS TO APPEAR ON ALL DOCUMENTS, EXCEPT DRAFT/S)
TRANSHIPMENT   :ALLOWED
PART SHIPMENT :ALLOWED AGAINST PART PAYMENT/S

- A complete separate set of documents is required for each shipment.
- Clause Nos:19 and 20 on the reverse side are deleted.
- Clause No:5 on the reverse side is cancelled.

Beneficiary must send shipment advices to M/s. Alliance Insurance P.S.C.,
P.O.Box 5501, Dubai, United Arab Emirates, as well as to credit opener by
Telex/Fax quoting Documentary Credit Number and Insurance Policy No:79842
within 3 days after shipment on their Telex/Fax No:46068 ALNCE EM/225129
and Fax:211744 respectively. Copies of such Telex/Fax should form part of
documents.

All Bank Charges outside U.A.E. including Reimbursing Bank's Charges in
respect of this Letter of Credit are on Beneficiary's Account.

Negotiation under this Credit is unrestricted.

Please telex advise us negotiation of documents 3 International Working days
prior to claiming reimbursement or effecting payments, specially mentioning
the Reimbursing Bank's name, total amount claimed and the value date.

REIMBURSEMENT INSTRUCTIONS:
Reimbursements are subject to Uniform Rules for Bank to Bank reimbursement
under Documentary Credits 1995 ICC Publication No:525.

Draw on our Account No:10 80 81 with ARAB AMERICAN BANK, NEW YORK, USA, (under
advice to us) certifying to us that all terms & conditions of the credit have
been strictly complied with.

All Drafts to be marked "DRAWN UNDER ALAHLI BANK OF KUWAIT(KSC),DUBAI BRANCH,
D/C NO:DUB-97/11356, dated 21 May, 1997". We undertake to honour all
drafts drawn in strict compliance with the terms of this credit.

Please forward to us the original set of documents by Courier Service and
duplicate by Registered Airmail.

IMPORTANT:Please see reverse side for special insturctions
          which constitutes an integral part of this Credit.

ALAHLI BANK OF KUWAIT (K.S.C.)   Please acknowledge receipt.
DUBAI BRANCH

                                                                FLR1

Axwar Munir Dar   Shaher K. Farhan
P. 49 (٤٩)   P. 48 (٤٨)
EXCEPT AS OTHERWISE STATED THIS CREDIT IS SUBJECT TO THE UNIFORM CUSTOMS AND PRACTICE FOR
DOCUMENTARY CREDITS (1993 REVISION) INTERNATIONAL CHAMBER OF COMMERCE PUBLICATION NO. 500

信开信用证（背书）

OTHER TERMS WHICH CONSTITUTE AN INTEGRAL
PART OF OUR CREDIT

1. INVOICES MUST SHOW THE FOLLOWING:-

   (a) Name of carrying vessel if shipment is made by sea.

   (b) Air Waybill or Parcel Post Receipt Numbers if goods are despatched by Airfreight or Parcel Post.

   (c) Name and Nationality of Manufacturers/Processors of each type of Manufactured/Processed goods.

2. In case of SHIPMENT BY STEAMER goods to be shipped by Conference/Regular Line Vessel/s and a certificate to this effect from the Shipping Company or their Agents is required.

3. In case of SHIPMENT BY STEAMER, B/L should evidence that the vessel carrying the goods is allowed to enter the UAE Ports.

4. In case of SHIPMENT by STEAMER or TRUCK the relative Bills of Lading or Truck Consignment Notes must show the name, address and Telephone Number of Carriers' Agent in Dubai (UAE).

xxxxxxxxxxxx xxxxxxxx xxxxxxxxxxxx xxxxxxxxx

6. Unless otherwise stated B/L must be issued by Shipping Companies or their agents only.

7. Bills of Lading issued to the order of an authorised Foreign Exchange Dealer are acceptable for shipment of goods from Bangladesh, Pakistan and Sri Lanka.

8. Unless otherwise stated, negotiation under Reserve or Guarantee is prohibited.

9. IN CASE OF SHIPMENT FROM PEOPLES REPUBLIC OF CHINA:
   Certificate of Origin must be issued by The China Council for Promotion of International Trade.

10. IN CASE OF GERMANY "Certificate of Origin" issued by Chamber of Commerce without the name of Manufacturer is acceptable provided accompanied with a Manufacturer Declaration duly certified by Notary Public and authenticated by UAE Embassy or Consulate.

11. In case of SHIPMENT by TRUCK, the relative Truck consignment note must evidence:-
   "This Truck Consignment Note is the only one issued by us for the goods mentioned herein and confirm, we hold ourselves fully responsible to the holder of this Truck Consignment Note in the event of that another Truck Consignment Note for the same goods was issued or the goods were delivered to a third party without obtaining this Truck Consignment Note duly endorsed by ALAHLI BANK OF KUWAIT (K.S.C.), DUBAI BRANCH (U.A.E.)".

12. A Shipping Company's Certificate of compliance covering the Relative Carrying Vessel should be fully classified as per Institute of classification Clause, dated 13-04-1992 and not to be older than 15 years old and no F.O.C. (Flag of Convenience Countries) or problem Flag vessels. For Bulk Carriers the age limit must be 10 years.

13. Invoices issued for amounts in excess of the amount permitted by this Letter of Credit, are not acceptable.

14. All documents as well as any correspondence must be in English Language and must make reference to this Credit.

15. Documents bearing date of issuance prior to the date of this Credit are not acceptable.

16. Transport documents indicating consignor of the goods, a party other than the beneficiary of the Credit are not acceptable.

17. Unless our prior approval is obtained for negotiation, all irregular documents must be forwarded to us on collection basis only.

18. If the negotiation is unrestricted, Negotiating Bank must ensure recovery of all charges (including the charges of First Advising Bank) from the beneficiary before release of payment.

19. Original invoice and original certificate of origin must be legalized by UAE embassy or consulate only.

20. Incase of non-existing of UAE Embassy or consulate, Legalization by Kuwait/Saudi Arabia/Bahrain/Oman and / or Qatari Embassy or consulate is also acceptable.

四、汇付和托收

在国际货款的结算中，较常见的结算方式有汇付、托收和信用证三种，其中汇付和托收方式属于商业信用，信用证方式属于银行信用。

（一）汇付（Remittance）

1. 汇付的含义

汇付又称汇款，是指汇款人（Remitter）通过汇出行（Remitting Bank）将一定金额的款项汇交收款人（Payee）的结算方式。

汇付方式的当事人主要有汇款人、汇出行、汇入行、收款人。在国际贸易中，汇付方式主要用于预付货款、随订单付款和赊销等业务中。

2. 汇付的种类

汇付方式可分为信汇、电汇和票汇三种。

（1）信汇（Mail Transfer，简称 M/T）。

信汇是指汇出行应汇款人的申请，将信汇付款委托书寄给汇入行，授权解付一定金额给收款人的一种汇付方式。

实务中，汇出行通过航邮寄交付款委托书，汇入行根据汇出行的印鉴和签字核对无误后解付。信汇的费用较低，但收款人较迟收回货款。

（2）电汇（Telegraphic Transfer，简称 T/T）。

电汇是指汇出行应汇款人的申请，将电汇付款委托书用电讯手段通知汇入行，授权解付一定金额给收款人的一种汇付方式。电汇的费用较高，但收款人能迅速收回货款。

实务中，对于老客户以及信誉好的客户，出口商经常采用电汇结算。

（3）票汇（Remittance by Banker's Demand Draft，简称 D/D）。

票汇是指汇出行应汇款人的申请，代汇款人开立以其分行或代理行为解付行的即期汇票，支付一定金额给收款人的一种汇付方式。

实务中，根据汇票填写收款人的不同，持票人可作如下处理：

①当汇票上的收款人为出口商时，出口商在汇票背后盖章签字后即可送银行收款。

②当汇票上的收款人为进口商时，汇票应有进口商的背书。若汇票为空白背书，出口商即可送银行收款；若汇票为记名背书，出口商应在汇票背后空白背书后，方可送银行收款。

票汇的付款行不必通知收款人取款，收款人应在收到汇票后自己上门取款。同时，除有限制转让和流通外，汇票可经收款人背书进行流通转让。

（二）托收（Collection）

1. 托收的含义

托收是指债权人（出口商）出具汇票委托银行向债务人（进口商）收取货款的一种支付方式。其基本做法是：①由出口商根据发票金额开出以进口商为付款人的汇票，并向出口地银行提出托收申请；②委托出口地银行（托收行）通过它在进口地的代理行或往来银行（代理行）代为向进口商收取货款。

托收方式的当事人有：

（1）委托人：通常为进出口业务中的出口商。

（2）托收银行：接受委托人的委托向付款人收款的银行。

（3）代收银行：接受托收行的委托向付款人收款的银行。

（4）提示行：向付款人提示要求付款人付款的银行。

（5）付款人：通常为进出口业务中的进口商。

按照一般国家的银行做法，委托人在委托银行办理托收时，须随附一份托收委托书，在委托书中明确提出各种指示。银行接受委托后，应按照委托书的指示内容办理托收。根据《托收统一惯例522出版物》（《URC 522》）的规定，托收费用由委托人承担。

2. 托收的种类

托收方式根据托收时金融单据（Financial Documents）是否附有商业单据（Commercial Documents）分为光票托收（不附有商业单据）和跟单托收（附有商业单据），国际贸易中大多使用跟单托收。

在跟单托收的情况下，根据交单条件的不同又可以分为付款交单（Documents against Payment，简称D/P）和承兑交单（Documents against Acceptance，简称D/A）。

（1）付款交单。

付款交单是指出口商的交单以进口商的付款为条件，即只有在进口商付清货款后，才能把装运单据交给进口商。按付款时间的不同，付款交单又可分为即期付款交单（D/P sight）和远期付款交单（D/P after sight）。

即期付款交单是指出口商发货后开具即期汇票连同货运单据，通过银行向进口商提示，进口商见票后立即付款，在付清货款后向银行领取货运单据。

远期付款交单是指出口商发货后开具远期汇票连同货运单据，通过银行向进口商提示，进口商审核无误后即在汇票上进行承兑，于汇票到期日付清货款后再领取货运单据。

在远期付款交单情况下，如果货物已经到达目的港，单据也已经到达代收银行处，但汇票的付款时间未到，买方欲抓住有利行市提前提货可采取的做法有：

①在付款到期日之前提前付款赎单。在实际业务中，当市场行情较好，买方可选择提前付款。因为这样，买方既可获得较高的售价，又可扣除提前付款日至原付款日之间的利息，享受提前付款的现金折扣。

②凭信托收据借单。信托收据（Trust Receipt，简称 T/R）就是进口商借单时提供的一种书面信用担保文件，用来表示愿意以代收行的受托人身份代为提货、报关、存仓、保险、出售货物，并承认货物所有权仍属代收行。货物销售后所得的货款，应于汇票到期时交代收行。

凭信托收据借单是代收行自己向进口商提供的信用便利，与出口商无关。如代收行借出单据后，到期不能收到货款，则代收行应对委托人负全部责任。因此，只有资信较好、实力较强的进口商，代收行才允许进口商凭信托收据借取货运单据，先行提货。

如果出口商主动授权代收行借单给进口商，即所谓"远期付款交单凭信托收据借单"（D/P·T/R），进口商在承兑汇票后可以凭信托收据先行借单提货。日后如果进口商在汇票到期时拒付，则与银行无关，应由出口商自己承担风险。

（2）承兑交单。

承兑交单是指出口商的交单以进口商在汇票上承兑为条件。在承兑交单下，出口商在付款人承兑后已交出了物权凭证及有关的单据，其收款的保障完全依赖进口商的信用，一旦进口商到期不付款，出口商便会遭到货物与货款全部落空的损失。因而，承兑交单的风险比付款交单的风险大。

3. 托收的性质及其利弊

托收方式一般都通过银行办理，故又称银行托收，但托收的性质为商业信用。使用托收方式的有利之处在于进口商不但可免去申请开立信用证的手续，不必预付银行押金，减少费用支出，而且有利于资金融通和周转，增强出口商品的竞争能力。

托收方式结算对出口商而言也存在着不少弊端，主要有：

（1）银行办理托收业务，只是按委托人的指示办事，并无检查单据内容和承担付款人必然付款的义务。

（2）如进口商破产或丧失清偿债务的能力，出口商则可能收不回或晚收回货款。

（3）在进口商拒不付款赎单后，除非事先约定，银行无义务代管货物；

如货物已到达，还会造成在进口地办理提货、交纳进口关税、存仓、保险、转售以至被低价拍卖或被运回国内的损失。

4. 出口商使用托收方式应注意的问题

（1）要事先做好客户的资信调查，掌握适当的授信额度。

（2）了解进口国家的贸易管制和外汇管制条例，以免货到目的地后，由于不准进口或收不到外汇而造成损失。

（3）了解进口国家的商业惯例，以免由于当地习惯做法，影响安全、迅速收汇。

（4）出口合同应争取以 CIF 或 CIP 条件成交，由出口商办理货运保险，也可投保出口信用险，在不采取 CIF 或 CIP 条件时，应投保卖方利益险。

（5）健全管理制度，定期检查，及时催收清理。

五、支付条款审核

支付条款的选择，关系到是否能安全收汇。因此，外贸跟单员应注意审核以下问题：

（一）支付方式的运用是否合适

在国际贸易中使用的支付方式主要有汇付、托收和信用证。这三种支付方式虽都通过银行办理，但汇付和托收属于商业信用，而信用证属于银行信用。因此，在出口贸易中，原则上采用信用证支付方式，特别是第一次成交的新客户，更应该采用信用证支付。但出口企业为了提高竞争力和降低费用，对于信誉好的客户和多年合作的老客户，也可采用汇付或托收。

一笔交易大多使用一种支付方式，但有时根据不同需要，也可将两种或两种以上的支付方式结合使用。

（二）是否接受可撤销信用证

采用信用证付款时，由于可撤销信用证的开证行可随时撤销信用证，对卖方很不利，因此，我国出口企业一般不接受可撤销信用证。

（三）信用证的付款人是否规定为开证人

信用证的特点之一就是银行信用，开证行承担第一性的付款责任。但如果合同规定信用证的付款人为开证人，则开证行不承担第一性的付款责任，失去了以信用证支付的意义。因此，外贸跟单员应认真审核支付条款中对信用证付款人的规定，如果付款人为开证人，应进行修改。

（四）T/T 付款是否有预先收取定金的条款

采用 T/T 付款时，出口企业经常装运后传真提单通知对方电汇货款。这种情况风险比较大，一旦外商不付款或迟付款，我方将处于被动。最好是先收取一定的定金（如货款的 30%），在货物装运前通知买方电汇货款，款到后装运出口。

（五）信用证和托收结合付款时单据的处理是否合适

因为信用证是银行信用，而托收是商业信用，为降低风险，在采用信用证和托收结合付款时，全套单据必须随附托收项下的汇票，信用证项下的汇票采用光票收款。

（六）是否采用远期付款交单托收

付款交单（D/P）对于买方来说，必须先付款才能交单。但有些国家对于远期付款交单，可以看成承兑交单处理。因此，外贸跟单员应注意尽量避免采用远期付款交单托收，非用不可时，应了解该国家或地区对远期付款交单的处理习惯后方可接受。

第五节　检验、索赔、不可抗力和仲裁

一、商品检验

我国《中华人民共和国商检法》规定："凡未经检验的进口商品，不准销售、使用；凡未经检验合格的出口商品，不准出口。"《联合国国际货物销售合同公约》也规定："买方必须在按情况实际可行的最短时间内检验货物或由他人检验货物。""如果合同涉及货物的运输，检验可推迟至货物到达目的地后进行。"

（一）检验时间和地点

商品检验的时间和地点一般与交货的时间和地点一致。根据不同的贸易术语，商品检验的时间和地点也不相同，主要有在出口国检验、在进口国检验、在出口国检验和进口国复验三种。

1. 在出口国检验

货物在装船前或装运时，由买卖双方约定的商检机构检验货物，并以其检验货物后出具的检验证明作为货物品质、重量或数量的最后依据。在出口国检验也称为"离岸品质、离岸重量（Shipping Quality and Shipping Weight）"。采用"离岸品质、离岸重量"，只要检验时货物的品质、重量或数量与合同相符，买方日后对货物无权提出任何异议。因此，买方一般不接受"离岸品质、离岸重量"。

2. 在进口国检验

在卸货后，由买卖双方约定的商检机构检验货物，并以其检验货物后出具的检验证明作为货物品质、重量或数量的最后依据。在进口国检验也称为"到岸品质、到岸重量（Landed Quality and Landed Weight）"。采用"到岸品质、到岸重量"，卖方必须承担货物运输途中的风险，担心买方以到达目的港或目的地后货物的品质、重量或数量与合同不符为由而拒付货款。因此，卖方一般不接受"到岸品质、到岸重量"。

3. 在出口国检验、进口国复验

在当前的国际贸易中，广泛采用在出口国检验、进口国复验的检验方法。按此做法，装运地的商检机构检验货物后出具的检验证明，作为卖方议付货款的凭证之一，但不是货物品质、重量或数量的最后依据。货到目的港后，由双方约定的检验机构在规定的期限内复验货物，并出具复验证明。复验中若发现交货品质、重量或数量与合同规定不符而责任属于卖方时，买方可凭复验的证明向卖方提出索赔。

复验是指买方对到货有复验权。复验权就是买方有复验的权利。除非另有约定，买方有权要求合理的机会检验货物，在这之前不能认为买方已经接受货物，其也没有丧失拒收货物的权利。如果买方收到货物后未经复验便先行使用，此后，发现货物的品质、重量或数量与合同规定不符就不能提出索赔。复验期限实际上就是索赔期限，超过复验期限买方就丧失了索赔的权利。

（二）检验机构和检验证书

检验机构是指接受委托对商品进行检验或公证鉴定的专门机构。检验机构的选定，关系到交易双方的利益，故交易双方应商定检验机构，并在买卖合同中订明。检验机构有官方机构、非官方机构、由私人或同业公会（协会）等开设的检验机构、工厂企业、用货单位或买方等。我国从事商品检验的官方机构是国家质量监督检验检疫总局和设在各地的检验机构。

出口商品经商检机构检验、鉴定后出具的证明文件，称为检验证书

(Inspection Certificate)。检验证书可证明出口商按合同规定的品质、数量、包装和卫生条件交付货物,是出口商出口结汇的单据之一。检验证书主要有品质检验证书、重量检验证书、数量检验证书、兽医检验证书、卫生检验证书、消毒检验证书、产地检验证书、价值检验证书、验舱检验证书、验残检验证书等。

(三) 检验标准和方法

同一商品,由于不同的检验标准和检验方法,可得出不同的检验结果,因此,买卖双方在拟定合同的检验条款时,应规定具体的检验标准和方法。

商品检验的标准主要有生产国标准、进口国标准、国际通用标准以及买卖双方协议的标准等。实务中,检验标准依据的顺序首先是按法律规定的强制性标准检验;无强制性标准的,按合同或信用证规定的标准检验;合同或信用证没规定的,出口商品按国家标准检验,无国家标准的按部颁标准检验,无部颁标准的按企业标准检验。进口商品首先采用生产国标准检验,无生产国标准的采用国际通用标准检验,既无生产国标准又无国际通用标准的采用进口国标准检验。

检验方法主要有感官检验法、物理检验法、化学检验法、微生物检验法等。感官检验法是指检验人员用人体的感觉器官,对货物的外观及内在品质进行检验。如眼看、耳听、鼻嗅、口尝、手摸等方法。物理检验法是指检验人员利用力学、电学、光学、声学等仪器仪表进行物理方面的检验。化学检验法是指检验人员利用化学分析方法对货物的化学成分、有害元素含量进行检验。微生物检验法是指检验人员利用微生物学的方法对货物中的细菌、致病菌、微生物进行检验。

(四) 法定检验

法定检验 (Lawful Inspection) 是指有关商检机构或商检部门根据国家法律、行政法规,对规定的进出口商品和有关的检验事项实施强制性检验。

凡属法定检验范围内的进口商品,海关凭商检机构在报关单上加盖的印章报收;对于出口商品,海关凭商检机构签发的检验证书、放行单或者报关单上加盖的印章验收。

(五) 商品检验条款的审核

在国际货物买卖合同中商品检验条款的内容主要有检验时间与地点、检验机构和检验证书。商品检验条款审核时应考虑以下问题:

(1) 必须明确规定商品检验的时间和地点。在国际货物买卖合同中一般采用出口国检验、进口国复验，由于买方只有在复验期限内复验并取得证书，才能作为提出索赔的依据，因此，要对复验的期限予以明确。

（2）必须明确检验标准和方法。在我国出口商品，合同无规定或规定不明确的，按国家标准检验，无国家标准的按部颁标准检验，无部颁标准的按企业标准检验。

（3）检验条款应明确具体，并避免因与信用证的规定相冲突而单证不符的情况。

（4）必须确认有把握取得进口国规定的质量认证。有的国家规定，生产企业只有取得某项质量认证（如 CE 认证、ISO 认证等）后，其生产的产品方允许进口。出口商应确认出口产品是否需要认证，要哪些认证，能否办到。

二、索　赔

（一）合同当事人违约后的法律责任

合同一经订立，合同各方当事人必须履行各自的义务。一方当事人全部或部分未履行合同所规定的义务，或者拒不履行合同义务的行为，称为违约（Breach of Contract）。

一方的违约行为，会直接或间接给另一方造成损失，违约一方必须承担损失赔偿的责任，受损一方有权提出赔偿要求，直至解除合同。只有当履约中发生不可抗力的事故，致使一方不能履约或不能如期履约时，才可根据合同规定或法律规定免责。

（二）索赔的类型

1. 向贸易违约方索赔

凡属买卖合同当事人的责任造成的损失，可向责任方提出索赔。索赔的基础为双方签订的货物买卖合同。

向卖方索赔的情况主要有：原装数量不足；货物的品质、规格与合同规定不符；包装不良致使货物受损；未按期交货或拒不交货；FOB、CFR 情况下，卖方没有及时发出装运通知，买方没有及时投保，致使货物在运输途中受损而得不到保险公司的赔偿；FOB 情况下，买方指派的船舶已按期到达指定的装运港，而卖方未备妥货，造成滞期费、港口费等费用的增加。

向买方索赔的情况主要有：买方无理不按期收货或拒不收货；FOB 情况下，买方指派的船舶未按期到达指定的装运港，造成卖方货物在港口仓管等费用的增加；在托收、汇付方式下，买方已受领货物，但不按期付款。

2. 向保险公司索赔

如果是承保范围内的货物损失，应向保险公司索赔。例如：由于自然灾害、意外事故或运输途中其他事故致使货物发生承保险别范围以内的损失；有关损失既在承保范围之内，又属于船公司的责任，但船公司赔偿金额不足抵补损失的。

3. 向承运人索赔

如果是承运人的责任造成的货物损失，则应向承运人索赔。例如：收货数量少于提单所载数量；提单是清洁的，而货物却有残损短缺情况，并属于船方责任造成的；货物所受的损失，根据租船合约有关条款应由船方负责的。

（三）索赔依据和索赔期限

1. 索赔依据

索赔依据又称为索赔应具备的条件，一方当事人违约后，另一方当事人在提出索赔时，必须要有充分的合法证据，如买卖合同、货损证明、缺货证明等。索赔依据包括法律依据和事实依据。前者是指买卖合同和适用的法律规定，后者则指违约的事实、情节及书面证明。

2. 索赔期限

索赔期限（Duration for a Claim）是指受损害一方有权向违约方提出索赔的有效期限。按照法律和国际惯例，受损害一方只能在索赔的期限内提出索赔，否则即丧失索赔权。索赔的期限有约定与法定两种。

一般来说，约定期限比较短，主要适用于货物外观状况如包装、外形、数量、规格等的约定。普通商品一般规定货到目的港（地）后 30～45 天，特殊商品如机械设备等可规定货到目的港（地）后 60 天以上，但一般不得超过 6 个月。法定期限比较长。《联合国国际货物销售合同公约》规定，买方向卖方提出索赔的期限是自买方实际收到货物之日起两年之内。

（四）索赔条款的审核

国际货物买卖合同中的索赔条款的主要内容有：①约定解决索赔的基本原则；②提出索赔的有效期限；③规定索赔的范围；④提出索赔的通知方法；⑤规定索赔的证明文件等。

索赔条款审核时应考虑的问题：

1. 明确索赔的对象

根据损失的原因和责任的不同，索赔有三种不同的情况。凡属合同当事人的责任造成的损失，可向责任方提出索赔；如是承保范围内的货物损失，应向保险公司索赔；如是承运人的责任造成的货物损失，则应向承运人索赔。

2. 索赔期限的确定要适当

索赔期限是指受损害一方有权向违约方提出索赔的期限。不同的商品应规定不同的索赔期限，按照法律和国际惯例，受损害一方只能在索赔的期限内提出索赔，否则即丧失索赔权。

三、不可抗力

（一）不可抗力的含义

不可抗力（Force Majeure；Act of God）又称人力不可抗拒，是指在货物买卖合同签订以后，不是由于订约者任何一方当事人的过失或疏忽，而是由于发生了当事人既不能预见和预防，又无法避免和克服的意外事故，以致不能履行或不能如期履行合同，遭受意外事故的一方可以免除履行合同的责任或延期履行合同。

不可抗力的特征主要有：①它是在签订合同以后发生的；②它不是任何一方当事人的过失、疏忽或故意造成的；③它是双方当事人所不能控制的，即不能预见、无法避免、无法预防的；④它的后果是当事人无法避免或无法克服的。

在国际贸易中，对不可抗力的含义及其叫法并不统一。在英美法中，有"合同落空"原则；大陆法系中有所谓"情势变迁"或"契约失效"原则。尽管各国对不可抗力有不同的叫法与说明，但其精神原则大体相同。

（二）不可抗力发生的原因

不可抗力事故发生的原因通常可分为"自然力量"和"社会力量"两种情况。由于"自然力量"引起的原因包括水灾、火灾、冰雹、暴风雨、大雪、地震等。在国际贸易中，除非是故意纵火，一般都作为不可抗力事故处理。如闪电或雷击引起的火灾、黄麻或煤块等货物本身特性引起的自燃、战争引起的火灾、人们的疏忽或过失引起的火灾、不明原因引起的火灾等都可作为不可抗力事故处理。由于"社会力量"引起的原因包括发生战争、工人罢工、政府禁令、发生政变、国际航道封闭等。

（三）不可抗力事故的处理

当发生不可抗力事故，致使合同不能按时履行或不能履行时，应及时通知对方并提交证明书。证明书一般由发生不可抗力当地的商会或对方在当地的领事（或商务处）出具。我国一般由中国国际商会出具不可抗力证明书。特别要说明的是，当发生不可抗力事故，一方已及时通知对方时，对方接到通知后应予以答复，否则，将按遭遇不可抗力事故一方提出的条件办理。

不可抗力的后果有解除合同和延期履行合同两种。对具体某项不可抗力事故，究竟采用解除合同还是延期履行合同，应根据事故对履行合同所产生的实际影响程度而定。如果不可抗力的发生只是暂时影响了合同的履行，待不可抗力事故消失后一段时间内，还可以履行合同的，这种情况就可以不解除合同，只是延期履行合同。

（四）不可抗力条款的审核

国际货物买卖合同的不可抗力条款的内容包括不可抗力事件的范围、对不可抗力事件的处理原则和方法、不可抗力事件发生后通知对方的期限和方法以及出具证明文件的机构等。不可抗力条款审核应考虑的问题：

（1）在国际贸易中，对不可抗力的含义及其叫法并不统一。在英美法中，有"合同落空"原则；大陆法系中有所谓"情势变迁"或"契约失效"原则。尽管各国对不可抗力有不同的叫法与说明，但其精神原则大体相同。

（2）不可抗力事故的范围，应采用我国最常用的规定方法，即综合规定的办法在买卖合同中订明。

（3）明确规定不可抗力事件发生后向对方提交证明书的期限。实际业务中常规定事故发生时立即电告买方，并在事故发生后15天内航邮证明书。

（4）明确规定不可抗力事件发生后出具证明文件的机构，在我国应注明由中国国际贸易促进委员会（即中国国际商会）出具。

四、仲裁

（一）仲裁的含义和特点

仲裁（Arbitration）又称为公断，是指买卖双方在争议发生前或发生后，签订书面协议，自愿将争议提交双方所同意的第三者予以裁决，以解决争议的一种方式。仲裁的特点有：

（1）受理争议的仲裁机构是属于社会性民间团体所设立的组织，不是国家政权机关，不具有强制管辖权，对争议案件的受理，以当事人自愿为基础。

（2）当事人双方通过仲裁解决争议时，必须事先签订仲裁协议。

（3）双方均有在仲裁机构中推选仲裁员以裁定争议的自由。

（4）仲裁比诉讼的程序简单，处理问题比较迅速及时，而且费用也比较低廉。

（5）仲裁机构的裁决一般是终局性的，对双方当事人均有约束力。

（二）仲裁协议

解决国际经济贸易争议必须向仲裁机构提交仲裁协议。仲裁协议（Arbitration Agreement）是双方当事人共同约定将可能发生或已经发生的争议交仲裁机构解决的书面协议。它既是任何一方当事人将争议提交仲裁的依据，也是仲裁机构受理案件的依据。仲裁协议的形式有争议发生前订立和争议发生后订立两种。无论是争议发生前订立的仲裁协议，还是争议发生后订立的仲裁协议，都具有同等的法律效力。

（三）仲裁协议的作用

（1）约束双方当事人解决争议的行为。双方当事人一经签订仲裁协议，就只能以仲裁方式解决争议，不得向法院起诉。

（2）排除法院对有关案件的管辖权。如果一方违背仲裁协议，自行向法院起诉，另一方可根据仲裁协议要求法院不予受理，并将争议案件退交仲裁庭裁断。

（3）授予仲裁机构对争议案件的管辖权。仲裁协议是仲裁机构受理争议案件的法律依据，仲裁机构凭仲裁协议取得对争议案件的管辖权。

（四）仲裁条款

国际货物买卖合同中仲裁条款的内容有提请仲裁的争议范围、仲裁地点、仲裁机构、仲裁规则、裁决的效力等。

合同中的仲裁条款对仲裁地点的规定有三种方法：①规定在我国仲裁；②规定在被告所在国仲裁；③规定在双方同意的第三国仲裁。

选择不同的仲裁地点，就将选用不同国家的法律，就会对双方当事人的权利、义务作出不同的解释，得出不同的结论。因此，在实际业务中，我们应力争在我国仲裁。

仲裁机构（Arbitration Institution）是依法对争议案件进行仲裁审理的专门

机构。根据组织形式的不同，可以分为临时仲裁庭和常设仲裁机构。我国的常设仲裁机构是中国国际经济贸易仲裁委员会和海事仲裁委员会。我国各外贸公司在订立进出口合同中的仲裁条款时，如双方同意在中国仲裁，都订明在中国国际经济贸易仲裁委员会仲裁。

国际组织的仲裁机构有设在巴黎的国际商会仲裁院（Arbitration Court of International Chamber of Commerce，简称 IAC），又称巴黎的国际商会仲裁院、国际商会仲裁院、巴黎仲裁院。

（五）仲裁效力

仲裁效力是指仲裁裁决的终局性效果和对当事人的约束力。世界多数国家的仲裁法规定，仲裁裁决是终局性的。在我国，凡由国际经济贸易仲裁委员会作出的裁决都是终局性的，对双方当事人都有约束力，任何一方都不许向法院起诉要求变更。仲裁的费用一般规定由败诉方承担，也有规定由仲裁庭酌情决定的。

第三章　出口合同订立后的跟单
——履约跟单

第一节　催证、审证和改证

在出口接单、出口审单和出口签单之后，外贸跟单员要根据合同的要求进行备货。如果合同要求采用信用证方式付款，则外贸跟单员的首要工作是催证、审证和改证。

一、催证

（一）催证概述

催证就是指外贸跟单员根据双方达成的合同条款要求，考虑出口交货期限，催促外商及时开证。在实际业务中，有时国外进口商在遇到市场行情发生变化或资金周转困难等情况时，往往会拖延开证。因此，外贸跟单员的催证是必要的，它可以保证合同的按时履行。

催证时应由外销员或外贸跟单员直接向国外的进口商发出函电。例如：

"合同＊＊号，货已备妥，请速开证，电复。"

"合同＊＊号，请速开证，以便安排装运，电复。"

（二）催证英语函电

1. 写信要点（Writing Skills）

（1）未收到有关的信用证。

（2）要求速开信用证。

（3）开证注意事项并盼早日收到信用证。

2. 常用句型（Sentence Patterns）

句型 1：未收到有关的信用证

（1）Referring to the 500 sets of Children's Bicycles under our Sales Contract

No. 123, we would draw your attention to the fact that the date of delivery is drawing near, but we haven't received your L/C.

关于第 123 号合同项下的 500 辆童车，我们拟提请你方注意，装运期临近，但至今还未收到你方信用证。

(2) As regards our S/C No. 234, we regret to find that your L/C has failed to arrive here within the time stipulated.

关于我方第 234 号合同，我们很遗憾地告知，你方的信用证没有在规定的时间开达我方。

(3) Regarding the 500 dozen Men's Shirts under our Sales Confirmation No. 123, we have to point out that the date of shipment is approaching, but up to the present we have not received the covering L/C.

关于第 123 号合同项下的 500 打男式衬衫，我们得指出，装运期临近，但至今还未收到你方信用证。

句型 2：要求速开信用证

(1) As the goods are ready for shipment, please expedite your L/C so that we may effect shipment by S. S. "Peace".

货已备好待装，请速开信用证以便我方赶上"和平"号货轮。

(2) Please do your utmost to open your L/C, so that we may execute your order smoothly.

请速开信用证，以便我们顺利执行这笔订单。

(3) Please see your way to rush the L/C, so as to enable us to make shipment within the stipulated time.

请尽力速开信用证，以便使我方能按规定日期发运。

句型 3：开证注意事项

(1) In order to avoid subsequent amendments, please see to it that the L/C stipulations are in exact accordance with the terms of the Contract.

为了避免日后的修改，请做到信用证规定的事项与合同条款完全相符。

(2) In order to avoid subsequent L/C amendments, please pay attention to the stipulations of the S/C.

为了避免日后的修改，请注意合同规定的事项。

(3) In order to avoid subsequent amendments, please see to it that the L/C stipulations conform to the terms of the Contract.

为了避免日后的修改，请做到信用证规定的事项与合同条款相一致。

3. **信函示例及译文**（Sample Letters and Chinese Versions）

From：Janet wang ［jw@ tom. com］
To：Mrs. Jenny Brown
Subject：S/C No. 234

Dear Mrs. Jenny,

Regarding our S/C No. 234, we would draw your attention to the fact that the date of shipment is drawing near, but we still have not received your covering L/C. Please open the relevant L/C immediately, so that we can ship the goods in time.

In order to avoid subsequent amendments, please see to it that the L/C stipulations are in exact accordance with the terms of the Contract.

Look forward to receiving your covering L/C soon.

Yours sincerely,
Janet Wang

参考译文

Jenny 女士：

关于我方第234号销售合同，拟提请注意交货期日益临近，但至今我们还未收到有关的信用证。请速开信用证，以便我方及时装运。

为了避免日后的修改，请做到信用证规定的事项与合同条款完全一致。

盼早日收到你们的信用证。

Janet Wang 谨上

二、审证

国外开来信用证后，外贸跟单员应根据原先双方签订的合同，审核信用证。由于信用证是自足文件，所以，外贸跟单员必须认真审核信用证，发现问题及时提出，以免装货时或制单时才发现问题，造成无法结汇。信用证审核的主要内容有：

（一）开证银行

开证银行的政治背景、资信状况、印鉴、密押是否相符，索汇路线是否正确，是否符合支付协定，是否要加具保兑或由偿付银行确认偿付。

（二）信用证的类型

信用证应注明是即期、远期、保兑、可转让、循环还是备用的信用证。根据《UCP 600》的规定，跟单信用证必须是不可撤销的。当合同规定开出的是保兑信用证或可转让信用证时，应检查信用证内是否已注明"Confirmed"或"Transferable"字样。

（三）开证人

开证人一般情况下是订立货物买卖合同的买方，也可能是买方的客户或买方委托的开证人。

（四）受益人

受益人应是订立货物买卖合同的卖方。审证时应以合同为依据，逐字严格检查受益人的名称和地址是否错写或漏写。

（五）币制和金额

原则上信用证的币别和币值应与合同的币别和币值相符。如信用证采用其他货币开证，应按收证当天的汇率折算是否与合同金额相符。如果信用证改用软币付款造成我方损失，应要求改证。如信用证金额与合同金额不一致，可能是因含折扣或佣金造成的，此时应核算信用证的净值是否与合同的净值相一致。如果信用证规定数量有一定比例的增减，应检查信用证金额是否也有相同比例的增减。

（六）有效期、地点

根据《UCP 600》的规定，若信用证没有规定有效期，则视为无效信用证。因此，应检查信用证是否规定了有效期。根据《UCP 600》的规定，如信用证规定的有效期的最后 1 天适逢法定假日或银行例假日，该期限可顺延至下一个营业日。同时，信用证的到期地点应在我国国内，以保证能按时提交单据结汇。

（七）汇票条款

审核汇票条款中付款期限是否与合同规定相符。若没有特别说明，汇票的受票人应为开证行，不能是开证人。

若信用证为即期付款，其汇票条款一般为"Credit available by your draft（s）at sight for 100 percent of Invoice value drawn on..."。

若信用证为远期付款，要分清是真远期还是假远期。真远期的汇票条款一般为"Available by your draft（s）at 30 days sight drawn on the issuing bank for 100% of Invoice value"。假远期的汇票条款一般为"The negotiation bank in authorised to negotiate the usance drafts on sight basis；discount charges，acceptance commission are for buyer's account"。

（八）分批装运及转运

审核信用证的分批装运及转运时应熟悉《UCP 600》的几个规定：

（1）运输单据表面注明货物系使用同一运输工具并经同一路线运输的，即使每套运输单据注明的装运日期不同及/或装货港、接受监管地、起运地不同，只要运输单据注明的目的地相同，也不视为分批装运。

（2）除非信用证另有规定，允许分批装运和转船。

（3）除非信用证特别授权，如信用证规定在指定时期内分批装运，其中任何一期未按期装运，则信用证对该期和以后各期均告失效。

信用证不准分批，又没有数量增减条款，则实际装运数量不得少装。但对于散装货而言，根据《UCP 600》的规定，即使信用证不准分批，数量也可有5%的增减幅度。

信用证不准转运，又不采用集装箱运输，要确定能否取得直达提单，否则必须改证。

信用证规定在某个港口转船，有的指定由某个船公司接转或在某港转装集装箱等，收证后都要核实能否按信用证要求办理，是否增加了额外的费用（如ORC、THC）。

（九）装运港和目的港

信用证规定海运的装运港为中国港口（Chinese Ports）或当地的港口，甚至规定亚洲口岸（Asian Ports）都可以接受，但不能是一个内陆城市，如乌鲁木齐、拉萨或北京等。

信用证的目的港应与合同一致，除非是分运几个港口，否则目的港只能列一个。

信用证笼统规定目的港为欧洲主要口岸（European Main Port），只需按合同或买方通知的港口发货即可，不必改证。

（十）装运期

信用证的装运期一般应规定为最迟（Latest）某月某日。

信用证没有规定装运期的，根据《UCP 600》的规定，可理解为双到期，即装运期与信用证的有效期相同。

信用证如规定尽快装运（ASAP），根据《UCP 600》的规定，银行将不予置理。

信用证如在规定装运日期时使用"于"或"约于"之类词，根据《UCP 600》的规定，将理解为在所述日期前后各5天内装运，起讫日包括在内。

（十一）货物描述

信用证的品名、货号、规格、包装和合同号码等必须与合同一致。

信用证所列单价和数量应与合同一致。

（十二）单据要求

1. 商业发票（Commercial Invoice）

信用证要求出具两份不同买主名称的商业发票时，应要求改证。

2. 装箱单（Packing List）

信用证要求提供中性装箱单（Neutral Packing List），只需装箱单上不显示受益人的名称和地址即可，不必改证。

3. 提单（Bill of Lading，简称 B/L）

以 FOB、FCA 成交，一般信用证要求提单上注明 FREIGHT COLLECT。如信用证误开为 FREIGHT PREPAID，应要求改证。

信用证要求提单上列出集装箱号和/或铅封号，则须以集装箱装运并在提单上列出集装箱号和/或铅封号。

信用证要求提供直达提单或某船公司提单时，应考虑实际和可能性，若无法提供时，应要求改证。

4. 保险单（Insurance Policy）

信用证要求保险单中的保险条款、险别、保险加成、保险人和理赔人等方面的内容应与合同有关条款的要求一致。

信用证规定由于任何原因引起的灭失或残损（loss or damage from any

cause howsoever arising）都要赔偿，并应要求改证，改为任何外部原因（any external cause），方能被保险公司承保。

除非信用证另有规定，保险单据必须使用与信用证相同的货币开立。

保险公司一般可承保加成到30%。如信用证规定加成高于30%，又不是投保关税险，要取得保险公司同意，否则应该改证。

5. **产地证**（Certificate of Origin）

信用证指定由出入境检验检疫局或贸促会出具产地证的可以接受，但要求上述两家机构互相出具证明的不能接受。

6. **普惠制产地证格式 A**（Generalised System of Preferences Certificate of Origin FROM A，简称 GSP）

出入境检验检疫局是我国签发普惠制产地证的唯一机构，信用证指定其他机构如贸促会签发普惠制产地证的，应要求改证。

7. **品质证**（Certificate of Quality）**和检验证**（Inspection Certificate）

品质证和检验证是检验货物的证明文件，其检验项目有品质、数量和重量等。信用证未指定出证机构的，可由出口公司或生产厂家出证，也可由出入境检验检疫局出证。但信用证要求出入境检验检疫局出证的，不能自己出证代替；信用证要求出贸促会出具品质证和检验证的，应要求改证。

8. **受益人证明书**（Beneficiary's Certificate）

受益人证明书主要有寄单证明、电抄本和履约证明等。信用证要求出具的受益人证明书应是受益人实际已完成或受益人力所能及的任务的证明。

9. **装船通知**（Advice of Shipment）

如信用证规定在装运前若干天发装船通知并且要列明装运日期，应要求改证，改为装运后发电（Immediately after Shipment）。

10. **海关发票**（Customs Invoice）

如信用证指定某种格式或编号的海关发票，应核查能否提供，否则应改证。

11. **领事发票**（Consular Invoice）

如信用证要求提供领事发票，应要求改证删除。

（十三）交单期限

来证一般规定一个装运后的交单期限。如来证没有要求，根据《UCP 600》的规定，最长的交单期限为装船后 21 天，但不能超过信用证的有效期。

（十四）跟单信用证统一惯例文句

来证一般规定有依照惯例声明，例如：

This credit is subject to *The Uniform Customs and Practice for Documentary Credit* (2007 Revision), International Chamber of Commerce, Publication No 600.

本信用证是根据国际商会 600 号出版物《跟单信用证统一惯例》（2007 年修订版）而开出的。

对于 SWIFT 信用证，可以省略依照惯例的声明。

三、改证

（一）改证概述

信用证经过全面的审核后，如发现信用证存在问题，应及时通知国外客户通过开证行进行改证。改证时一般应掌握以下几点：

（1）一份信用证如有几处需要修改，应集中一次通知开证人办理修改。要避免一改再改，因为这样既增加双方的费用又浪费时间，而且还会产生不良影响。

（2）修改信用证的要求一般应用电讯通知开证人，同时应规定一个修改书的到达时限。

（3）对收到的信用证修改通知书应认真进行审核，如发现修改内容有误或我方不能同意的，出口企业有权拒绝接受。

（4）根据《UCP 600》的规定，一份信用证的修改通知书的内容要么全部接受，要么全部拒绝，不能接受其中一部分而拒绝另一部分。

（5）信用证修改通知书必须由原通知行转递或通知，如由开证人或开证行直接寄给出口企业的应提请原证通知行证实。

（二）改证英语函电

1. 写信要点（Writing Skills）

（1）确认收到信用证，指出不符点。

（2）要求改证，对不符点内容的修改。

（3）望早日收到修改书。

2. 常用句型（Sentence Patterns）

句型 1：指出不符点

（1）We have received your L/C No. 123, but find it contains the following discrepancies and would request you to make the following amendments:

我们已收到你方第 123 号信用证，但发现其中有下列不符点，请对信用证作如下修改：

（2）Thank you for your L/C No. 123, but we regret to say that we have found a number of discrepancies. Please amend the L/C as follows：

感谢你方第 123 号信用证，但我们遗憾地发现其中有一些不符点，请对信用证作如下修改：

（3）Referring to L/C No. 123, we must point out that the unit of quantity does not conform to the Contract.

关于第 123 号信用证，我们必须指出数量单位与合同不符。

句型 2：不符点内容的修改

（1）To add the clause "..."　增加"……"条款

（2）To insert the word (s) "..." before/after/between　在……之前/之后/之间加入……

（3）To increase the amount of... from... to...　把金额由……增加到……

（4）To delete the clause/the words....　删除……条款/词

（5）"..." should read "..."　　"……"应改为"……"

（6）Please amend "..." instead of "..."　请将"……"修改为"……"

句型 3：要求尽快修改

（1）Please amend the L/C as soon as possible so as to enable us to effect shipment in time.

请尽快修改信用证以便我们按时装运。

（2）Please adjust the credit immediately so that we can make arrangements to ship the goods in time.

请马上修改信用证，以便我方按时交货。

（3）Your early amendment to the L/C will be highly appreciated.

请尽快修改信用证，甚为感谢。

3. 信函示例及译文（Sample Letters and Chinese Versions）

Dear Sirs,

Your Credit No. 12345 issued by the Bank of ABC Development has duly arrived. On perusal, we find transshipment and partial shipments are not allowed.

Please amend the Credit to read "transshipment and partial shipments are allowed". Please insert the word "about" before the quantity in the Credit.

As the goods have been ready for shipment for some time, please fax the amendment without fail.

Yours truly,

参考译文

阁下：

收到你方由 ABC 开发银行开立的第 12345 号信用证，并发现不允许转运和分运。

请修改信用证为"允许转运和分运"。请在数量前加"about"一词。

务必用传真发送修改书，因货物已备妥待运多时。

敬上

第二节　申领出口许可证

出口许可证管理是根据国家的法律、政策、对外贸易计划和国内市场的需求，对出口经营权，经营范围，贸易国别，出口货物品种、数量、技术及其相关产品等实行全面管制、有效监测、规范货物出口许可的制度。出口许可证（Export Licence）是国家批准某些商品出口的证明文件。当出口企业出口的商品属于许可证管理的范围时，必须向有关部门申领出口许可证。因此，外贸跟单员应了解出口许可证的申办手续，掌握出口许可证申请表的填制规范。

一、出口许可证申办手续

出口许可证申办手续包括：

（1）填写出口许可证申请表。

（2）附上合同正本及出口计划批件。

（3）填写出口许可证一式四联。第一联为正本，供发货人办理海关手续之用，背面有海关签注栏，供海关验放使用；第二联交海关留存；第三联送银行办理结汇；第四联由发证机关留存。

二、出口许可证的缮制

（1）领证单位名称及编码：一般填写出口企业的名称及单位的编码。
（2）发货单位名称及编码：一般填写出口企业的名称及单位的编码。
（3）收款方式：填写合同规定的付款方式，主要有信用证、托收和汇付（M/T、T/T、D/D）等。
（4）贸易方式：填写该合同成交的贸易方式，主要有一般贸易、补偿贸易、进料加工贸易、来料加工装配贸易、寄售、代销贸易等。
（5）商品名称：填写合同规定的商品名称。
（6）输往国家（地区）：填写签订合同（协议）的国家（地区）或成交厂商所在地的国家名称。
（7）收货人：填写合同中买方的名称。
（8）运输方式：填写货物离境时所采用的运输方式。
（9）总值折美元：由签证机关根据国家公布的汇率和统计口径将商品金额折算成美元的金额。

三、出口许可证缮制应注意的事项

（1）出口许可证申请书中的出运数量应严格与合同和信用证规定的数量保持一致，实际出运的数量不得超出出口许可证准许的数量。
（2）出口许可证中的贸易方式、出运口岸等项目应与出口报关单一致。
（3）签订合同时，商品的单价不得低于出口许可证所准许的单价。
（4）出口许可证实行"一批一证"制，每一份出口许可证有效期自发证日起最长不超过3个月，在有效期内只能报关一次。某些特殊商品不实行"一批一证"制，这些商品的出口许可证有效期最长为6个月，允许多次报关使用，但最多不能超过12次，由海关逐批签注出运数。
出口许可证一般不能跨年度使用，其有效期最迟到当年12月31日。如需跨年度使用，须向原发证机关换证，该证的有效期最迟只能延续至次年的2月底，并不得再延续。
（5）出口许可证应由出口企业或单位根据分级管理的原则，分级申请，于货物装运前向签证机关提出书面申请，经签证机关审核，符合有关规定，手续完备的，3个工作日内即可予以签发。委托代理出口的，由接受代理的单位申领出口许可证。

(6) 出口许可证签发后，出口单位需变更许可证内容时，必须到原发证机关换证，并应在原出口许可证和合同有效期内进行，任何涂改或伪报都要追究责任。

四、出口许可证申请表内容填写规范

凡申领出口许可证的单位，应按以下规范填写出口许可证申请表。

1. 出口商

(1) 配额管理出口商品，应填写出口配额指标单位的进出口企业全称。

(2) 一般许可证管理出口商品，应填写有出口经营权的各类进出口企业的全称。

(3) 还贷出口、补偿贸易项目出口，应填写有出口经营权的代理公司全称。

(4) 非外贸单位经批准出运货物，此栏可填写该单位名称。

(5) 企业编码，应按商务部授权的发证机关编定的代码填写（下同）。

2. 发货人

(1) 配额招标商品（包括有偿和无偿招标）的发货人与出口商必须一致。

(2) 其他出口配额管理商品的发货人原则上应与出口商一致，但与出口商有隶属关系的可以不一致。

(3) 还贷出口、补偿贸易出口和外商投资企业委托代理出口时，发货人与出口商可以不一致。

3. 出口许可证号

出口许可证编号由发证机关编排。

4. 出口许可证有效截止日期

(1) 实行"一批一证"制的商品，其许可证有效期自发证之日起最长为3个月。供港、澳（不包括转口）鲜活冷冻商品的许可证有效期为1个月。

(2) 不实行"一批一证"制的商品、外商投资企业和补偿贸易项下的出口商品，其许可证有效期自发证之日起最长为6个月。

(3) 许可证证面有效期如需跨年度时，可在当年将许可证日期填到次年，最迟至2月底。

5. 贸易方式

(1) 此栏内容有一般贸易、易货贸易、补偿贸易、进料加工、来料加工、外商投资企业出口、边境贸易、出料加工、转口贸易、期货贸易、承包工程、归还贷款出口、国际展销、协定贸易、其他贸易。

（2）进料加工复出口，此栏填写"进料加工"。

（3）外商投资企业进料加工复出口时，贸易方式填写"外商投资企业出口"。

（4）非外贸单位出运展卖品和样品每批价值在5 000元以上的，此栏填写"国际展览"。

（5）各类进出口企业出运展卖品，此栏填写"国际展览"，出运样品填写"一般贸易"。

6. 合同号

（1）指申领许可证、报关及结汇时所用出口合同的编码。

（2）原油、成品油及非贸易项下出口，可不填写合同号。

（3）展品出运时，此栏应填写商务部批准办展的文件号。

7. 报关口岸

指出运口岸，此栏允许填写三个口岸，但仅能在一个口岸报关。

8. 进口国（地区）

指最终目的地，即合同目的地，不允许使用地域名（如欧洲等）。

9. 支付方式

此栏的内容有信用证、托收、汇付、本票、现金、记账和免费等。

10. 运输方式

可填写海上运输、铁路运输、公路运输、航空运输、邮政运输、固定运输。

11. 商品名称和编码

按商务部发布的出口许可证管理商品目录的标准名称填写。

12. 规格等级

（1）规格等级栏用于对所出口商品作具体说明，包括具体品种、规格（如水泥标号、钢材品种等）、等级（如兔毛等级）。同一编码商品规格型号超过四种时，应另行填写出口许可证申请表。"劳务出口物资"也应按此填写。

（2）出运货物必须与此栏说明的品种、规格或等级相一致。

13. 单位

指计量单位。非贸易项下的出口商品，此栏以"批"为计量单位，具体单位在备注栏中说明。

14. 数量、单价及总值

（1）数量表示该证允许出口商品的多少。此数值允许保留一位小数，凡倍数超出的，一律以四舍五入进位。计量单位为"批"的，此栏均为1。

（2）单价是指与计量单位相一致的单位价格。计量单位为"批"的，此栏则为总金额。

15. 备注

填写以上各栏未尽事宜。

五、纺织品出口自动许可证

根据商务部公布的《纺织品出口自动许可暂行办法》（商务部令 2005 年第 3 号）及《纺织品出口自动许可目录》（商务部、海关总署 2005 年第 7 号公告）的有关要求，企业自 2005 年 3 月 1 日起出口《纺织品出口自动许可目录》中的商品须向海关提供《中华人民共和国纺织品出口自动许可证》。

（一）企业申领纺织品出口自动许可证应注意的问题

（1）企业应到企业所属地方商务主管部门纺织品出口自动许可证授权发证部门申领许可证。如广东的企业要向广东省外经贸厅纺织品出口自动许可证发证部门申领许可证，中央所属在京企业向许可证局申领许可证。

（2）企业领证可以采取两种方式：

①书面申领方式。企业可以登录许可证局网站（http：//www.licence.org.cn），找到"相关业务"栏目，点击"相关表格及软件下载"，下载"纺织品出口自动许可证申请表"，填写、打印、签字、盖章，持《纺织品出口自动许可暂行办法》中规定的相关文件到发证机关递交书面材料，发证机关受理后在规定时间内向企业发放许可证。

②网上申领方式。企业如果以前办理过网上申领许可证（含进口许可证、出口许可证、自动进口许可证）的电子钥匙，并且目前电子钥匙及用户有效可用，则可以在商务部配额许可证事务局许可证申领平台上点击"纺织品出口自动许可证申领系统"，以现有的用户名和口令即可登录进行网上申领，操作与目前所使用的许可证申领步骤相似。

如果企业从未办理过电子钥匙，则可以向当地商务主管部门（指目前签发进口许可证、出口许可证、自动进口许可证的省级商务主管部门）咨询办理，也可以到许可证局网络服务室办理（电话：010 - 84095551 - 7583），或者直接咨询电子钥匙制作部门（电话：010 - 65129170）。办理好电子钥匙后，可以登录许可证局网站，点击首页右侧中间网上业务栏目中的"网上企业申领"链接，进入商务部配额许可证事务局许可证申领平台，之后点击"纺织品出口自动许可证申领系统"，进入登录页面。

（二）纺织品出口临时管理的十类产品

商务部公布输出欧盟 10 类纺织品具体管理目录，纺织品的具体税号。出口欧盟的 10 类纺织品必须备齐出口许可证和纺织品原产地证。具体是：

2 类：梭织棉布，不包括纱罗、毛圈、窄幅、绒头及雪尔尼织物、绢网和其他网织物的棉布。

4 类：针织或钩针织衬衫、T恤衫、较薄的针织卷领、开领或圆翻领罩衫和套衫（非羊毛或非动物细毛的）、内衣及类似品。

5 类：针织或钩针织运动衫、套头衫、套领衫、无袖夹克、两件套、开襟衫、短上衣及套领衫（不包括夹克衫、运动上衣）、带风帽厚夹克、防风上衣、到腰部的短上衣及其类似品。

6 类：毛、棉、人造纤维制的男、男童梭织马裤和短裤，不包括游泳裤、裤子（包括方便裤）；女、女童梭织裤子和方便裤；非 16 类和 29 类的棉、化纤制田径套装的带里的下装。

7 类：针织或钩针织或梭织毛、棉、人造纤维制的女、女童衬衫；内衣或短衬衫。

20 类：非针织或钩针织床单。

26 类：毛、棉、人造纤维制的女、女童连衣裙。

31 类：针织、梭织或钩针织胸围。

39 类：非针织或钩针织桌布、浴巾和厨房用巾，不包括棉质毛圈织物或类似毛圈织物。

115 类：亚麻或苎麻纱。

样单：纺织品出口自动许可证

中华人民共和国纺织品出口自动许可证
AUTOMATIC TEXTILES EXPORT LICENCE OF THE PEOPLE'S REPUBLIC OF CHINA No.5463674

1. 出口商： Exporter 4400231116246 广东省纺织品进出口毛织品有限公司	3. 出口自动许可证号： Automatic export licence No. 05-19-B25532
2. 发货人： Consignor 4400231116246 广东省纺织品进出口毛织品有限公司	4. 出口自动许可证有效截止日期： Automatic export licence expiry date 2005年06月28日
5. 贸易方式： Terms of trade 一般贸易	8. 出口最终目的国（地区）： Country/Region of purchase 巴拿马
6. 合同号： Contract No. 2005AUMWBS09045	9. 付款方式： Payment 汇付
7. 报关口岸： Place of clearance 广州海关	10. 运输方式： Mode of transport 公路运输
11. 商品名称： Description of goods 化学纤维针织或钩编男T恤衫	商品编码： Code of goods 6109909051

12. 规格、等级 Specification	13. 单位 Unit	14. 数量 Quantity	15. 单价(USD) Unit price	16. 总值(USD) Amount	17. 总值折美元 Amount in USD
S.M.L	件	*9,500.0	*2.5000	*23.750	$23.750
18. 总　计 Total	件	*9,500.0		*23,750	$23,750

19. 备　注： Supplementary details 供货生产企业名称：广州市白云富成针织制衣厂 是否转口：是 转口国（地区）：香港	20. 发证机关盖章： Issuing authority's stamp 21. 发证日期： Licence date　　2005年03月28日

中华人民共和国商务部监制（2005）

第三节 备 货

备货就是根据信用证和出口合同的规定，按时、按质、按量地准备好应交付的货物。当以信用证方式付款时，出口商在收到信用证后，必须按信用证和合同的规定备货；当以托收或汇付方式付款时，出口商应按合同的规定备货。

一、备货的主要内容

1. 筹备资金

出口企业无论自己生产产品出口，还是向国内厂家购买产品出口，都必须筹备资金，用于原材料的采购或产品的购进。

当出口企业资金紧张时，出口企业可以利用打包贷款。所谓打包贷款，是指出口企业在接到信用证后，以信用证正本作抵押，银行经审核后发放贷款。打包贷款的金额一般不超过信用证金额，贷款期限为货款收妥结汇之日止，最长不超过收汇后的一个星期。

2. 生产、加工

根据合同和信用证的要求，制订生产、加工计划，组织产品的生产、加工，保证按期供货。

3. 产品购进

出口企业出口非自产的产品，出口企业必须预先联系生产部门，制作样品，样品经客户确认后，正式下单生产。同时，跟踪产品的生产进度，按时购进产品。

4. 包装、仓储

组织的货源必须按照合同和信用证的要求包装，刷制唛头，入仓待运。

二、出口企业非自产产品的备货跟单

（一）寻找生产厂商，建立工厂档案

经过一定时期的业务活动，出口企业对自己经营的一系列产品都有一批固定的供应商，同时，还要根据实际需要不断地寻找新的生产厂商，对这些生产厂商的生产技术水平、生产条件和生产规模等信息资料，要通过外贸跟单员早期进行了解搜集，根据国外客户的不同要求出具验厂报告，并在此基础上建立

工厂档案。

（二）通知锁定工厂制样，审查工厂的物料

根据客户提供的原样和资料，填写制样单给工厂，要求工厂在规定的时间内出样。同时，跟踪工厂的物料品质，填写关于布料、辅料和颜色的检验和测试的申请，负责递交测试申请及样品给测试公司并跟进测试结果。

（三）制样跟踪，验收投产前样

在投产前样品制作期间，外贸跟单员要联系 QC 配合品检。当投产前样品完成后，跟单员要根据客户提供的原样和资料进行核对验收，符合要求的寄客户确认，不符合要求的要工厂重做。

（四）工厂评估和辅导，通过客户的验厂

外贸跟单员对锁定工厂进行辅导，依据验厂报告的要求，逐项进行评估，出具验厂报告，使其通过客户方及公证行的验厂。

验厂报告是根据国外客户的要求填制的。欧美国家的验厂报告比较复杂，主要有公司基本情况，公司保障人权、遵守法律的状况，工作场所的安全防范与卫生健康，环境保护，生产计划与控制，设备与维护，品质管理计划与控制等 7 大部分 120 项细则的内容。

如果没有特别要求，一般的验厂报告可以简单明了，说明有关内容即可。

（五）样品意见反馈及样品的确认

将客户对样品的评语反馈给工厂，反馈的内容主要有样品的尺寸、颜色、物料、包装等。工厂根据反馈的意见重新制样，直到客户最终确认样品。确认的样品应提供 3 件，1 件给客户，1 件给工厂，1 件出口企业留存。出口企业留存的样品作检验工厂产品和出口交货验收产品之用。

（六）生产期间的检验

这主要是指安排生产期间，外贸跟单员要定期下厂检验产品，发现生产中存在的问题，及时要求工厂整改。特别是生产初期，外贸跟单员必须对每个车间、每道工序进行半成品检验，对发现的问题，要协助、监督工厂进行整改。生产期间的检验至少要进行 5 次：

（1）产前面料检验。

（2）第一批下线产品的检验，即大货完成 30% 前。

（3）中期检验（Inline Inspection），即大货完成 50% ~ 60% 时。

（4）最后检验（Final Inspection），即大货完成 80%，装箱完成 50% 以上。

（5）陪同客户方的 QC 做 Final Inspection。

必须注意：所有大货面料必须由 QC 验货合格后才能发至成衣厂。大货面料每色须至少留样 2 米备查（不含业务及客人要求寄大样）。

（七）查货验收

生产完毕后，外贸跟单员根据资料要求进行查货，保证按时、按质交货。

（八）包装刷唛

对已验收合格的产品，必须根据客户的要求进行包装。要注意包装的材料、规格是否符合该出口产品的特性，客户对包装是否有特别要求。最后，在运输包装上刷制有关的运输标志、指示性标志，对于危险品的出口，应刷制有关的警告性标志。

（九）入库待运

处理完上述环节后，产品应运入出口企业的仓库或租用的仓库，以便出口装运。

三、出口企业自产产品的生产跟单

出口企业自产产品的生产流程，一般要经过客户、销售部、工程部、生产部、采购部、物控部、品质部、仓储部等环节。根据企业规模的大小及产品特点的不同，其生产流程有所不同，但大体的环节是相同的。

（一）出口企业自产产品生产流程图

下面是出口企业自产产品的生产流程图：

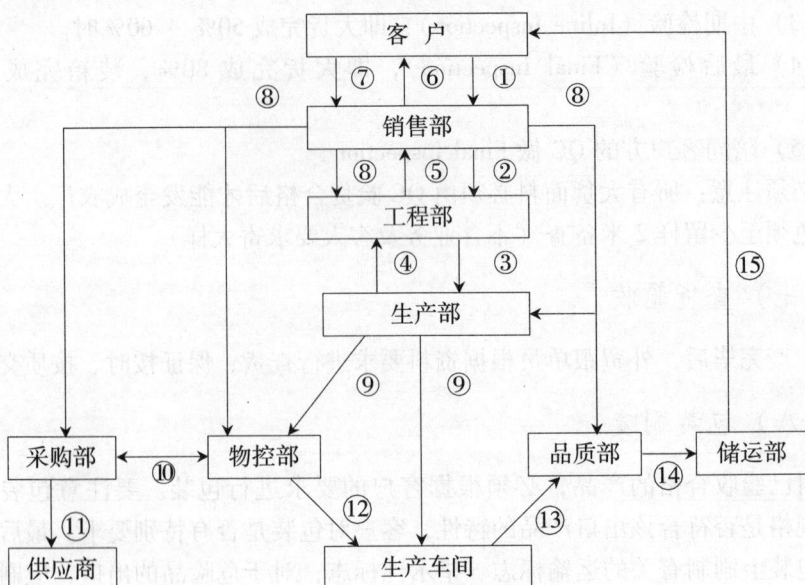

出口企业自产产品的生产流程图

图中各环节分别表示为：

①客户提供实物样板或设计图纸。

②销售部接到客户提供的实物样板或设计图纸以后，填写样品生产通知单或工作申请（变更）单，交给工程部进行样板或图纸存档登记，并对图纸或样板进行审核，提出意见。

③工程部确认样板和图纸后，通知销售部。经销售部负责人及上级经理在工作申请（变更）单上签名确认，通知生产部生产样品。

④生产部生产出首件样品后，交工程部进行首件样品的内部确认。

⑤工程部确认样品后，交给销售部。

⑥销售部向客户提交样品。

⑦将公司的样品确认单通过传真或电子邮件发给客户。客户在样品确认单上确认回传后，销售部拟定销货合同，请客户签章。

⑧销售部与客户签订销货合同后，销售部通知工程部进行详细登记，并书面通知生产部、物控部、采购部、品质部。

⑨生产部安排生产计划，下达生产任务到生产车间，通知物控部备料。

⑩物控部根据仓库发料通知单，检查各仓库现有库存数量的物料，对不足的库存物料提出申请，填写有关单据（通常为采购单），交采购部审核。

⑪采购部经上级负责人批准后，联系供应商，签订购货合同，按时完成采购任务。

⑫物控部向生产车间供料。

⑬各生产车间按生产流程和生产标准进行生产，产品加工完成后，提交品质部检验。

⑭品质部检验合格后，贴上合格证，产品进入成品仓库。仓储部根据客户订单要求，负责货物的运输包装，刷制唛头，通知销售部，准备出货。

⑮销售部填写有关单据（通常为送货单），配合仓储部出货。对于国外的客户，由仓储部负责联系国际货代公司，委托其他公司报检、报关、投保、托运、拖柜出货。

（二）出口企业生产常用单据

样品生产通知单

编号：_____

递交部门：_____　____年____月____日____时

项 目				要求完成时间	
具体要求	1		5		
	2		6		
	3		7		
	4		8		
接单时间	年　月　日　时		当前未完成工作		
备注			预计耗时数		
			实际耗时数		
			完成交单时间		
			签　收		

申请部门：　　　申请人：　　　部门主管：　　　接单人：

订单接单统计表

填表日期：_____年_____月_____日　　　　　　　　统计月份：_____

接单日期	签约日期	客户名称	客户订单号	货名	数量	订单出货日期	实际出货日期

主管：　　　　　　　审核：　　　　　　　填表人：

出货统计表

填表日期：_____年_____月_____日　　　　　　　　统计月份：_____

出货日期	客户名称	合同号	货名	数量	单价	金额
金额合计						

主管：　　　　　　　审核：　　　　　　　填表人：

采　购　单

编号：_____

供应商：_____　　　　　　　联系人：_____

电话：_____　　　　　　　传　真：_____

型　号	规　格	颜　色	单　位	数　量	金　额

合计：					
备注：					
订货日期			交货日期		
采购员			审　核		

供应商资料表

编号：＿＿＿＿＿＿＿

公司名称	（中文）			
	（英文）			
联系方式	Tel：	Fax：	e-mail：	
公司地址				
工厂地址				
营业执照号码			注册资金	
法人代码			法人代表	
固定资产			年营业额	
厂房面积			占地面积	
公司人数			管理人员	
			生产人员	
主要设备				
主要产品				
主要客户				
公司通过认证标准				
备　注				

生　产　单

编号：_____

部门：_____　　　　　　　　　　负责人：_____

型　号	规　格	颜　色	数　量	交货日期	备　注
经手人			审　核		

仓库发料通知单

编号：_____

生产通知单号：_____　　　　　损耗率：_____

货　号	品　名	规　格	发放数量	备　注

审核：　　　　　　　　　　　　　　　制表：

材料耗用明细单

生产通知单号：_____

编号：_____

损耗率：_____

货　号	品　名	规　格	发放数量	备　注

审核：　　　　　　　　　　　　　　　　　　　制表：

出　货　单

客户名称：_____

编号：_____

_____年_____月_____日

单　号	名称及规格	数　量	单　位	箱　数	单　价	金　额
合计（人民币）¥：	万　　仟　　佰　　拾　　元　　角　　分					
备　注						

主管：　　　　　　　　审核：　　　　　　　　填表人：

送 货 单

编号：_____

客户名称：_____   _____年____月____日

单 号	名称及规格	数 量	单 位	箱 数	单 价	金 额

合计（人民币）　万　仟　佰　拾　元　角　分

￥：

备　注			
收货单位及经手人	（盖章）	送货单位及经手人	（盖章）

收货确认单

客户名称：_____

合同号：_____   编号：_____

序　号	名称及规格	数　量	单　位	箱　数	运输方式	到货时间

备　注	贵客户，请确认本单中所列货品是否如数收到，如收到请在下面客户签名盖章处签名盖章，并回传我司，谢谢！

客户签名盖章：　　　　　审核：　　　　　填表人：

第四节　出口托运

完成备货，外贸跟单员的下一步工作就是办理出口托运。由于海运所占比例最大，空运的发展也很快，因此，外贸跟单员主要应了解海运出口托运和空运出口托运的业务程序，掌握相关托运单的填制。实务中，出口企业大多委托国际货运代理公司办理出口托运业务，只有业务量较大的出口企业才自己办理出口托运。

一、出口托运的业务程序

（一）海运出口托运的业务程序

以 CFR 或 CIF 成交时，外贸跟单员必须在合同规定的装运期内，办理租船或订舱手续。以出口企业自己办理出口托运为例，外贸跟单员租船订舱的业务程序为：

（1）外贸跟单员将填制好的海运出口托运单提交船公司，船公司结合船期安排船只和舱位。

（2）船公司在确定了船只和舱位的情况下，填制托运单中的有关内容，并在装货单上盖章、签字后交外贸跟单员。

（3）船公司根据货物配舱，将一联配舱回单交外贸跟单员，外贸跟单员据以缮制报关单、投保单和预制提单。

（4）在办理货物集港的同时，外贸跟单员持整套报关单据及装、收货单向海关办理出口报关。

（5）海关验货后，在装货单（俗称"关单"）上盖章放行，并将装、收货单退还外贸跟单员，由外贸跟单员将装、收货单交船公司。

（6）船方收到装、收货单后，留下装货单作为随船货运资料，并根据装船时货物的实际状况由大副在收货单上签字或作适当批注后退还外贸跟单员。

（7）外贸跟单员取得大副签字的收货单（即大副收据）后，即可凭此收货单（及预制好的提单）到船公司换取（签署）正本提单。

（二）集装箱货物整箱货出口货运代理的业务程序

以出口企业委托国际货运代理公司办理出口托运为例，集装箱货物整箱货出口货运代理的业务程序为：

（1）出口企业与国际货运代理公司建立货运代理联系。

（2）国际货运代理公司填写托运证，及时订舱。

（3）订舱后，国际货运代理公司将有关订舱信息通知出口企业或将配舱回单转交出口企业。

（4）国际货运代理公司申请用箱，取得集装箱发放/设备交接单（Equipment Interchange Receipt，EIR）后就可以凭此到空箱堆场提取所需的集装箱。

（5）国际货运代理公司提空箱至出口企业指定地点装箱，制作集装箱装箱单（Container Load Plan，CLP），然后将重箱"集港"。

如果出口企业"自拉自送"，出口企业就要先从国际货运代理公司处取得集装箱发放/设备交接单，然后提空箱，装箱后制作 CLP，并按要求及时将重箱送码头堆场，即集中到港区等待装船。

如果出口企业将货物送到国际货运代理公司集装箱货站（CFS），国际货运代理公司则提空箱，并在 CFS 装箱，制作 CLP，然后"集港"。

（6）出口企业自行报检、报关，并将单证交国际货运代理公司现场。

如果出口企业委托国际货运代理公司代理报检、报关，办妥有关手续后将单证交国际货运代理公司现场。

（7）国际货运代理公司现场办妥手续后将单证交码头堆场配载。

（8）货物装船后取得场站收据（Dock Receipt，D/R）正本。

（9）国际货运代理公司凭 D/R 正本到船方签单部门换取 B/L 或其他单据。

（10）国际货运代理公司将 B/L 等单据交出口企业。

（三）空运出口托运的业务程序

当货物通过航空运输时，必须办理空运托运手续。实务中，出口公司多数委托航空货运代理公司办理。其业务程序为：

（1）出口企业与航空货运代理公司建立联系，就出口货物运输事宜达成协议后，填写委托书交航空货运代理公司。

（2）出口企业的外贸跟单员填妥由航空货运代理公司提供的国际货物托运书。如果出口企业委托航空货运代理公司办理出口报检和出口报关的，外贸跟单员将国际货物托运书，连同合同副本（或出口货物明细单）、发票、装箱单交航空货运代理公司。航空货运代理公司人员审核后在托运书上签名和填上日期以示确认。

（3）如果出口企业自行办理报检、报关的，外贸跟单员办理报检和报关后，取得有关文件，连同国际货物托运书、合同副本（或出口货物明细单）、发票、装箱单交航空货运代理公司。航空货运代理公司人员审核后在托运书上签名和填上日期以示确认。

（4）航空货运代理公司从出口企业接货后运送至自己的仓库。

（5）航空货运代理公司填制航空货运单，向航空公司办理托运，订妥舱位。

（6）航空货运代理公司将出口货物向航空公司交接发运。

（7）航空公司或其代理签发航空运单，交航空货运代理公司。

（8）航空货运代理公司将航空运单交出口企业。

二、出口托运单的填制

（一）海运出口托运单的填制

（1）托运人（Shipper 或 Consignor）。一般情况下，填写出口公司的名称和地址。如果是由中国对外贸易运输公司代理货主办理租船订舱的，此栏应填"中国对外贸易运输公司×××分公司"。

（2）收货人（Consignee）。在信用证支付的条件下，对收货人的规定常用以下两种表示方法：

①记名收货人。记名收货人是直接将收货人的名称、地址完整地表示出来的方法。这时，收货人是合同的买方，但记名收货人的单据不能直接转让，这给单据的买卖流通设下障碍，故记名收货人的表示方法不常使用。

②指示收货人。指示收货人是将收货人以广义的形式表示出来。常用空白指示和记名指示两种表达法。

指示收货人掩饰了具体的收货人的名称和地址，使单据可以转让。在空白指示（不记名指示）情况下，单据的持有人可自由转让单据。在记名指示情况下，记名人有权控制和转让单据。指示收货人的方法补充了记名收货人方法的缺陷，但也给船方通知货方提货带来了麻烦。对此，被通知人栏目可作出补充。

（3）被通知人（Notify）。这一栏中应填写接受船方发出货到通知的人的名称与地址。

被通知人的选择与确定的权力属于合同的买方或买方代理人。有时买方确定本人为被通知人，有时将自己的代理人或其他与买方联系较密切的人确定为被通知人。被通知人的职责是及时接受船方发出的到货通知并将该通知转告真实的收货人。被通知人无权提货。

在托收支付的条件下，一般合同不规定收货人和被通知人。这时可以有两种填写方法：

①收货人栏目空白，被通知人栏目填写买方名称与地址。

②收货人栏目中空白抬头，被通知人栏目填写买方的名称与地址。在托收或其他支付方式下，也可能出现与信用证内容相同的情况，此时的填写方法可参照信用证情况下的填写方法。

在极少数的交易中，可能出现要求收货人栏目和被通知人栏目空白。这是因为提出要求的一方准备买卖在途货物。制作单据时要在副本单据的被通知人栏目中填写买方或开证申请人的名称与地址。承运该批货的船方将承担货物实际卖出前的风险。货物说明（Description of Goods）类包括运输标志、重量、货物说明、数量和尺码与部分内容。

（4）托运单编号（No. ）。一般填写商业发票的号码。

（5）目的地（Place of Delivery）。由出口企业按信用证的目的港填写。填写时注意重名港口的现象，一般将目的港所在的国家名称一起填写在这一栏目中。

如果目的地是一内陆城市，应该在这一栏目内填写货物卸下最后一艘海轮时的港口名称。在船方或其代理人计算运费时，是根据托运单的本项内容计算航程的。

（6）运输标志（Shipping Marks）。买卖合同或信用证都规定了唛头。填写这一栏目时，要求填写内容和形式与所规定的完全一致。

如果买卖合同和信用证中没有规定唛头，可填写"N/M"（无唛头），也可自行选择一个合适的唛头。在选择唛头时，要充分考虑买方提货方便、买方利益和买方所在国要求，包括商业习惯、港口规定、文化传统以及政府的有关政策。

（7）数量（Quantity）。托运单中的数量指最大包装的件数。

例如，出口10万码花布，分别用粗坯布捆成100捆。填写这一栏目时应填写100捆而不是10万码。

如果出口货物有若干种，包装方式和材料完全不同，则应先填写每种货物的最大包装件数。例如：20个托盘，10个集装袋，25个捆包布匹；然后合计总件数：55件。

（8）货物说明（Description of Goods）。对这一栏内容的填写允许只写大类名称或统称。但是，如果同时出口不同的商品，应分别填写，而不允许只填写其中一种数量较多或金额较大的商品。

（9）重量（Gross Weight/Net Weight）。重量应分别计算毛重和净重。

毛重是指包括包装材料在内的货物重量。

净重是指扣除包装材料的货物实际重量。

如果一次装运的货物中有几种不同的包装材料或完全不同的货物，那么在填写这一栏目时，应先分别计算并填写每一种包装材料或每一种货物的毛重或净重，然后合计全部的毛重和净重。在计算重量时，要求使用统一的计量单位。常用的计量单位是公吨或千克。

（10）尺码（Measurement）。该栏目填写一批货的尺码总数，一般单位为立方米。总尺码不仅包括各件货物尺码之和，还应包括件与件之间堆放时的合理空隙所占的体积。

（11）装运期（Time of Shipment）。装运期的表示可以全部使用阿拉伯数字，也可以使用英文与阿拉伯数字一起表示。例如：6/5/1990 或 MAY 6,1990。

装运期还可以表示为一段时间，如 1990 年 9 至 10 月或"装运期不迟于……"。

（12）期满日（Expiry Date）。该栏目的填写一般按信用证规定，但如果装运期空白不填的话，这一栏目也可不填。

（13）存货地点。内容用中文填写。

（14）转船（Transshipment）。填写要求与分批一致，只能在"允许"和"不允许"两者中取一。

（15）分批（Partial Shipment）。应严格按照合同或信用证条款填写。填写的内容限在"允许"和"不允许"两者中取一。

如果合同或信用证规定分若干批，或对分批有进一步说明，不要将这些说明填入本栏目，而应将这些说明填入"特别条款"的栏目中。

（16）运费。提单一般不显示具体运费，只填写"运费待付"或"运费预付/已付"。

（17）托运单日期。托运单日期填写与发票日期一样的内容，即开立发票的日期。

（18）提单正本份数。

"3 Original Bills of Lading"，指 3 份正本提单。

"Original Bill of Lading in 3"，指 3 份正本提单。

"Full Set of Bill of Lading"，指全套提单。按照惯例解释指 2 份正本提单。

（19）提单副本份数。提单副本份数 = 出口企业留底份数 + 寄单所需份数 + 信用证对正本提单要求的份数。

（20）特别条款。填写信用证或合同中有关运输方面的特殊要求。

（21）签字。经办人签字，出口企业盖章。其他项目如船名、提单号码等由船方或其代理人填写。

（二）航空货物出口托运单的填制

（1）托运人（Shippers Name and Address）。填列托运人的全称、街名、城市名称和国家名称及便于联系的电话、电传或传真号码。

（2）收货人（Consignees Name and Address）。填列收货人的全称、街名、城市名称、国家名称（特别是在不同的国家内有相同城市名称时，更应注意填上国名）以及电话、电传或传真号码。本栏内不得填写"to order"或"to order of the shipper"（按托运人的指示）等字样，因为航空货运单不能转让。

（3）始发站机场（Airport of Departure）。填写始发站机场的全称，可填城市名称。

（4）目的地机场（Airport of Destination）。填写目的地机场（机场名称不明确时，可填城市名称）。如果某一城市名称用于一个以上国家时，应加上国名。例如，LONDON CA 伦敦，安大略省，加拿大。

（5）要求的路线/申请订舱（Requested Routing/Requested Booking）。本栏用于航空公司安排运输路线时使用。但如果托运人有特别要求时，也可填入本栏。为保证承运人收运的货物可以被所有续运承运人接受，可查阅 TACT - RULES 8.1 的双边联运协议。中转站的装卸及仓储条件情况查阅 TACT - RULES 7.3。

（6）供运输用的声明价值（Declared Value for Carriage）。填列供运输用的声明价值金额，该价值即为承运人赔偿责任的限额。承运人按有关规定向托运人收取声明价值费。但如果所交运的货物毛重每千克不超过 20 美元（或等值货币），无须填写声明价值金额，可在本栏内填入"NVD"（No Value Declared）（未声明价值）。如本栏空白未填写时，承运人或其代理人可视为货物未声明价值。

（7）供海关用的声明价值（Declared Value for Customs）。国际货物通常要受到目的站海关的检查，海关根据此栏所填数额征税。

（8）保险金额（Insurance Amount Requested）。中国民航各空运企业暂未开展国际航空运输代理保险业务，本栏可空白不填。

（9）处理事项（Handling Information）。填列附加的处理要求。例如另请通知（Also Notify），除填写收货人之外，如托运人还希望在货物到达的同时通知他人，可另填写通知人的全名和地址、外包装上的标记、操作要求，如易碎、向上等。

（10）货运单所附文件（Documentation to Accompany Air Waybill）。填列随附在货运单上运往目的地的文件，应填上所附文件夹的名称，如托运人所托运的动物证明书（Shipper's Certification for Live Animals）。

（11）件数和包装方式（Number and Kind of Packages）。填列该批货物的总件数，并注明其包装方法，如包裹（Package）、纸板盒（Carton）、盒（Case）、板条箱（Crate）、袋（Bag）、卷（Roll）等。如货物没有包装时，就注明为散装（Loose）。

（12）实际毛重（Actual Gross Weight）。本栏内的重量应由承运人或其代理人在称重后填入。如托运人已填上重量，承运人或其代理人必须进行复核。

（13）运价类别（Rate Class）。它包括所适用的运价、协议价、杂费、服务费。

（14）计费重量（千克）（Chargeable Weight）（kgs）。本栏内的计费重量应由承运人或其代理人在量过货物的尺寸（以厘米为单位）并算出计费重量后填入。如托运人已经填上，承运人或其代理人必须进行复核。

（15）费率（Rate/Charge）。本栏可空白不填。

（16）货物的品名及数量（包括尺寸或体积）〔Nature and Quantity of Goods（Incl. Dimensions or Volume）〕。填列货物的品名和数量（包括尺寸或体积），若一票货物包括多种物品时，托运人应分别申报货物的品名，填写品名时不能使用"样品"、"部件"等比较笼统的名称。货物中的每一项均须分开填写，并尽量填写详细，如"9筒35毫米的曝光动画胶片"、"新闻短片（美国制）"等。本栏所填写的内容应与出口报关发票、进出口许可证列明的货物相符。

运输下列货物，按国际航协有关规定办理（参阅TACT – RULES 2.3.3/7.3/8.3）：活体动物，个人物品，枪械、弹药、战争物资，贵重物品，危险物品，汽车，尸体，具有强烈气味的货物，裸露的机器、铸件、钢材，湿货，鲜活易腐物品。危险品应填写适用的准确名称及标贴的级别。

（17）托运人签字（Signature of Shipper）。托运人必须在本栏内签字。

（18）日期（Date）。填写托运人或其代理人交货的日期。

样单：出口托运系列单据1：业务联系报告

致：货运部

<u>營業代表業務聯系報告</u>
SALES CANVASSING REPORT

提單編號：___57417___   托運單編號：_____
B/L NO.   SHPR'S REF

客戶：_____珠口化工_____
CUSTOMER

地址：_____
ADDRESS

電話號碼：___81037407___   傳真號碼：___81037415___
TEL NO.   FAX NO.

聯系人：___V杨's___   接單日期：___8/5___
PERSON CONTACTED   DATE CONTRACTED

航程：由_VERY (SHA)_經由_____ 至_BALTIMORE (美东线)_
ROUTING: FROM   VIA   TO

可否轉船_____ ALLOW. ED 可否分批_____ ALLOW. ED

貨物名稱：___红白彩___   件數：
COMMODITIES   (NO. OF PKGS)
                          2×Φ20'NSL

貨櫃數量/種類/所屬船公司 _____
QTY/SIZE/OWNER OF CTNRS

交貨條款：   CY/CFS/DOOR ----- CY/CFS/DOOR/FO
DELIVERY TERMS   _上海_

裝櫃地點：
VANNING ADDRESS/TEL NO./PERSON CONTACTED/DATE

電話：_____ 聯系人：_____ 日期：_13/5 4/8内_

特約事項：_____
SPECIAL INSTRUCTIONS   _14/5(163.g_

付款細則(PAYMENT TERMS)：
1. ☑運費預付(PERPAID)：□ COD □ BETA □_____ DAYS CREDIT
   □運費到付(TO BE COLLECTED)
2. 海運報價/報價單編號：_SCNCWN-040428_ 美兰再开告记结.
   FREIGHT RATES OFFERED/QUOTATION NO (SHNS, DOC)
   海運費金額：(S.)3772 延付 (SD446×8.2 = 3657.2
   FREIGHT AMOUNT
   其他費用：平 2600(报关,拍照) 苴苯1720开/6M珠口化工
   LOCAL CHARGES
3. 注意事項：_DDC+BAF = 710(列付)_
   REMARKS

營業代表：___XX82___   日期：_8/5_
PREPARED BY   DATE

样单：出口托运系列单据 2：出口托运单

广州珠江化工集团有限公司
GUANGZHOU PEARL RIVER CHEMICAL INDUSTRY GROUP LTD.

TO: *Dion Chen.*

出口货物托运单

托运日期：2004/05/08	起运港：GUANGZHOU	中转港：		目的港：BALTIMORE
托运人 SHIPPER	NEW CHEMIC LTD. RM 1011, 10/F., WING ON PLAZA, 62 MODY ROAD, T.S.T.EAST, KOWLOON, HONGKONG			
收货人 CONSIGNEE	JOHN S. CONNOR CORPORATION FOR AND ON BEHALF OF CPH CHEMICALS BV WORLD TRADE CENTER 401 EAST PRATT STREET, SUITE 700 BALTIMORE, MD 21202 UNITED STATES OF AMERICA NTFY：ATTN MRS. SHARON MARCONI ADDRESS : CONNER BALTIMORE INTL: 6849034 (CONNER UW) TXT : 170914 CONNER UT FAX : IMPORT (410) 547 6865 EXPORT (410) 659 0635			
通知人 NOTIFY PARTY	JOHN S. CONNOR CORPORATION FOR AND ON BEHALF OF CPH CHEMICALS BV WORLD TRADE CENTER. 401 EAST PRATT STREET, SUITE 700 BALTIMORE, MD 21202, UNITED STATES OF AMERICA. NTFY: ATTN MRS. SHARON MARCONI ADDRESS:CONNER BALTIMORE INTL: 6849034 (CONNER UW) TXT:170914 CONNER UT FAX: IMPORT (410) 547 6865 EXPORT (410) 659 0635			
装运标记 SHIPPING MARKS	TITANIUM DIOXIDE ENAMEL GRADE 98% BALTIMORE. EX GUANGZHOU TITANIUM DIOXIDE WORKS			
QUANTITY 件　数	COMMODITY 品　名	NET WEIGHT 净重	GROSS WEIGHT 毛重	MEASUREMENT 容积吨
40 BAGS	TITANIUM DIOXIDE ENAMEL GRADE 98% MIN. 2 X 20' CONTAINERS	40,000KGS	40,120KGS	38.4CBM
TOTAL：（合计）	G.W. 40,120 KGS 40 BAGS			
特约事项	"FREIGHT PREPAID" AND "SHIPPED ON BOARD DATE" MUST BE SHOWN ON THE B/L. THE FIRST AND SECOND VESSEL NAME MUST BE SHOWN ON THE B/L.			
可否转船	YES	可否分批	YES	
所要提单正本	3/3	装船期限	BEFORE 2004/05/17	
远洋运费金额		包干费		

诺配 2004 年 05 月 17 日 MSC 从赤湾开出的大船。定 2004 年 05 月
10 日到工厂装货。

样单：出口托运系列单据 3：出口中转货物托运单

Shipper（请用英文填写） CHONG　　LONG　LTD Tel No.	**托运单** （出口中转货物） To: BLA	托运单号（全程提单号） SY41) 已接受预定载位　日期： 签名：

Consignee（请用英文填写） TO　ORDER	**CL 长朗有限公司** **CHONLONG LTD**

Notify Address（请用英文填写） TO BE ADV	合同/信用证号码		
	结汇期	托运日期	正本提单份数
	可否分批		可否转船
	接交货柜类别、数量及方式		
	20' ×		40' ×

地点	火车卡号	预约装货地点、时间及联络人资料
	目的地（请用英文填写） CONWAY　　BALTIMORE	

标志、柜号	件数、包装种类及货名（请用英文填写）	毛重（公斤）	尺码（立方米）
	全太　白粉 ALL WATER CY-CY		
		委托人（运货支付人）　Code	
		委托人盖章及签名	

编号	运费支付地点 □起运地(预付)，□目的地(到付)	其他地点
事项 请放　2×20'GP 14/5 CG MSC REGINA V.173A	运费细项	

员签字/编号	配载职员签字/编号	头程船名及航次（预装）			
名及航次（预装）		船公司	载运日期	预计开航日期	预计到达日期

样单：出口托运系列单据4：拖柜计划表

广东长运国际货运有限公司

拖柜计划表

<u>鹏洋达</u> 拖车公司 <u>赖</u> 先生/小姐

<u>长朗</u> 公司 <u>沈小姐</u> 电话：<u>83554322-23</u> 传真：<u>83552242</u>

2004 年 <u>05</u> 月 <u>09</u> 日

<u>EWTESY4117</u> 订舱号：<u>AS04A/B9025638</u>

船公司：<u>MSC</u> 柜型：<u>2</u> ×20GP，<u></u>×40GP，<u></u>×40HQ

日期：2004 年 <u>05</u> 月 10 日，到达时间：早上 8 时

地点：<u>广州市天河区东圃石溪</u>

电话：<u>020-82313549</u> 联系人：<u>陈小姐</u>

运费：RMB <u>2300</u> ，转关费：RMB <u>100</u>

地点：<u>罗岗</u> 报关员：<u>罗先生</u>

（注：以上资料如有疑问，请联系我司）

以下格式回传货资料给我司，请注意加盖公章！

拖柜信息反馈表

柜号：_____ 封号：_____ 柜型：_____

_____ 司机电话：_____

柜号：_____ 封号：_____ 柜型：_____

_____ 司机电话：_____

备注：1. 若提柜有问题，请立即与我司联系，否则产生的后果或费用由

拖车行自负，联系人：××小姐 ××先生

2. 请拖车公司将 柜号 、 封号 、 车牌号 及 司机资料 及时传真我部。

3. 请按要求准时到指定地点装货，否则责任由拖车行负责。

4. 选柜务必选 干净 、 无异味 及 无破损货柜，切记！

5. 司机提柜务必留意货柜 顶部 、 底部 及四面是否完整、无破损，

柜型是否与提柜纸相符，切记！否则责任自负。

拖车公司盖章：

签名：_____

样单：出口托运系列单据 5：船公司托运确认单

Mediterranean Shipping Co. (HK) Ltd.
Booking Confirmation

SHIPPER		Document no.　Booking	**AS04A-B9025638**
ETERNAL WAY LTD. CONTACT: EVA WEN Tel: 88816759　Fax: 88816763/16		FORWARDING AGENT - REFERENCES	
CHARGES DUE TO MIS STOWAGE BECAUSE OF ERRONEOUS BOOKING DETAILS OR DOCK RECEIPT DETAILS WILL BE FOR THE ACCOUNT OF THE SHIPPER OF RECORDS		CARGO SUPPLIER	
ETD/SAILING DATE	PLACE OF RECEIPT		
VESSEL / VOYAGE **MSC REGINA 173A**	PORT OF LOADING **CHIWAN**	SERVICES CONTRACT NUMBER **03-045TPC**	
PORT OF DISCHARGE	PLACE OF DELIVERY **BALTIMORE**	LIVE LOAD NOT APPLICABLE	

REQUESTED / ASSIGNED CONTR#	DESCRIPTION	APPOINTMENT DATE	INTERMODAL COMMENTS.
2X20GP **钛白粉** ALL WATER,　IT CAN NOT BE OPTIONAL CY-CY 开仓：05-08 截重柜：5-14 12:00 做放行条：5-14 17:00	To: 谭's To: Carmain. SY4117		☐ DUTIABLE CARGO ☐ DANGEROUS CARGO ☐ FUMIGATED CARGO (DEGASSED ☐ YES 　　　NO ☐)

TOTAL 20'S TOTAL 40'S TOTAL 45'S TOTAL 45'S TOTAL	**Remarks:** 1. All details completed by the Shipper in this Shipping Order Shall be identical with the one received by the Agents through fax booking. 2. VALID Export License(s) shall be submitted prior to vessel's arrival. Carrier reserves the right to hold the shipment in Hong Kong with all expenses for shipper's account in case export license(s) cannot be presented in time. 3. Hazardous Cargoes must be packed/stowed in accordance with the International Maritime Dangerous Goods standard. Failure in compliance will result with re-labeling, penalties and all consequence liabilities for Shipper's account. 4. Containerized shipment 　- unless otherwise specify, container(s) shall be provided by the Carrier/Agents in accordance with the requirement(s) as indicated but subject to availability of the equipment(s). 　- Internal condition of the laden container(s) before deemed to be sound and clean. Shipper is obligated to reimburse the Carrier/Agents of any damage found while empty container(s) returned to Carrier/Agents' assigned depot elsewhere. 　- Detention charges as per Carrier's Tariff will be levied in case container(s) cannot be returned in time, replacement value plus detention charges must be paid in full by Shipper for the empty container(s) overdue 90 days. 5. Received the goods/the container(s) the package(s) said to contain the goods as specified therein for the custody and carriage in accordance with the terms and conditions of the Carrier's Bill of Lading which shall be deemed to be incorporated herein. Neither Carrier nor agents are responsible for short out/off-load or consequences arising there from. 6. Detention Charges 　All container(s) are the property of MSC and that time is the essence in relation to the return of the container(s). 　Unless otherwise specified, Shipper or its appointed agent is given two (2) calendar days for local delivery and seven (7) calendar days for delivery to PRC (including Saturday, Sunday and public holidays) from the date of taking out the empty container(s) FOR CARGO STUFFING PURPOSE AND SHALL RETURN THE LADEN CONTAINER(S) TO THE NOMINATED Container Yard. After the stages of time, detention charges per MSC will be levied.

A, For Hong Kong Booking: Transport set released at Unit 1-3, 22/F Tower
II Ever Gain Plaza, 88 Container Port Rd.., Tel : 24032323
B, For Chiwan Booking: Please feel free to contact our colleagues at
Shekou; Tel: 755-681 5568 (Silk - Lily/James, Golden Gate - Tina;
Capricorn/Wallaby - William)
Please make sure all the information is accurate before your trucker go
to exchange the transport sets
　　　　　　　　　　　　　　Note :
　　　Shipper is requested to declare exact cargo weight and carrier shall hold the container(s) responsible for all charges, damages & expense arising from carry(ed) payload exceeds the max real weight limits.

BOOKING TAKEN BY DATE BOOKING TAKEN

ANY PREPAID FOREIGN CURRENCY WILL BE CHARGED AT THE SAIL DATE'S EXCHANGE RATE
If you should have any questions, please call

样单：出口托运系列单据6：提货单

广州珠江化工集团有限公司
GUANGZHOU PEARL RIVER CHEMICAL INDUSTRY GROUP LTD.
TEL：81037407，81037409　FAX：81037415

提货单号码：*B04a501*

提 货 单

广州钛白粉厂：

我司委托~~深圳鹏洋达拖車公司~~，于2002年5月10日派　　　　~~比8:00~~

车队前往贵厂提取　　40　　吨　　40　　袋钛白粉，请贵厂

给予办理提货。　　　　　　　　　　　1吨大袋，中転

目的地：巴尔的摩

工厂联系人：陈小姐

电话：82313549

工厂地址：广州市天河区东圃石溪

57417　　　　　　　　　广州珠江化工集团有限公司
　　　　　　　　　　　　　　　　业务专用章
　　　　　　　　　　　2004年5月9日

注意事项：

1．请船公司和车队必须提供完整无损、干净的货柜到工厂装货，
　　否则由此而引起的货物破损和水浸受潮由船公司及车队
　　负责。

2．工厂必须对到厂的货柜检查是否完整无损及干净，如对破损
　　货柜检查不出而引起的货物破损和水浸受潮负连带责任。

样单：出口托运系列单据 7 - 1：拖柜车资料

致：各拖车公司　　以后请用此格式！

如由我司罗先生(手机:13909028079　传真:020-83552242)

报关，请填写下表并回传我司：

(注:因用于报关，所提供之资料必须准确)

运输公司地址：深圳市蛇口东滨村17栋403室

运输公司联系电话：0755-26852221

运输公司：深圳市润(日)运江运输公司　　提单号：SY4117

订舱号：AS04AP025638　　　封号：1P75560

柜号：MSCu2046516　　　柜型：20HP

车牌：鄂B-43675　拖货地点：广州　转关口岸：蛇口

司机姓名：董波　司机手机：13905621113

司机簿海关编号：5318/00285　柜重：2330 公斤

车头重：5.73 公斤　车架重：6.0 公斤

样单：出口托运系列单据 7 - 2：拖柜车资料

(2)

致：各拖车公司　　以后请用此格式！

如由我司罗先生（手机:13360020679 传真:020-83552242 ）

报关,请填写下表并回传我司：

(注:因用于报关,所提供之资料必须准确)

运输公司地址：<u>深圳市蛇口东滨村17栋403室</u>

运输公司联系电话：<u>0755-26852221</u>

运输公司<u>深圳市湘先仁运输公司</u>　　提单号：<u>ST417</u>

订舱号：<u>AS04BP025638</u>　　封号：<u>IP75556</u>

柜号：<u>GSTU2P77082</u>　　柜型：<u>20呎</u>

车牌:<u>粤B-43675</u>　拖货地点：<u>广州</u>　转关口岸：<u>蛇口</u>

司机姓名:<u>黄勋</u>　司机手机:<u>13360073712</u>

司机簿海关编号：<u>5318100285</u>　柜重：<u>2230</u> 公斤

车头重:<u>5.73</u>　公斤　车架重:<u>6.0</u>　公斤

样单：出口托运系列单据 8：出口公司审核提单

11-MAY-84 15:49　　GZ PRCI GROUP LTD.　　86 20 81037415　　　　P.01

ETW

B/L No. EWTESY4117

長　連　有　限　公　司

Eternal Way Ltd.

Cable:ETERNALWAY　　Telex:76497 ETWAY hX

BILL OF LADING

SHIPPED on board in apparent good order and condition (unless otherwise indicated) the goods or packages specified herein and to be discharged at the mentioned port of discharge or as near thereto as the vessel may safely get and be always afloat.

The weight, measure, marks and number, quantity, contents and value being particulars furnished by the Shipper, are not checked by the Carrier on loading.

The Shipper, Consignee and the Holder of this Bill of lading hereby expressly accept and agree to all printed, written or stamped provisions, exceptions and conditions of this Bill of Lading, including those on the back hereof.

IN WITNESS whereof the number of original Bill of lading stated below have been signed, one of which being accomplished, the other to be void.

发货人
ENIC LTD.
1,10/F.,WING ON PLAZA,62 MODY ROAD,
EAST KOWLONG,HONGKONG
Kow LOON

收货人
S.CONNOR CORPORATION
AND ON BEHALF OF CPH CHEMICALS BV WORLD
CENTER.
EAST PRATT STREET,SUITE 700 BALTIMORE,
202 UNITED STATES OF AMERICA**
被通知地址
AS CONSIGNEE

age by 前段运输	Place of receipt 收货地点		
essel 海运船名 REGINA V 173A scharge 卸货港 TMORE,WA	Port of loading 装货港口 CHIWAN Final destination 目的地 BALTIMORE,WA	Freight payable at 运费支付地 GUANGZHOU	Number of original BS/L 正本提单份数 (3) THREE

标志和号码 Marks and Numbers	件数和包装种类 No. & kinds of Package	货名 Cargo Description	毛重〈公斤〉 Gross weight(kgs)	尺码〈立方米〉 Measurement(m³)
TUM DE L GRADE MORE NGZHOU IUM DE WORKS	40 BAGS	SHIPPER'S LOAD COUNT AND SEAL FCL/FCL S.T.C. TITANIUM DIOXIDE ENAMEL GRADE 98% MIN. THIS SHIPMENT CONTAINS NO SOLID WOOD OR SOLID WOOD PACKING MATERIALS.	40,120.000KGS	38.400 CBM

NER NO.	TYPE	SEAL NO.	MOVEMENT	PACKAGES	KGS	CBM
045316	20GP	1975590	CY/CY	20BAGS	20,060.000	19.200
977082	20GP	1975556	CY/CY	20BAGS	20,060.000	19.200

:TWO(2) X 20GP CONTAINERS ONLY

To 清's
For 代 开 尤 's
请 速 确 认！

FREIGHT PREPAID
SHIPPED ON BOARD DATE:

O.03-045TPC
Y:ATTN MRS.SHARON MARCONI ADDRESS:CONNER BALTIMORE
6945034(CONNER UN) TXT:170914 CONNER UT
MPORT(410)847 6865 EXPORT(410)847 6865 以上由托运人提供
ABOVE PARTICULARS FURNISHED BY SHIPPER

费用
and charges

IN WITNESS whereof the number of original Bills of Lading stated above have been signed, one of which being accomplished, the other(s) to be void.

P AT DESTINATION:

签单地点和日期
Place and date of issue
代理东家公司名章
Signed for or on behalf of the GZ GZHOU

代 理
AS AGENT FOR THE CARRIER Mas Agents:

TOTAL P.01

样单：出口托运系列单据 9：出口公司确认提单

TUE, 11-MAY-04 16:51   GZ PRCI GROUP LTD.   86 20 81037415   P.01

Shipper 托运人	ETW
NEW CHEMIC LTD. RM.1011,10/F.,WING ON PLAZA, 62 MODY ROAD, T.S.T.EAST.KOWLOON,HONGKONG	B/L No. ENTESY4117

长 运 有 限 公 司

Eternal Way Ltd.

Cable:ETERNALWAY   Telex:76497 ETWAY HX

Consignee 收货人
JOHN S.CONNOR CORPORATION FOR AND ON BEHALF OF CPH CHEMICALS BV WORLD TRADE CENTER. 401 EAST PRATT STREET, SUITE 700 BALTIMORE, **MD 21202 UNITED STATES OF AMERICA**

BILL OF LADING

Notify address:通知地址
SAME AS CONSIGNEE

SHIPPED on board in apparent good order and condition (unless otherwise noted) the goods or packages specified herein and to be discharged at the mentioned port of discharge or as near thereto as the vessel may safely get and be always afloat.

The weight, measure, marks and numbers, quantity, contents and value, being particulars furnished by the Shipper, are not checked by the Carrier on loading.

The Shipper, Consignee and the Holder of this Bill of Lading hereby expressly accept and agree to all printed, written or stamped provisions, exceptions and conditions of this Bill of Lading, including those on the back hereof.

IN WITNESS whereof the number of original Bill of Lading stated below have been signed, one of which being accomplished, the other(s) to be void.

Pre-carriage by 前段运输	Place of receipt 收货地点		
Ocean vessel 海洋船名 MSC REGINA V.172A	Port of loading 装货港 CHIWAN		
Port of discharge 卸货港 BALTIMORE, WA	Final destination 目的地 BALTIMORE, WA	Freight payable 运货支付地 GUANGZHOU	Number of original BS/L 正本提单份数 (2) THREE

标志和号码 Marks and Numbers	件数和包装种类 No. & Kinds of Package	货名 Cargo Description	毛重（公斤） Gross weight(kgs)	尺码（立方米） Measurement(m³)
		SHIPPER'S LOAD COUNT AND SEAL FCL/FCL S.T.C.		
TITANIUM DIOXIDE ENAMEL GRADE 98% BALTIMORE EX GUANGZHOU TITANIUM DIOXIDE WORKS	40 BAGS	TITANIUM DIOXIDE ENAMEL GRADE 98% MIN. THIS SHIPMENT CONTAINS NO SOLID WOOD OR SOLID WOOD PACKING MATERIALS.	40,120.000KGS	38.400CBM

CONTAINER NO.	TYPE	SEAL NO.	MOVEMENT	PACKAGES	KGS	CBM
MSCU2046516	20GP	1975560	CY/CY	20BAGS	20,060.000	19.200
GSTU2977082	20GP	1975556	CY/CY	20BAGS	20,060.000	19.200

TOTAL:TWO(2) X 20GP CONTAINERS ONLY

FREIGHT PREPAID
SHIPPED ON BOARD DATE:

S/C NO.03-045TPC
**NTFY:ATTN MRS.SHARON MARCONI ADDRESS:CONNER BALTIMORE
INTL:6249034(CONNER UW) TXT:170914 CONNER UI
FAX:IMPORT(410)547 6865 EXPORT(410)

ABOVE PARTICULARS FURNISHED BY SHIPPER

运货和费用 Freight and charges	IN WITNESS whereof the number of original B.ills of Lading stated above have been signed, one of which being accomplished, the other(s) to be void.
AGENT AT DESTINATION:	签发地点和日期 Place and date of issue: 签发单人签字 Signed for or on behalf of GUANGZHOU

AS AGENT FOR THE CARRIER as Agents

TOTAL P.01

样单：出口托运系列单据 10：正本提单

| Shipper 托運人
NEW CHEMIC LTD.
RM1011,10/F.,WING ON PLAZA,62 MODY ROAD,
T.S.T.EAST,KOWLOON,HONGKONG | | **ETW**
長 運 有 限 公 司
Eternal Way Ltd.
Cable: ETERNALWAY　　Telex: 76497 ETWAY HX | B/L No.: EWTESY4117 |

| Consignee 收貨人
JOHN S.CONNOR CORPORATION
FOR AND ON BEHALF OF CPH CHEMICALS BV.WORLD
TRADE CENTER.
401 EAST PRATT STREET,SUITE 700 BALTIMORE,
MD 21202 UNITED STATES OF AMERICA** | **BILL OF LADING** |

Notify address 通知地址
SAME AS CONSIGNEE

SHIPPED on board in apparent good order and condition (unless otherwise indicated) the goods or packages specified herein and to be discharged at the mentioned port of discharge or as near thereto as the vessel may safely get and be always afloat.

The weight, measure, marks and numbers, quantity, contents and value, being particulars furnished by the Shipper, are not checked by the Carrier on loading.

The Shipper, Consignee and the Holder of this Bill of Lading hereby expressly accept and agree to all printed, written or stamped provisions, exceptions and conditions of this Bill of Lading, including those on the back hereof.

IN WITNESS whereof the number of original Bill of Lading stated below have been signed, one of which being accomplished, the other(s) to be void.

Pre-carriage by 前段運輸 以斗	Place of receipt 收貨地點 ナभ		
Ocean vessel 海運船名 MSC REGINA V.173A	Port of loading 裝貨港 CHIWAN		
Port of discharge 卸貨港 BALTIMORE,WA	Final destination 目的地 BALTIMORE,WA	Freight payable at 運費支付地 GUANGZHOU	Number of original BS/L 正本提單份數 (3) THREE

標誌和號碼 Marks and Numbers	件數和包裝種類 No. & kinds of Package	貨名 Cargo Description	毛重(公斤) Gross weight (kgs)	尺碼(立方米) Measurement (m³)
	SHIPPER'S LOAD COUNT AND SEAL **FCL/FCL S.T.C.**			
TITANIUM DIOXIDE ENAMEL GRADE 98% BALTIMORE EX GUANGZHOU TITANIUM DIOXIDE WORKS	40 BAGS	TITANIUM DIOXIDE ENAMEL GRADE 98% MIN. THIS SHIPMENT CONTAINS NO SOLID WOOD OR SOLID WOOD PACKING MATERIALS.	40,120.000KGS	38.400CBM

CONTAINER NO.　TYPE　SEAL NO.　　MOVEMENT　PACKAGES　KGS　　　CBM
MSCU2046516　20GP　1975560　　CY/CY　　20BAGS 20,060.000　19.200
GSTU2977082　20GP　1975556　　CY/CY　　20BAGS 20,060.000　19.200
TOTAL:TWO(2) X 20GP CONTAINERS ONLY

S/C NO.03-045TPC
**NTFY:ATTN MRS.SHARON MARCONI ADDRESS:CONNER BALTIMORE
INTL:6849034(CONNER UW) TXT:170914 CONNER UT
FAX:IMPORT(410)547 6865 EXPORT(410)659 0635 由托運人提供
ABOVE PARTICULARS FURNISHED BY SHIPPER

FREIGHT PREPAID
SHIPPED ON BOARD DATE: 16 MAY 2004

SHIPPED ON BOARD
GUANGDONG ETERNAL WAY INTL FREIGHT CO. LTD.

| 運費和費用
Freight and charges | IN WITNESS whereof the number of original Bills of Lading stated above have been signed, one of which being accomplished, the other(s) to be void. |

AGENT AT DESTINATION:
CN LINK FREIGHT SERVICES,INC.
182-16 149TH ROAD,ROOM218,
JAMAICA,NY 11413,USA
TEL:718-656-6996
FAX:718-656-7101

簽單地點和日期：
Place and date of issue:　　　　GUANGZHOU
For and on behalf of:　　　　　　16 MAY 2004
GUANGDONG ETERNAL WAY INTERNATIONAL FREIGHT CO. LTD.
AS AGENT FOR THE CARRIER:MSC
　　　　　　　　　　　　　　　　　　as Agents

样单：出口托运系列单据 11：美国海关 24 小时预报舱单

#: Carmen 20 8335 242	Date: 04-5-11 Time: 16:18:40	Page 1 of 2

Eternal Way Limited 对美国海关发出24小时预申报舱单货物资料

Tel: Fax: 作为发货人或订舱人，与此委托

我们在下面一个合约的货物是真实和连贯的，并将符合美国海关发出1302号（the U.S.Customs Form 1302号）所检的要求、装载地区、长装有限的 我们"在运送货往运及上所委托给本人的公司(本及其关子公司)"处于承担由于我们所委托"起的一切问题、费用、罚款、或光检究任。

NEW CHEMIC LTD.	JOHN S.CONNOR CORPORATION
RM1011,10/F.,WING ON PLAZA,62 MODY ROAD,	FOR AND ON BEHALF OF CPH CHEMICALS BV
T.S.T.EAST,KOWLOON,HONGKONG	WORLD TRADE CENTER,401 EAST PRATT STREET,SUITE 700
	BALTIMORE, NTFY:ATTN MRS.SHARON MARCONI

SAME AS CONSIGNEE

ADDRESS:CONNER BALTIMORE INTL:6849034(CONNER UW)
170911 CONNER UT FAX:IMPORT(410)547 6865 EXPORT(410)659 0635

Shippers Load Stow & & Sealed & Count Quantity & Contents Unknown and not Tallied or Counted by Carrier

VAN	B/L Type:
BALTIMORE	Original ☐ Seaway ☐
	Service Contract:
REGINA V.173A	B/L Release At:
	Ocean Freight Payment:
	Prepaid ☐ Collect ☐
	Ocean Freight Payable At:

	Cargo Description	Gross Weight	Measurement
40BAGS		40120KGS 38.40CBM	
ANIUM DIOXIDE	TITANIUM DIOXIDE		
AMEL GRADE 98%	ENAMEL GRADE 98% MIN.		
LTIMORE	THIS SHIPMENT DOES NOT CONTAIN ANY SOLID WOOD		
GUANGZHOU TITANIUM	PACKING MATERIALS.		
OXIDE WORKS			
	CONTAINER NO./SEAL NO./		
	MSCU2046516/ 1975560 /20'GP/20BAGS/20060KGS/19.2CBM		
	GSTU2877082/ 1975556/20'GP/20BAGS/20060KGS/19.2CBM		
	TOTAL:TWO(2)X20'GP CONTAINERS ONLY		
	TO:活小姐 请确认并盖章回传！		

FREIGHT & CHARGES PREPAID

PAYABLE at
POL POD ELSEWHERE

广州珠江化工集团有限公司
GUANGZHOU PEARL RIVER CHEMICAL
INDUSTRY GROUP LTD.

11/5

Ad Valorem Charges if any

Declared Value: TOTAL FREIGHT & CHARGES

Signed as the charter or as his duly authorized agent

样单：出口托运系列单据12：运费到付担保书

TO 珠江化工储小组　　请填写以下保函，并差传回传。谢谢！
FM 省纺仓储沈小组

提单号（House B/L）：EWIESY4117
托运人：珠江化工

运费到付担保书

1 装运港	2 目的港	3-4 数量		5 船公司	6 到付费用		7 预付费用		8 回退费用	
		柜数	柜型		项目	金额	项目	金额	项目	金额
CHIWAN	BALTIMORE	2	20'GP	MSC	O/F	USD7120/20'GP	O/F	USD1500/20'GP		
							AMS	USD25		
							DOC	USD15		
							拖车费	RMB2500		
							报关费			
					合计	USD1420	合计		合计	

托运人填写

我司保证，在目的港收货人拒绝支付上述部分或全部到付费用，或者拒绝提货而未能支付上述到付费用，则由我司偿付全部运费付全部运费付全部部分及负责由此部分及负责由此部分产生所产生的一切后果。

（请托运人将此担保书与托运注单一并传真至我司并履行订舱手续。谢谢合作！）

托运人签名、盖章：广州珠江化工集团有限公司
GUANGZHOU PEARL RIVER CHEMICAL
INDUSTRY GROUP LTD)

分公司计资签名：

备注：1）托运人将签本保函书后，长运部业务员将填写的担保书传同托运单递交到
分公司能逆签名后方可支行订舱。
2）本担保书能分公司明经增盖名签名后交到付人员处登入盖章。

分公司经理签名：

分公司经理签名：

第五节　出口报检

凡属国家规定或合同规定必须经国家出入境检验检疫局出证的商品，在货物备齐后，应向出入境检验检疫局申请检验。只有取得出入境检验检疫局签发的合格证书，海关才准予放行。因此，外贸跟单员必须了解出口商品的报检范围、报检时限、报检方法、报检时应提交的单证和报检的业务程序，掌握出境货物报检单的填制。

一、报检范围

《中华人民共和国进出口商品检验法》（以下简称《商检法》）于 1989 年 8 月 1 日开始施行。根据《商检法》的规定，商检机构实施进出口商品检验的内容包括商品的质量、数量、重量、包装以及是否符合安全、卫生要求。

1. 商品的质量检验

商品的质量不仅包括商品的化学成分、物理和机械性能、生物特征、造型、结构、色香味以及技术指标等内在的特征，还包括颜色、光泽、透明度、款式、花色等外在因素。其检验方法一般采取感官检验、物理检验、化学检验、微生物检验等方法。

2. 商品的数量检验

商品的数量检验一般只查点包装件数。

3. 商品的重量检验

根据商品不同的性质，采用不同的重量检验方法。对固态商品，一般采用衡器计量；对液态商品，一般采用流量、容积计量；对大宗原料商品，一般采用水尺计量。

二、出口报检时限及报检时须提供的单证

（一）出口报检时限

《商检法》规定：①出境货物最迟应于报关或装运前 7 天报检；②需隔离检疫的出境动物在出境前 60 天预报，隔离前 7 天报检。

（二）出口报检时须提供的单证

出境报检时，一般应填写出境货物报检单并提供对外贸易合同、信用证、发票、装箱单等有关单证。特殊情况还须提交其他相关文件。

三、出口报检的业务程序

进出口商品检验主要有接受报检、抽样、检验和签发证书等环节。

（一）接受报检

报检是指进出口货物的出口商或进口商向出入境检验检疫局申请检验。其申请行为体现为填写并提交中华人民共和国出入境检验检疫出境货物报检单或中华人民共和国出入境检验检疫入境货物报检单。

（二）抽样（Sampling）

抽样是指检验检疫人员到现场抽取样品。除委托检验外，一般不得由报检员送样，而是由检验检疫人员在货物堆存现场自行抽样。

抽样按进出口合同规定的方法抽取，若进出口合同没有规定抽样方法的按有关标准进行抽样。

对所抽取的样品经过加工方能进行检验的称为制样，如矿产品、铁合金、粮谷等成分的检验、金属材料的拉力性能检测、纺织面料性能检测等。

（三）检验（Inspection）

检验检疫机构抽取样品后，按规定的检验标准和方法对样品进行检验。同时，做到认真、准确、迅速、证货相符。

（四）签发证书（Grant Certificate）

凡法律、行政法规、规章或国际公约规定须经检验检疫机构检验检疫的出境货物，经检验检疫合格的，签发出境货物通关单，作为海关核放货物的依据；经检验检疫不合格的，签发出境货物不合格通知单。

进出口合同要求签发有关检验检疫证书的，检验检疫机构根据对外贸易关系人的申请，经检验检疫合格的，签发相应的检验检疫证书，作为买卖双方交接货物的依据，也是向银行办理议付的单证之一。

凡法律、行政法规、规章或国际公约规定须经检验检疫机构检验检疫的入境货物，检验检疫机构接受报检后，先签发入境货物通关单，海关据以验放货物。然后，经检验检疫机构检验检疫合格的，签发入境货物检验检疫情况通知单，不合格的对外签发检验检疫证书，供有关方面对外索赔。

商检证书一般使用英文书写，进口商检证书一般使用中英文合并本。商检证书一般自货物签发之日起两个月内有效，鲜果、蛋类两个星期内有效。

四、出口食品卫生注册/登记

根据《商检法》的规定，出口食品实施卫生注册／登记制度，对需要卫生注册的食品实行卫生登记，需要卫生注册的产品共20类：

（1）罐头类。

（2）水产品类（不包括活品和晾晒品）。

（3）肉及肉制品。

（4）茶叶类。

（5）肠衣类。

（6）蜂产品类（不包括蜂蜡）。

（7）蛋制品类（不包括鲜蛋）。

（8）速冻果蔬类、脱水果蔬类（不包括晾晒品）。

（9）糖类（指蔗糖、甜菜糖）。

（10）乳及乳制品类。

（11）饮料类（包括固体饮料）。

（12）酒类。

（13）花生、干果、坚果制品类（不包括炒制品）。

（14）果脯类。

（15）粮食制品及面、糖制品类。

（16）食用油脂类。

（17）调味品类（不包括天然的香辛干料及粉料）。

（18）速冻方便食品类（指用粮油、面粉、果菜、肉类、水产品等原料制作，经加热或未加热后速冻、冷藏的方便食品）。

（19）功能食品类（指保健食品）。

（20）食品添加剂类（专指食用明胶）。

五、出境货物报检单的填制

出境货物报检单所列各栏必须填写完整、准确、清晰，没有内容填写的栏目应以"/"表示，不得留空。

（1）报检单位：指向检验检疫机构申报检验、检疫、鉴定业务的单位。报检单应加盖报检单位公章。

（2）报检单位登记号：指在检验检疫机构登记的号码。

（3）发货人：指本批货物贸易合同中卖方名称或信用证中受益人名称。如需要出具英文证书的，填写中英文。

（4）收货人：指本批出境货物贸易合同中或信用证中买方名称。如需要出具英文证书的，填写中英文。

（5）货物名称：按贸易合同或发票所列的货物名称，根据需要可填写型号、规格或牌号。货物名称不得填写笼统的商品类，如"陶瓷"、"玩具"等。货物名称必须填写具体的类别名称，如"日用陶瓷"、"塑料玩具"等。无多余位置填写的，可用附页的形式填报。

（6）H. S. 编码：指货物对应的海关商品代码，填写 8 位数或 10 位数。

（7）产地：指货物生产／加工的省（自治区、直辖市）以及地区（市）名称。

（8）数／重量：填写报检货物的数／重量，重量一般填写净重。如填写毛重或以毛重作净重则需注明。

（9）货物总值：按本批货物合同或发票上所列的总值填写（以美元计）。如同一报检单报检多批货物，需列明每批货物的总值。（注：如申报货物总值与国内、国际市场价格有较大差异，检验检疫机构保留核价权力。）

（10）包装种类及数量：指本批货物运输包装的种类及件数。

（11）运输工具名称号码：填写货物实际装载的运输工具类别名称（如船、飞机、货柜车、火车等）及运输工具编号（船名、飞机航班号、车牌号码、火车车次）。报检时，未能确定运输工具编号的，可只填写运输工具类别。

（12）贸易方式：一般贸易、来料加工、进料加工、其他等。

（13）货物存放的地点：指本批货物存放的地点。

（14）合同号：指本批货物贸易合同编号。

（15）信用证号：指本批货物的信用证编号。

（16）用途：指本批出境货物用途，如种用、食用、奶用、观赏或演艺、伴侣、实验、药用、饲用、加工等。

（17）发货日期：按本批货物信用证或合同上所列的出境日期填写。

（18）输往国家（地区）：指贸易合同中买方（进口方）所在的国家或地区。

（19）许可证/审批号：对实施许可制度或者审批制度管理的货物，报检时填写许可证编号或审批单编号。

（20）起运地：指装运本批货物离境的交通工具的起运口岸/地区城市名称。

（21）到达口岸：指装运本批货物的交通工具最终抵达目的地停靠的口岸名称。

（22）生产单位注册号：指生产/加工本批货物的单位在检验检疫机构的注册登记编号。

（23）集装箱规格、数量及号码：填写装载本批货物的集装箱规格（如40英尺、20英尺等）以及分别对应的数量和集装箱号码。若集装箱太多，可用附单的形式填报。

（24）合同、信用证订立的检验检疫条款或特殊要求：指贸易合同或信用证中贸易双方对本批货物特别约定而订立的质量、卫生等条款和报检单位对本批货物检验检疫的特别要求。

（25）标记及号码：按出境货物实际运输包装标记填写。如没有标记，填写 N/M。标记栏无多余位置填写时，可用附页的形式填写。

（26）随附单据：按实际提供的单据，在对应的"□"中打"√"。对报检单上未标出的，须自行填写提供的单据名称。

（27）需要证单名称：按需要检验检疫机构出具的证单，在对应的"□"中打"√"，并对应注明所需证单的正副本的数量。对报检单上未标出的，如"通关单"等，须自行填写所需证单的名称和数量。

（28）报检人郑重声明：必须有报检人的亲笔签名。

六、原产地证明书

（一）产地证的作用及分类

产地证明书是证明货物原产地和制造地的文件，也是进口国海关采取不同的国别政策和关税待遇的依据。

产地证明书一般可分为：①普通产地证（又称原产地证）（Certificate of

Origin）；②普惠制产地证（Generalized System of Preference Certificate of Origin Form A）；③欧洲纺织品产地证。

在我国，普通产地证由商检机构和贸易促进委员会两个机构出证，普惠制产地证由商检机构出证。

（二）普通产地证（CO）

通常不使用海关发票或领事发票的国家，要求提供产地证明可确定对货物征税的税率。有的国家为限制从某国家或地区进口货物，要求以产地证来确定来源国。

根据我国的规定，CO 产地证一般只签发一正三副，其中一份副本（黄色）为签证机构留存用。企业最迟于货物报关出运前 3 天向签证机构申请办理原产地证，并严格按照签证机构的要求，真实、完整、正确地填写以下材料：

（1）中华人民共和国出口货物原产地证明书／加工装配证明书申请书。

（2）中华人民共和国出口货物原产地证明书一式四份。

（3）出口货物商业发票。

（4）签证机构认为必要的其他证明文件。

（三）普惠制产地证明书格式 A（FORM A）

1. 普惠制及其原则

普惠制是普遍优惠制的简称，是发达国家对发展中国家的出口产品所实行的一种关税优惠制度。其目的是使发展中国家的出口商品在发达国家具有竞争力，从而扩大发展中国家的出口贸易，增加外汇收入，促进工农业发展，加速国民经济增长。

普惠制的原则有普遍原则、非互惠原则和非歧视原则。普遍原则是指发达国家应对发展中国家的制成品和半成品给予普遍的优惠待遇。非互惠原则是指非对等的，发达国家应单方面给予发展中国家优惠关税待遇，而不要求发展中国家给予同等待遇。非歧视原则是指应对所有的发展中国家都给予优惠待遇，不应区别对待，不应有例外。

2. 我国对普惠制工作的管理

自 1978 年 10 月我国接受普惠制待遇后，我国政府授权国家进出口商品检验检疫局全面负责普惠制的签证管理工作，由设在各地的商检机构具体负责普惠制产地证书的签发和统计工作。

（四）原产地证明书（CO）的填制

1. 证书编号（Certificate No.）

此栏不得留空，否则证书无效。

2. 出口方（Exporter）

填写出口公司的详细地址、名称和国家（地区）名。若经其他国家或地区需填写转口商名称时，可在出口商后面加填英文 VIA，然后再填写转口商名称、地址和国家。

例如：

GUANGDONG TEXTILES IMPORT & EXPORT KNITWEARS

CO., LTD., 15/F GUANGDONG TEXTILE MANSION

NO. 168 XIAOBEI RD. GUANGZHOU, CHINA

VIA HONG KONG DAMING CO., LTD.

NO. 566, GUANGDONG ROAD, HONG KONG

3. 收货方（Consignee）

填写最终收货人的名称、地址和国家（地区）名。通常是外贸合同中的买方或信用证上规定的提单通知人。如信用证规定所有单证收货人一栏留空，在这种情况下，此栏应加注"TO WHOM IT MAY CONCERN"或"TO ORDER"，但不得留空。若需填写转口商名称时，可在收货人后面加填英文 VIA，然后再填写转口商名称、地址、国家。

例如：

AL OTHAIMAN TRADING CO., LLC

P. O. BOX 23631 DUBAI, U. A. E.

VIA HONG KONG DAMING CO., LTD.

NO. 566, GUANGDONG ROAD, HONG KONG

4. 运输方式和路线（Means of Transport and Route）

填写目的港和装运港、运输方式。若经转运，还应注明转运地。例如，通过海运，于2005年7月1日由广州港经香港转运至鹿特丹港，应填为：

FROM GUANGZHOU TO HONG KONG ON JULY 1,2005,

THENCE TRANSSHIPPED TO ROTTERDAM BY VESSEL

或

FROM GUANGZHOU TO ROTTERDAM

BY VESSEL VIA HONG KONG

5. 目的地国家（地区）（Country/Region of Destination）

填写目的地国家（地区）。一般应与最终收货人或最终目的港（地）国别一致，不能填写中间商国家名称。

6. 签证机构用栏（For Certifying Authority Use Only）

由签证机构在签发后发证书、补发证书或加注其他声明时使用。证书申领单位应将此栏留空。一般情况下该栏不填。

7. 运输标志（Marks and Numbers）

填写唛头。应按照出口发票上所列唛头填写完整图案、文字标记及包装号码，不可简单填写"按照发票（AS PER INVOICE NO.）"或者"按照提单（AS PER B/L NO.）"。货物无唛头时，应填写 N/M（NO MARK）。此栏不得留空。如唛头多，本栏填写不够，可填写在第 7、8、9 栏的空白处；如还不够，可用附页的形式填写。

8. 商品名称、包装数量及种类（Number and Kind of Packages; Description of Goods）

填写商品名称及包装数量。商品名称要填写具体名称，不得用概括性表述，例如服装（GARMENT）。包装数量及种类要按具体单位填写，例如 100 箱彩电，填写为"100 CARTONS（ONE HUNDRED CARTONS ONLY）OF COLOUR TV SET"。包装数量应在阿拉伯数字后加注英文表述。如货物为散装，在商品名称后加注"散装"（IN BULK），例如 1 000 公吨生铁，填写为"1, 000 M/T（ONE THOUSAND M/T ONLY）PIG IRON IN BULK"。有时信用证要求在所有单证上加注合同号、信用证号码等，可加注在此栏。本栏的末行要打上表示结束的符号（＊＊＊＊＊＊＊＊＊＊＊＊＊＊＊＊＊＊＊＊＊），以防加填内容。

例如：

ONE HUNDRED AND FIFTY (150) CARTONS OF

MEN'S T/C PRINTED 2 PC SETS

SIXTY-SEVEN (67) CARTONS OF BOY'S T/C

PRINTED 2 PC SETS

＊＊＊＊＊＊＊＊＊＊＊＊＊＊＊＊＊＊＊

9. 商品编码（H. S. Code）

此栏要求填写 H. S. 编码，应与报关单一致。若同一证书包含有几种商品，则应将相应的税目号全部填写。此栏不得留空。

10. 量值（Quantity）

此栏要求填写出口货物的量值以及商品的计量单位。如上述的 100 台彩电，此栏填"100 SETS"。1 000 公吨散装生铁，此栏填"N. W. 1, 000 M/T"

（净重 1 000 公吨）或 "1，000 M/T（N. W.）"。如果只有毛重时，则需注明
"G. W. "。

11. 发票号码及日期（Number and Date of Invoices）

此栏填写申请出口货物的商业发票日期和号码。此栏不得留空。为避免对月
份、日期的误解，月份一律用英文表述，如 2005 年 12 月 10 日，用英文表述为：
DEC. 10，2005

12. 出口方声明（Declaration by The Exporter）

填写出口人的名称、申报地点及日期，由已在签证机构注册的人员签名并
加盖有中英文的印章。

13. 签证机构签字、盖章（Certification）

填写签证地址、日期。签证机构签证人经审核后在此栏（正本）签名，
并盖签证印章。

（五）普惠制原产地证明书格式 A 的填制

原产地证明书格式 A 是出口商的声明和官方机构的证明合二为一的联合
单证。联合国贸发会议优惠问题特别委员会对原产地证明书格式 A 的印刷格
式、填制方法都有严格而明确的规定，对所需纸张的质量、重量、大小尺寸，
使用文种作了规定，并要求正本加印绿色检索图案，防止涂改或伪造。因此，
填制必须十分细心，本证书一律不得涂改，证书不得加盖校对章。本证书一般
使用英文填制，应进口商要求，也可使用法文。特殊情况下，第二栏可以使用
给惠国的文种。唛头标记不受文种限制，可据实填制。

1. 证书号码（Reference No. ）

此栏不得留空，否则证书无效。

2. 出口商名称、地址和国家（Goods Consigned from）

例如：

CHINA ARTEX（HOLDINGS）CORP. GUANGDONG CO.

119（2ND BUILDING），LIUHUA ROAD，GUANGZHOU，CHINA

出口商的地址应填详细地址，包括街道名、门牌号码等。中国地名的英文
译音应采用汉语拼音。如 GUANGZHOU（广州）、GUANGDONG（广东）、
PANYU（番禺）等。

3. 收货人名称、地址和国家（Goods Consigned to）

例如：

JERSON & JESSEN，LANGE NEHREN9，F－2000，HAMBURG，GERMANY

根据信用证要求应填写给惠国的最终收货人名称（即信用证上规定的提

单通知人或特别声明的收货人)。如果信用证未明确最终收货人,可以填写商业发票的抬头人,但不可填中间商的名称。

欧洲联盟、挪威对此栏有非强制性要求。如果商品直接运往上述给惠国,而且进口商要求将此栏留空时,则可以不填。

4. **所知的运输方式和航线** (Means of Transport and Route)

例如:

ON/AFTER NOV. 6, 2005

FROM GUANGZHOU TO HONG KONG BY TRUCK

THENCE TRANSSHIPPED TO HAMBURG BY SEA

一般应填装货、到货地点(起运港、目的港)及运输方式(如海运、陆运、空运)等内容。对转运商品应加上转运港,如 VIA HONG KONG。该栏还要填明预定自中国出口的地点和日期。

输往内陆给惠国如瑞士、奥地利的商品,由于这些国家没有海岸,因此,如系海运,都须经第三国,再转运至该国,填证时应注明。

例如:

ON/AFTER NOV. 6, 2005

FROM GUANGZHOU TO HAMBURG

W/T HONG KONG BY VESSEL

IN TRANSIT TO SWITZERLAND

5. **供官方使用** (For Official Use)

此栏正常情况下留空。下列特殊情况,签证当局在此栏加注:

(1)货物已出口,签证日期迟于出货日期,签发后发证书时,此栏盖上"ISSUED RETROSPECTIVELY"红色印章。

(2)证书遗失、被盗或损毁,签发复本证书时盖上"DUPLICATE"红色印章,并在此栏注明原证书的编号和签证日期,并声明原发证书作废,其文字是"THIS CERTIFICATE IS IN REPLACEMENT OF CERTIFICATE OF ORIGIN NO. DATED WHICH IS CANCELLED"。

6. **商品顺序号** (Item Number)

如同批出口货物有不同品种,则按不同品种、发票号等分列"1"、"2"、"3"……单项商品,此栏填"1"。

7. **唛头及包装号** (Marks and Numbers of Packages)

如果没有唛头应填写"N/M"或"NO MARK"。如唛头过多,此栏不够填写,可填写在第7、8、9、10栏的截止线以下的空白处。如果还不够,此栏打上" (SEE THE ATTACHMENT)",用附页的形式填写所有唛头(附页的纸张要与原证书一般大小），在右上角打上证书号，并由申请单位和签证当局授权签字人分别在附页末页的右下角和左下角手签、盖印。附页手签的笔迹、地点、日期应与证书第11、12栏相一致。

8. **包装件数、包装种类及商品名称**（Number and Kind of Packages；Description of Goods）

例如：

ONE HUNDRED AND FIFTY（150）CARTONS OF DOOR LOCKS

该栏填写时应注意：

（1）包装件数必须用英文和阿拉伯数字同时表示。

（2）商品名称必须具体填写，不能笼统填写"MACHINE"（机器）、"GARMENT"（服装）等。对一些商品，如玩具电扇应写明"TOYS：ELECTRIC FANS"，不能只列"ELECTRIC FANS"（电扇）；人造花类应写明"ARTIFICIAL FLOWERS"，不能只列具体的花名"玫瑰"、"兰花"等。

（3）商品的商标、牌名（Brand）及货号（Art No.）一般可以不填。商品名称等项列完后，应在下一行加上表示结束的符号，以防止加填伪造内容。

（4）国外信用证有时要求填具合同、信用证号码等，可加填在此栏空白处。

9. **原产地标准**（Origin Criterion）

此栏是国外海关审核的核心项目。对含有进口成分的商品，因情况复杂，国外要求严格，极易弄错而造成退证查询。

（1）如果本商品完全是出口国自产的，不含任何进口成分，出口到所有给惠国，填写"P"。

（2）如果出口商品有进口成分，出口到欧盟、挪威、瑞士和日本，填写"W"，其后加上出口产品的H. S. 品目号，如"W42.02"。条件：①产品列入了上述给惠国的"加工清单"，符合其加工条件；②产品未列入"加工清单"，但产品生产过程中使用的进口原材料和零部件要经过充分的加工，产品的H. S. 品目号不同于所用的原材料或零部件的H. S. 品目号。

（3）含有进口成分的产品，出口到加拿大，填写"F"。条件：进口成分的价值未超过产品出厂价的40%。

（4）含有进口成分的产品，出口到波兰、俄罗斯、乌克兰、白俄罗斯、捷克、斯洛伐克六国，填写"Y"，其后加上进口成分价值占该产品离岸价格的百分比，如"Y38%"。条件：进口成分的价值未超过产品离岸价的50%。

（5）输往澳大利亚、新西兰的商品，此栏可以留空。

（6）在一个受惠国生产而在另一个或一个以上受惠国制作或加工的产品，

填写"PK"。

10. 毛重和其他数量（Gross Weight or Other Quantity）

此栏应以商品的正常计量单位填，如"只"、"件"、"双"、"台"、"打"等。以重量计算的则填毛重，只有净重的，填净重亦可，但要标上"N. W（NET WEIGHT)"。如3，200 DOZ 或 6，270 KGS。

11. 发票日期和号码（Number and Date of Invoices）

此栏不得留空。月份一律用英文（可用缩写）表示。此栏的日期必须按照正式商业发票填制。

例如：

PHK 50016

NOV. 2，2005

12. 签证当局的证明（Certification）

签证单位要填写商检局的签证地点、日期。商检局签证人经审核后在此栏（正本）签名，盖签证印章。本栏日期不得早于发票日期（第10栏）和申报日期（第12栏），但应早于货物的出运日期（第3栏）。

例如：

GUANGZHOU NOV. 3，2005

13. 出口商声明（Declaration by the Exporter）

在生产国横线上填"中国"（CHINA）。进口国横线上填最终进口国，进口国必须与第3栏目的港的国别一致，如转运内陆目的地，应与内陆目的地的国别一致。凡货物运往欧盟15国范围内，进口国不明确时，进口国可填 E. U. 。

申请单位应授权专人在此栏手签，标上申报地点、日期，并加盖申请单位中英文印章，手签人笔迹必须在商检局注册备案。

此栏日期不得早于发票日期（第10栏）（最早是同日）。盖章时应避免覆盖进口国名称和手签人姓名。

样单：出境货物报检单

中华人民共和国出入境检验检疫
出境货物报检单　　2-6035

报检单位(加盖公章)：广东省华实业发展有限公司
报检单位登记号：4401004824　联系人：吴会芳　电话：82170725　*编号　442200205000589E　报检日期：2005年06月20日

发货人	(中文)	广东省华实业发展有限公司
	(外文)	***
收货人	(中文)	***
	(外文)	***

货物名称(中/外文)	H.S.编码	产地	数/重量	货物总值	包装种类及数量
木雕	44201090.90 P/Q	广东省	4,000件 4,000千克	20,000 港币	200纸箱
木家具	94036099.00 P/Q	广东省	60件 2,500千克	12,000 港币	60捆装
木家具	94016900.00 P/Q	广东省	80件 20,000千克	12,000 港币	80纸箱
竹雕	44201010.90 P.Q	广东省	400件 500千克	4,000 港币	50纸箱

USD6,000

运输工具名称号码	船舶		贸易方式	一般贸易	货物存放地点	永业码头
合同号	DH050322		信用证号	***	用途	其他
发货日期	2005-06-20	输往国家(地区)	中国台湾	许可证/审批号	***	
启运地	天河永业码头口岸	到达口岸	中国台湾省	生产单位注册号	***	
集装箱规格、数量及号码	***					

合同、信用证订立的检验 检疫条款或特殊要求	标记及号码	随附单据(画"√"或补填)	
***	N/M	□合同	□包装性能结果单
		□信用证	□许可/审批文件
		□发票	□
		□换证凭单	□
		□装箱单	□
		□	□

需要证单名称(画"√"或补填)		检验检疫费	
□品质证书　　正　副	□植物检疫证书　　正　副	总金额(人民币元)	66
□重量证书　　正　副	□熏蒸/消毒证书　　正　副		
□数量证书　　正　副	□出境货物换证凭单	计费人	李平
□兽医卫生证书　　正　副	□出境货物通关单	收费人	
□健康证书　　正　副	□		
□卫生证书　　正　副	□		
□动物卫生证书　　正　副	□		

报检人郑重声明：	领取证单	
1.本人被授权报检。	日期	05、6、20
2.上列填写内容正确属实，货物无伪造或冒用他人的厂名、标志、认证标志，并承担货物质量责任。	签名	
签名：吴会芳		

注：有"*"号栏由出入境检验检疫机关填写　　◆国家出入境检验检疫局制
[1-2(2004)-1]

样单：出境货物通关单

中华人民共和国出入境检验检疫
出境货物通关单

编号： 442200205001033-5

1. 发货人 从化市华盈外贸企业有限公司	5. 标记及号码 N/M
2. 收货人 东莞发展有限公司 ***	

3. 合同/信用证号 05HY0107 //	4. 输往国家或地区 香港	
6. 运输工具名称及号码 火车 /	7. 发货日期 ***	8. 集装箱规格及数量 ***

9. 货物名称及规格 竹叶 / (以下空白)	10. H.S. 编码 1404900000 *** (以下空白)	11. 申报总值 *3,024港币 *** (以下空白)	12. 数/重量、包装数量及种类 *168千克, *12纸箱 (以下空白)

13. 证明

上述货物业经检验检疫，请海关予以放行。

本通关单有效期至　二○○五年　七月　一日

签字：　　　　　　　　日期：　**2005年**　　06月　　20日

14. 备注

C 5842764

② 本局留存　　　印刷流水号：C5842764　　[2-2(2000.1.1)]

样单：一般原产地证明书（CO）

ORIGINAL

1. Exporter GUANGDONG TEXTILES IMPORT AND EXPORT KNITWEARS COMPANY LTD 15/F GUANGDONG TEXTILES MANSION 168 XIAOBEI ROAD GUANGZHOU 510045 CHINA TEL 83856391 FAX NO.83868713	Certificate No **971697422** **CERTIFICATE OF ORIGIN** **OF** **THE PEOPLE' S REPUBLIC OF CHINA**			
2. Consignee M/S ALAHOUDI SPORT CENTER P.O.BOX 40616 JEDDAH 21511 K.S.A. TEL 6447453 FAX NO.644743:3				
3. Means of transport and route FROM GUANGZHOU CHINA TO JEDDAH BY VESSEL	5. For certifying authority use only			
4. Country / region of destination JEDDAH				
6. Marks and numbers	7. Number and kind of packages;description of goods	8. H.S.Code	9. Quantity	10. Number and date of invoices
ALAHOUDI SPORT CENTER JEDDAH	ONE HUNDRED AND FIFTY (150) CARTONS OF BOY'S SPORT SUIT THE NAME OF THE MANUFACTURERS:SAME AS EXPORTER GOODS EXPORTED ARE WHOLLY OF DOMESTIC ORIGIN. ***	6112	600 DOZ	97229KES OCT. 28, 1997
11. Declaration by the exporter The undersigned hereby declares that the above details and statements are correct, that all the goods were produced in China and that they comply with the Rules of Origin of the People's Republic of China. 广东省纺织品进出口针织总有限公司 GUANGDONG TEXTILES IMPORT & EXPORT KNITWEARS COMPANY LIMITED. 林樹崇 GUANGZHOU NOV. 01,1997 Place and date, signature and stamp of authorized signatory	12. Certification It is hereby certified that the declaration by the exporter is correct. GUANGZHOU NOV. 01,1997 Place and date, signature and stamp of certifying authority			

样单：普惠制产地证明书格式 A（FORM A）

ORIGINAL

1. Goods consigned from (Exporter's business name, address, country) GUANGDONG TEXTILES IMP. AND EXP. COTTON MANUFACTURED GOODS COMPANY LTD. 14/F, GUANGDONG TEXTILES MANSION NO 168 XIAO BEI ROAD, GUANGZHOU CHINA	Reference No. 7,8/80293/0120 GENERALIZED SYSTEM OF PREFERENCES CERTIFICATE OF ORIGIN (Combined declaration and certificate) FORM A Issued in THE PEOPLE'S REPUBLIC OF CHINA (country) See Notes overleaf
2. Goods consigned to (Consignee's name, address, country) BRUSSELS LACES AND GIFTS SERV.SA RUE DE LUSAMBO, 21/23 1190 BRUXELLES, BELGIUM	
3. Means of transport and route (as far as known) ON/AFTER APR.24 1998 FROM GUANGZHOU GUANGDONG CHINA TO ANTWERP BELGIUM VIA HONG KONG BY SEA	4. For official use THIS IS TO CERTIFY THAT THE GOODS STATED IN THIS CERTIFICATE HAD NOT BEEN SUBJECTED TO ANY PROCESSING DURING THEIR STAY/TRANSHIPMENT IN HONG KONG. SIGNATURE DATE: 14 MAY 1998

5. Item number	6. Marks and numbers of packages	7. Number and kind of packages; description of goods	8. Origin criterion (see Notes overleaf)	9. Gross weight or other quantity	10. Number and date of invoices
1.	BLGS VIA ANTWERP PO NO 970366 ART.NR... BEACH TOWELS C.C SIZE:75X150 CM QTY:24 PCS	ONE HUNDRED AND SIXTY-FOUR (164) CARTONS OF COTTON PRINTED VELVET TOWELS (WOVEN) *****************************	"P"	3,936 PCS	98,422CBS APR.21, 1998

11. Certification It is hereby certified, on the basis of control carried out, that the declaration by the exporter is correct. GZI　APR.23,1998 Place, date, signature and stamp of certifying authority	12. Declaration by the exporter The undersigned hereby declares that the above details and statements are correct; that all the goods were produced in CHINA (country) and that they comply with the origin requirements specified for those goods in the Generalized System of Preferences for goods exported to BELGIUM (importing country) GUANGZHOU APR.22,1998 Place and date, signature of authorized signatory

第六节　出口报关

根据我国《海关法》的规定，所有的进出境货物、进出境运输工具和进出境物品都必须向海关申报，由海关查验并按规定缴纳有关税费后，才能放行。这要求出口货物在办理完出口报检后，必须办理出口报关。因此，外贸跟单员必须了解有关报关的制度、报关的基本内容、报关的期限、报关的业务程序、报关单的填制等业务知识。

一、出口报关概述

1. 报关

报关是指进出境运输工具负责人、进出口货物发货人、进出境物品的所有人或者他们的代理人向海关办理运输工具、货物、物品进出境手续及相关手续的全过程。报关的主体就是报关人，即进出境运输工具负责人、进出口货物发货人、进出境物品的所有人或者他们的代理人。

出口货物的报关内容是以货物本身为中心的，包括进出口商品的基本情况、进出口贸易的成交方式、货物进出境的运输情况以及对特定货物适用于不同的海关管理办法和进出境国家管制的办法。

2. 报关制度

海关报关制度主要有报关注册登记制度和异地报关备案制度。向海关注册办理报关企业可分为三大类：①专业报关企业；②代理报关企业；③自理报关企业。出口企业一般委托代理报关企业办理报关。异地报关备案制度是指已经在所在地海关办理了报关注册登记的企业，为取得在其他海关所辖关区报关的资格，而在有关海关办理报关备案审批手续的海关管理制度。该制度一般只适用于自理报关单位。

二、一般出口货物的报关

一般出口货物是指在出境环节缴纳了应征的出口税费并办结了所有必要的海关手续，海关放行后不再进行监管的出口货物。一般出口货物的报关通常经过四个基本环节：①出口申报；②查验货物；③缴纳税费；④放行装运。

1. 出口申报

出口货物的申报期限为货物运抵海关监管区后、装货的 24 小时以前。出口申报主要是单证的准备以及申报方式的选择。

出口申报单证可分为主要单证和随附单证两大类。其中，主要单证就是出口报关单。随附单证包括基本单证、特殊单证和预备单证。基本单证是指出口装货单据（海运为装货单、陆运为陆运单、空运为空运单）、商业发票、装箱单等。特殊单证主要是指出口许可证件、加工贸易登记手册、特定减免税证明、出口收汇核销单、原产地证明书等。预备单证主要是指贸易合同、出口企业的有关证明文件等。

出口申报方式可以选择终端申报方式、委托 EDI 方式、自行 EDI 方式和网上申报方式等四种电子申报方式中的一种，将报关单内容录入海关电子计算机系统，生成电子数据报关单。

2. 查验货物

海关查验是指海关依法确定进出境货物的性质、价格、数量、原产地、货物状况等是否与报关单上已申报的内容相符，对货物进行实际检查的行政行为。

海关查验时，出口货物的发货人或其代理人应当到场。对海关要求彻底查验的货物，出口货物的发货人或其代理人应当配合海关查验。

3. 缴纳税费

对需要缴纳税费的出口货物，发货人或其代理人应在规定时间内，持纸质缴款书或收费票据到指定银行办理税费交付手续。

对于已实行中国电子口岸网上缴税和付费的海关，发货人或其代理人可根据海关发出的电子税款缴款书和收费票据，通过网络向海关指定的银行缴付。

4. 放行装运

海关放行是指海关接受出口货物的申报、审核电子数据报关单和纸质报关单及随附单证、查验货物、征收税费以后，对出口货物作出结束海关进出境现场监管决定，允许出口货物离开海关监管现场的工作程序。

海关放行后，出口货物发货人或其代理人凭海关加盖"海关放行章"戳记的出口装货凭证（装货单、空运单等），到货物出境地的港区、机场等地的海关监管仓库办理将货物装运上运输工具运离关境的手续。

三、保税货物的报关

保税货物是指进入一国关境，在海关监管下未缴纳进口捐税，存放后再复运出口的货物。我国《海关法》关于保税货物的定义是："保税货物，是指经海关批准未办理纳税手续进境，在境内储存、加工、装配后复运出境的货物。"

保税货物的报关应当符合海关对保税货物监管的基本特征和满足海关的监管要求。保税货物的报关程序包括三个阶段：①备案申请保税；②进出境报关；③报核申请结案。

1. 备案申请保税

经国家批准的保税区域包括保税区、出口加工区。从境外运入区内储存、加工、装配后复运出境的货物，采用填制进出境备案清单的方式报关，备案阶段与报关阶段合并，并省略了按照每一份合同或每一批货物进行备案申请保税的环节。

经海关批准的保税仓库，在货物进境入库时，海关根据核定的保税仓库存入货物范围和商品种类对报关入库货物的品种、数量、金额进行审核，并对入库货物进行核注登记。

加工贸易进口料件包括来料加工和进料加工。外商投资企业履行产品出口合同，保税工厂、保税集团进口料件之前，都必须进入备案申请保税阶段。加工贸易进口料件备案批准保税阶段的具体环节是：①企业申请备案；②海关审核准予保税；③设立或不设立银行台账；④海关建立电子登记手册或核发纸质登记手册。

2. 进出境报关

经海关批准保税的货物，包括区域保税货物、仓储保税货物和加工贸易经海关批准准予保税的货物，在进出境时都必须和其他货物一样进入进出境报关阶段。与一般进出口货物报关阶段不同的是，保税货物暂缓纳税，不进入纳税环节。

3. 报核申请结案

海关批准的保税货物，包括区域保税货物、仓储保税货物和加工贸易经海关批准准予保税的货物，都必须按规定由保税货物的经营人向主管海关申请报核。海关受理报核后进行核销，核销后视不同情况，分别予以结关销案：

（1）区域保税货物因为没有规定具体的保税期限，所以最终的结案应当以进区货物最终全部出境或出区，办结海关手续为结案的标志。本期核销的保税货物没有全部出境或出库，未办结海关手续的，则不能结案，结转到下期继续监管，直到能够结案。

（2）仓储保税货物应当以该货物在规定的保税期限内最终全部出境或出库，办结海关手续为结案的标志。仓储保税货物每月报核一次。本期核销该批保税货物没有全部出境或出库，未办结海关手续的，则不能结案，结转到下期继续监管，直到能够结案或者到期提取、依法变卖处理。

（3）加工贸易经海关批准准予保税的货物应当以该加工贸易项下产品在规定期限内全部出口或者部分出口，不出口部分全部得到合法处理为结案的标志。海关受理报核后，在规定的核销期限内实施核销。对不设立台账的，予以结案；对设立台账的，应当到银行撤销台账，然后结案。

四、出口报关单及其填制

（一）报关单

对于一般贸易方式，报关单一般填写一式三联：第一联为海关留存联，第二联为海关统计联，第三联为企业留存联。如果利用计算机进行数据录入的口岸报关，只需提供一份报关单，交指定的预录入中心将数据输入计算机。

为了更方便区分，对不同贸易方式，报关单采用不同的颜色。一般贸易进出口货物，填写白色的报关单；进料加工的进出口货物，填写粉红色的报关单；来料加工装配和补偿贸易的进出口货物，填写浅红色的报关单；外商投资企业进出口货物，填写浅蓝色的报关单；出口后需国内退税的货物，填写浅黄色的报关单。

出口报关单的主要内容包括出口口岸、出口日期、申报日期、经营单位、运输方式、运输工具名称、贸易方式、运抵国（地区）、结汇方式、指运港、成交方式、合同协议号、批准文号、运费、件数、包装种类、毛重、净重、商品编号、商品名称和规格型号、数量及单位、最终目的国（地区）、单价及总价、币制、标记唛码及备注。

（二）出口报关单的填制

1. 预录入编号

预录入编号指申报单位或预录入单位对该单位填制录入的报关单的编号。预录入编号用于该单位与海关之间引用其申报后尚未批准放行的报关单。

报关单录入凭单的编号规则由申报单位自行决定。预录入报关单及 EDI 报关单的预录入编号由接受申报的海关决定编号规则，计算机自动打印。

2. 海关编号

海关编号指海关接受申报时给予报关单的编号。

海关编号由各海关在接受申报环节时确定，应标志在报关单的每一联上。

报关单海关编号为9位数码，其中前2位为分关（办事处）编号，第3位由各关自定义，后6位按顺序编号。

3. 出口口岸

出口口岸指货物实际出口我国关境口岸海关的名称。

本栏目应根据货物实际出口的口岸海关选择填报关区代码表中相应的口岸海关名称及代码。

加工贸易合同项下的货物必须在海关核发的登记手册限定或指定的口岸海关办理报关手续。登记手册限定或指定的口岸与货物实际进出境口岸不符的，应向合同备案主管海关办理登记手册的变更手续后填报。

出口转关运输货物应填报货物出境地海关名称及代码。按转关运输方式监管的跨关区深加工结转货物，出口报关单填报转出地海关名称及代码。

其他未实际出境的货物，填报接受申报的海关名称及代码。

4. 备案号

备案号指进出口企业在海关办理加工贸易合同备案或征、减、免税审批备案等手续时，海关给予进料加工登记手册、来料加工及中小型补偿贸易登记手册、外商投资企业履行产品出口合同进口料件及加工出口成品登记手册或其他有关备案审批文件的编号。

一份报关单只允许填报一个备案号。

具体填报要求如下：

（1）加工贸易合同项下的货物，必须在报关单备案号栏目填报登记手册的 12 位编号。加工贸易货物转为享受减免税或需审批备案后办理形式进口的货物，进口报关单填报征免税证明等审批证件备案编号，出口报关单填报登记手册编号。

（2）凡涉及减免税备案审批的报关单，本栏目填报征免税证明编号，不得为空。

（3）无备案审批文件的报关单，本栏目免于填报。

备案号号码为 12 位，其中第 1 位是标记代号。备案号的标记代码必须与"贸易方式"及"征免性质"栏目相协调。例如，贸易方式为来料加工，征免性质也应当是来料加工，备案号的标记代号应为"B"。

5. 出口日期

出口日期指运载所申报货物的运输工具办结出境手续的日期。本栏目供海关打印报关单证明联用，预录入报关单及 EDI 报关单均免于填报。

无实际出境的报关单填报办理申报手续的日期。

本栏目为 6 位数，顺序为年、月、日各 2 位。如 2005 年 9 月 15 日填为 05. 09. 15，不能填为 05. 9. 15。

6. 申报日期

申报日期指海关接受出口货物的发货人或其代理人申请办理货物出口手续的日期。

预录入及 EDI 报关单填报向海关申报的日期与实际情况不符时，由审单关员按实际日期修改批注。

本栏目为 6 位数，顺序为年、月、日各 2 位

7. 经营单位

经营单位指对外签订并执行进出口贸易合同的中国境内企业或单位。

本栏目应填报经营单位名称及经营单位编码。经营单位编码为 10 位数字，指出口企业在所在地主管海关办理注册登记手续时，海关给企业设置的注册登记编码。

特殊情况下确定经营单位原则如下：

（1）援助、赠送、捐赠的货物，填报直接接受货物的单位。

（2）进出口企业之间相互代理进出口，或没有进出口经营权的企业委托有进出口经营权的企业代理进出口的，填报代理方。

（3）外商投资企业委托外贸企业进口投资设备、物品的，填报外商投资企业。

（4）开展来料加工和补偿贸易的企业进口货物，其经营单位应填报对外签订合同的外贸进出口公司或有出（进）口经营权的企业。

（5）中外双方仅执行技术合作项目，而未成立合作经营企业的，其经营单位应填报参加合作项目的境内单位。

8. 运输方式

运输方式指载运货物出关境时所使用的运输工具的分类，包括江海、铁路、汽车、航空、邮递和其他运输等 10 大类。

本栏目应根据实际运输方式按海关规定的运输方式代码表选择填报相应的运输方式。

特殊情况下运输方式的填报原则如下：

（1）非邮政方式进出口的快递货物，按实际运输方式填报。

（2）进出境旅客随身携带的货物，按旅客所乘运输工具填报。

（3）进口转关运输货物，按载运货物抵达进境地的运输工具填报；出口转关运输货物，按载运货物驶离出境地的运输工具填报。

（4）无实际进出境的，根据实际情况选择填报运输方式代码表中运输方式"0"（非保税区运入保税区和保税区退区）、"1"（境内存入出口监管仓库和出口监管仓库退仓）、"7"（保税区运往非保税区）、"8"（保税仓库转内

销）或"9"（其他运输）。

运输方式代码表

运输方式代码	运输方式名称
0	非保税区运入保税区和保税区退区
1	境内存入出口监管仓库和出口监管仓库退仓
2	江海运输
3	铁路运输
4	汽车运输
5	航空运输
6	邮政运输
7	保税区运往非保税区
8	保税仓库转内销
9	其他运输

9. 运输工具名称

运输工具名称指载运货物出境的运输工具的名称或运输工具的编号。

本栏目填制内容应与运输部门向海关申报的载货清单所列相应内容一致。

一份报关单只允许填报一个运输工具名称。

具体填报要求如下：

（1）江海运输填报船舶呼号（来往港澳小型船舶填报监管簿编号）＋"/"＋航次号。

（2）汽车运输填报该跨境运输车辆的国内行驶车牌号＋"/"＋进出境时期（8 位数字，即年年年年月月日日，下同）。

（3）铁路运输填报车次（或车厢号）＋"/"＋进出境日期。

（4）航空运输填报航班号＋进出境日期＋"/"＋总运单号。

（5）邮政运输填报邮政包裹单号＋"/"＋进出境日期。

（6）出口转关运输货物报关单填报要求如下：

①江海运输出境货物：出口非中转货物填报"@"＋16 位转关申报单预录入号（或 13 位载货清单号）；中转货物：境内江海运输填报驳船船名＋"/"＋驳船航次；境内铁路运输填报车名（4 位关别代码＋TRAIN）＋"/"＋日期（6 位起运日期）；境内公路运输填报车名（4 位关别代码＋TRUCK）＋

"/" ＋日期（6 位起运日期）。

上述"驳船船名"、"驳船航次"、"车名"、"日期"均须事先在海关备案。

②铁路运输出境货物：填报"@"＋16 位转关申报单预录入号；多张报关单需要通过一张转关单转关的，填报"@"。

③其他运输方式出境货物：填报"@"＋16 位转关申报单预录入号（或 13 位载货清单号）。

（7）其他运输填报具体运输方式名称，如管道、驮畜等。

（8）无实际进出境的加工贸易报关单按以下要求填报：

加工贸易深加工结转及料件结转货物，应先办理结转进口报关，并在结转出口报关单栏目填报转入方关区代码（两位）及进口报关单号，即"转入××（关区代码）×××（进口报关单号）"。按转关运输货物办理接转手续的，按上列第 6 项规定填报。

加工贸易成品凭征免税证明转为享受减免税进口货物的，应先办理进口报关手续，并在出口报关单栏目填报进口方关区代码（两位）及进口报关单号。

上述规定以外无实际进出境的，本栏目为空。

10. 提运单号

提运单号指出口货物提单或运单的编号。

本栏目填报的内容应与运输部门向海关申报的载货清单所列相应内容一致。

一份报关单只允许填报一个提运单号。一票货物对应多个提运单时，应分单填报。

具体填报要求如下：

（1）江海运输填报进口提单号或出口提单号。

（2）铁路运输填报运单号。

（3）汽车运输免于填报。

（4）航空运输填报总运单号。

（5）邮政运输填报邮政包裹单号。

（6）无实际进出境的，本栏目为空。

出境转关运输货物报关单填报要求如下：

（1）江海运输出境货物：出口中转货物填报海运正本提单号，出口非中转货物为空，广东省内提前报关的转关货物填报车牌号。

（2）其他运输方式出境货物：广东省内提前报关的转关货物填报车牌号，其他地区为空。

11. **发货单位**

发货单位指出口货物在境内的生产或销售单位，包括：①自行出口货物的单位；②委托有外贸进出口经营权的企业出口货物的单位。

本栏目应填报发货单位的中文名称或其海关注册编码。

加工贸易报关单的发货单位应与登记手册的"货主单位"一致。

12. **贸易方式**

本栏目应根据实际情况，并按海关规定的贸易方式代码表选择填报相应的贸易方式简称或代码。一份贸易报关单只允许填报一种贸易方式。

加工贸易报关单特殊情况下填报要求如下：

（1）进料加工客供辅料5 000美元以下（78种以内）的出口合同，使用登记手册的，按登记手册备案的贸易方式填报。

（2）三资企业按内外销比例加工内销产品而进口的料件或进口供加工内销产品的料件，进口报关单填报"一般贸易"。

三资企业为加工出口产品全部使用国内料件的出口合同，成品出口报关单填报"一般贸易"。

（3）加工贸易料件结转或深加工结转货物，按批准的贸易方式填报。

贸易方式代码表（部分）

代　码	全　称	简　称
0110	一般贸易	一般贸易
0130	易货贸易	易货贸易
0214	来料加工装配贸易进口料件及加工出口货物	来料加工
0513	补偿贸易	补偿贸易
1110	对台直接贸易	对台贸易
1427	出料加工	出料加工
1616	寄售、代销贸易	寄售代销
3010	有经营权单位进出口的货样广告品	货样广告品A
3039	无经营权单位进出口的货样广告品	货样广告品B

（4）加工贸易合同项下料件或加工的成品经批准内销（包括转为享受减免税货物的），进出口报关单均填报"来料转内销"或"进料转内销"（区分料件或成品）。

（5）加工贸易出口成品因故退运进口及复进口，以及复运出境的原进口料件退换后复运进口的，填报与登记手册备案相应的退运（复出）贸易方式。

（6）备料登记手册中的料件结转入加工出口登记手册的，进出口报关单均填报为"进料余料结转"。

（7）保税工厂加工贸易进出口货物，根据登记手册填报相应的来料或进料加工贸易方式。

13. 征免性质

征免性质指海关对进出口货物实施征、减、免税管理的性质类型。

本栏目应按照海关核发的征免税证明中批注的征免性质填报，或根据实际情况按海关规定的征免性质代码表选择填报相应的征免性质简称或代码。

加工贸易报关单本栏目应按照海关核发的登记手册中批注的征免性质填报相应的征免性质简称或代码。特殊情况下填报要求如下：

（1）保税工厂经营的加工贸易，根据登记手册填报"进料加工"或"来料加工"。

（2）三资企业按内外销比例为加工内销产品而进口料件，填报"一般征税"或其他相应征免性质。

（3）加工贸易转内销货物，按实际应享受的征免性质填报（如一般征税、科教用品、其他法定等）。

（4）料件退运出口、成品退运进口货物填报"其他法定"。

（5）加工贸易结转货物，本栏目为空。

一份报关单只允许填报一种征免性质。

征免性质代码表（部分）

序　号	代　码	名　　称	简　称
01	101	一般征税进出口货物	一般征税
02	201	无偿援助进出口货物	无偿援助
03	299	其他法定减免税进出口货物	其他法定
04	301	特定区域进口自用物资	特定区域
05	307	保税区进口自用物资	保税区
06	399	其他执行特殊政策地区出口货物	其他地区
07	401	大专院校及科研机构进口科教用品	科教用品
08	403	企业技术改造进口货物	技术改造
09	406	国家重大项目进口货物	重大项目
10	412	通信、港口、铁路、公路、机场建设进口设备	基础设施

14. 结汇方式

结汇方式即出口货物的发货人或其代理人收结外汇的方式。本栏目应按海关规定的结汇方式代码表选择填报相应的结汇方式名称或代码。

结汇方式代码表

结汇方式代码	结汇方式名称
1	信汇
2	电汇
3	票汇
4	付款交单
5	承兑交单
6	信用证
7	先出后结
8	先结后出
9	其他

15. 许可证号

应申领出口许可证的货物，必须在此栏目填报商务部及其授权发证机关签发的出口货物许可证的编号，不得为空。

一份报关单只允许填报一个许可证号。

16. 运抵国（地区）

运抵国（地区）指出口货物直接运抵的国家（地区）。

对发生运输中转的货物，如中转地未发生任何商业性交易，则运抵国不变；如中转地发生商业性交易，则以中转地作为运抵国（地区）填报。

本栏目应按海关规定的国别（地区）代码表选择填报相应的起运国（地区）或运抵国（地区）中文名称或代码。

无实际进出境的，本栏目填报"中国"（代码"142"）。

17. 指运港

指运港指出口货物运往境外的最终目的港。最终目的港不可预知的，可按尽可能预知的目的港填报。

本栏目应根据实际情况按海关规定的港口航线代码表选择填报相应的港口中文名称或代码。

无实际出境的，本栏目填报"中国境内"（代码"0142"）。

18. 境内货源地

境内货源地指出口货物在国内的产地或原始发货地。本栏目应根据进口货物的收货单位、出口货物生产厂家或发货单位所属国内地区，并按海关规定的国内地区代码表选择填报相应的国内地区名称或代码。

19. 批准文号

出口报关单本栏目填报出口收汇核销单编号。

20. 成交方式

本栏目应根据实际成交价格条款按海关规定的成交方式代码表选择填报相应的成交方式代码。

无实际出境的，出口填报 FOB 价。

成交方式代码表

成交方式代码	成交方式名称
1	CIF
2	CFR
3	FOB
4	C & I
5	市场价
6	垫仓

21. 运费

本栏目用于成交价格中不包含运费的进口货物或成交价格中含有运费的出口货物，应填报该份报关单所含全部货物的国际运输费用。可按运费单价、总价或运费率三种方式之一填报，同时注明运费标记，并按海关规定的货币代码表选择填报相应的币种代码。

运保费率合并计算的，运保费填报在本栏目中。

运费标记"1"表示运费率，"2"表示每吨货物的运费单价，"3"表示运费总价。例如：5% 的运费率填报为 5；24 美元的运费单价填报为 502/24/2；7 000 美元的运费总价填报为 502/7 000/3。

货币代码表（部分）

货币代码	货币符号	货币名称
110	HKD	港币
116	JPY	日本元
142	CNY	人民币
300	EUR	欧元
303	GBP	英镑
501	CAD	加拿大元
502	USD	美元

22. 保费

本栏目用于成交价格中不包含保险费的进口货物或成交价格中含有保险费的出口货物，应填报该份报关单所含全部货物国际运输的保险费用。可按保险费总价或保险费率两种方式之一填报，同时注明保险费标记，并按海关规定的货币代码表选择填报相应的币种代码。

运保费合并计算的，运保费填报在运费栏目中。保险费标记"1"表示保险费率，"3"表示保险费总价。例如：0.3% 的保险费率填报为 0.3；10 000 港元保险费总价填报为 110/10 000/3。

23. 杂费

杂费指成交价格以外、应计入完税价格或应从完税价格中扣除的费用，如手续费、佣金、回扣等。可按杂费总价或杂费率两种方式之一填报，同时注明杂费标记，并按海关规定的货币代码表选择填报相应的币种代码。

应计入完税价格的杂费填报为正值或正率，应从完税价格中扣除的杂费填报为负值或负率。杂费标记"1"表示杂费率，"3"表示杂费总价。例如：应计入完税价格的 1.5% 的杂费率填报为 1.5；应从完税价格中扣除的 1% 的回扣率填报为 −1；应计入完税价格的 500 英镑杂费总价填报为 303/500/3。

24. 合同协议号

本栏目应填报出口货物合同（协议）的全部字头和号码。

25. 件数

本栏目应填报有外包装的出口货物的实际件数。特殊情况下的填报要求如下：

（1）舱单件数为集装箱（TEU）的，填报集装箱个数。

（2）舱单件数为托盘的，填报托盘数。

本栏目不得填报为 0，裸装货物填报为 1。

26. 包装种类

本栏目应根据出口货物的实际外包装种类，按海关规定的包装种类代码表选择填报相应的包装种类代码。

27. 毛重（千克）

实际货物及其包装材料的重量之和。

本栏目填报出口货物的实际毛重，计量单位为千克，不足 1 千克的填报为 1。

28. 净重（千克）

净重指货物的毛重减去外包装材料后的重量，即商品本身的实际重量。

本栏目填报出口货物的实际净重，计量单位为千克，不足 1 千克的填报为 1。

29. 集装箱号

集装箱号是在每个集装箱体两侧标示的全球唯一的编号。本栏目用于填报和打印集装箱编号及数量。集装箱数量要四舍五入填报整数，非集装箱货物填报为 0。例如：

TEXU3605231 * 1（1）表示 1 个标准集装箱。

TEXU3605231 * 2（3）表示 2 个集装箱，折合为 3 个标准集装箱，其中 1 个箱号为 TEXU3605231。

在多于一个集装箱的情况下，其余集装箱编号打印在备注栏或随附清单上。

30. 随附单据

随附单据指随出口货物报关单一并向海关递交的单证或文件。合同、发票、装箱单、许可证等必备的随附单证不在本栏目填报。

本栏目应按海关规定的监管证件名称代码表选择填报相应证件的代码，并填报每种证件的编号（编号打印在备注栏下半部分）。

31. 生产厂家

生产厂家指出口货物的境内生产企业。本栏目供必要时手工填写。

32. 标记唛码及备注

本栏目下部供打印随附单据栏中监管证件的编号，上部用于打印以下内容：

（1）标记唛码中除图形以外的文字、数字。

（2）一票货物多个集装箱的，在本栏目打印其余的集装箱号。

（3）受外商投资企业委托代理其进口投资设备、物品的外资企业名称。

（4）加工贸易结转货物，其对应的备案号应填报在"备注"栏目。如出口报关单应填报"转出至××××××号手册"。经批准转内销的边角料、废次料，应在本栏目注明"残次料"。

（5）其他申报时必须说明的事项。

33. 项号

本栏目分两行填报及打印。

第一行打印报关单中的商品排列序号。

第二行专用于加工贸易等已备案的货物，填报和打印该项货物在登记手册中的项号。

加工贸易合同项下进出口货物，必须填报与登记手册一致的商品项号，所填报项号用于核销对应项号下的料件或成品数量。

特殊情况下的填报要求如下：

（1）深加工结转货物，分别按照登记手册中的进口料件项号和出口成品项号填报。

（2）料件结转货物，出口报关单按照转出登记手册中的进口料件项号填报；进口报关单按照转进登记手册中进口料件的项号填报。

（3）料件复出货物，出口报关单按照登记手册中进口料件的项号填报。

（4）成品退运货物，退运进境报关单和复运出境报关单按照登记手册原出口成品的项号填报。

（5）加工贸易料件转内销货物（及按料件补办进口手续的转内销成品）应填制进口报关单，本栏目填报登记手册中进口料件的项号。

（6）加工贸易成品凭征免税证明转为享受减免税进口货物的，应先办理进口报关手续。进口报关单本栏目填报征免税证明中的项号，出口报关单本栏目填报登记手册原出口成品项号，进、出口报关单货物数量应一致。

34. 商品编号

商品编号指按海关规定的商品分类编码规则确定的出口货物的商品编号。

加工贸易登记手册中商品编号与实际商品编号不符的，应按实际商品编号填报。

35. 商品名称和规格型号

本栏目分两行填报及打印。第一行打印出口货物规范的中文商品名称，第二行打印规格型号，必要时可加注原文。

具体填报要求如下：

（1）商品名称及规格型号应据实填报，并与所提供的商业发票相符。

（2）商品名称应当规范，规格型号应当足够详细，以能满足海关归类、审价以及监管的要求为准。禁止、限制进出口等实施特殊管制的商品，其名称必须与交验的批准证件上的商品名称相符。

（3）加工贸易等已备案的货物，本栏目填报录入的内容必须与备案登记中同项号下货物的名称与规格型号一致。

36. 数量及单位

数量及单位指出口商品的实际数量及计量单位。

本栏目分三行填报及打印。

具体填报要求如下：

（1）进出口货物必须按海关法定计量单位填报。法定第一计量单位及数量打印在本栏目第一行。

（2）凡海关列明第二计量单位的，必须报明该商品第二计量单位及数量，打印在本栏目第二行。无第二计量单位的，本栏目第二行为空。

（3）成交计量单位与海关法定计量单位不一致时，还需填报成交计量单位及数量，打印在商品名称、规格型号栏下方（第三行）。成交计量单位与海关法定计量单位一致时，本栏目第三行为空。

加工贸易等已备案的货物，成交计量单位必须与备案登记中同项号下货物的计量单位一致，不相同时必须修改备案或转换一致后填报。

37. 最终目的国（地区）

最终目的国（地区）指已知的出口货物的最终实际消费、使用或进一步加工制造国家（地区）。

加工贸易报关单特殊情况下填报要求如下：

（1）来料结转货物，出口报关单填报"中国"（代码"142"），进口报关单填报原料件生产国。

（2）深加工结转货物，进出口报关单均填报"中国"（代码"142"）。

（3）料件复运出境货物，填报实际最终目的国；加工出口成品因故退运境内的，填报"中国"（代码"142"），复运出境时填报实际最终目的国。

38. 单价

本栏目应填报同一项号下出口货物实际成交的商品单位价格。

无实际成交价格的，本栏目填报货值。

39. 总价

本栏目应填报同一项号下出口货物实际成交的商品总价。

无实际成交价格的，本栏目填报货值。

40. 币制

币制指出口货物实际成交价格的币种。

本栏目应根据实际成交情况按海关规定的货币代码表选择填报相应的货币名称或代码。如货币代码表中无实际成交币种，需转换后填报。

41. 征免

征免指海关对出口货物进行征税、减税、免税或特案处理的实际操作方式。

本栏目应按照海关核发的征免税证明或有关政策规定，对报关单所列每项商品选择填报海关规定的征减免税方式代码表中相应的征减免税方式。

加工贸易报关单应根据登记手册中备案的征免规定填报。

征减免税方式代码表

征减免税方式代码	征减免税方式名称
1	照章征税
2	折半征税
3	全免
4	特案
5	征免性质
6	保证金
7	保函
8	折半补税
9	全额退税

42. 税费征收情况

本栏目供海关批注出口货物税费征收及减免情况。

43. 录入员

本栏目用于预录入和 EDI 报关单，打印录入人员的姓名。

44. 录入单位

本栏目用于预录入和 EDI 报关单，打印录入单位的名称。

45. 申报单位

本栏目指报关单左下方用于填报申报单位有关情况的总栏目。

申报单位指对申报内容的真实性直接向海关负责的企业或单位。自理报关的，应填报出口货物的经营单位名称及代码；委托代理报关的，应填报经海关批准的专业或代理报关的企业名称及代码。

本栏目还包括报关单位地址、邮编和电话等分项，由申报单位的报关员填报。

46. 填制日期

填制日期指报关单的填制日期。预录入和 EDI 报关单由计算机自动打印。

本栏目为 6 位数，顺序为年、月、日各 2 位。

47. 海关审单批注栏

本栏目指供海关内部作业时签注的总栏目，由海关关员手工填写在预录入报关单上。其中"放行"栏填写海关对接受申报的进出口货物作出放行决定的日期。

样单：出口货物报关单1

中华人民共和国海关出口货物报关单

预录入编号： 002102133		海关编号： 1510761	
出口口岸 南风罗冲(5102)	备案号	出口日期	申报日期 97.10.30.
经营单位 广东纺织进出口广通贸易有限公司 (14019130)	运输方式 运输工具名称 江海运输(2)		提运单号 (8) XPSL-971009
发货单位 广东纺织进出口广通贸易有限公司(	贸易方式 一般贸易(0110)	征免性质	结汇方式
许可证号	运抵国(地区) 西班牙(312)	指运港 西班牙(312)	境内货源地 广州(4019)
批准文号 FNX:2991703	成交方式 FOB	运费 0.00	保费 杂费 0.00
合同协议号 976TF0221	件数 100	包装种类 纸箱	毛重(公斤) 700 净重(公斤) 500
集装箱号	随附单据 发票·装箱单·委托书		生产厂家
标记唛码及备注 防伪标签签收 收货单位：C.I.S.L.			

商品总值：9120.00玖仟壹佰贰拾零圆零角零分整

项号	商品编号	商品名称、规格型号	数量及单位	最终目的国(地区)	单价	总价	币制	征免
0001	63049290.	棉印花靠垫	7,200.00件 600.00公斤	西班牙 (312)	1.27	9,120.00	USD	(502)
		7,200.00个						

****** 以 下 空 白 ******

税费征收情况							
	关税 进口环节税			完税价格 (RMB)			
税则号列	税基	税率					
1			¥		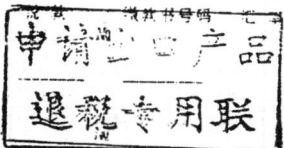		
2			¥				
3			¥		进口		
4			¥		环节税 ¥		
5			¥				

录入员 9999	录入单位	兹声明以上申报无讹并承担法律责任	海关审单批注及放行日期(签章)
报关员			审单 97.10.30 审价
单位地址		申报单位(签章)	征税 统计
邮编 电话		填制日期 97.10.30	查验 放行
		中国外运广东公司	

样单：出口货物报关单 2

JG09
主页
1

中华人民共和国海关出口货物报关单

收汇核销联

预录入编号：044514086　　　　　　海关编号：350120060015785777

出口口岸 福清海关	3502	备案号		出口日期 2005-12-13	申报日期 2005-12-1
经营单位 深圳市吾能丰贸易有限公司 4403064548		运输方式 江海运输	运输工具名称 XIANGNING/2226	提运单号 BFUCLOS2A4232B*	
发货单位 深圳市吾能丰贸易有限公司 4403064548		贸易方式 一般贸易	0110	征免性质 一般征税 （101）	结汇方式 电汇
许可证号		运抵国（地区） 尼日利亚 （236）	指运港 拉格斯 （1727）	境内货源地 深圳特区 （44030）	
批准文号 028070387		成交方式 FOB	运费	保费	杂费
合同协议号 JH1109		件数 100	包装种类 纸箱	毛重（公斤） 2800	净重（公斤） 2700
集装箱号 1		随附单据		生产厂家	

标记发码及备注　　　20拼缀托书

集装箱号：CCLU3440350

项号 商品编号	商品名称、规格型号	数量及单位	最终目的国（地区）	单价	总价	币制 征免
1.63039200C10	软帐 （化纤帐）	10000.000件 2700.000千克 10000.000件	尼日利亚 （236）	0.5000	5000.00	USD 照章征税 美元
（ 0 ）				用途：		

税费征收情况

录入员	录入单位	兹声明以上申报无讹并承担法律责任	海关审单批注及放行日期（签章）	
			审单	审价
报关员		申报单位（签章） 福建顺通报关有限公司	征税	统计
单位地址				
邮编 ********** 电话	填制日期		签检	放行 鉴放关员 张少强 签发日期：2005-12-22
出口结汇专用				

第七节   出口投保

如果采用 CIF 或 CIP 等贸易术语成交，出口企业必须在货物准备装运前投保。外贸跟单员必须在掌握中国保险条款和英国伦敦保险协会条款以及海运、陆运和空运等运输方式货物保险险别的基础上，熟悉实际投保的做法、出口投保的业务程序、保险费的计算及保险单的填制。

一、投保做法

（一）逐笔投保

逐笔投保是指进出口企业根据每一笔进出口业务对保险的不同要求，逐一向保险公司投保。由于不同国家或地区的不同贸易伙伴在每一笔业务中对保险的要求不同，因此，逐笔投保多用于出口业务。

（二）预约投保

预约投保是指进出口企业与保险公司预先签订保险合同，规定在一定时期内，按约定的保险加成率和保险险别向保险公司投保。采用 FOB、CFR、FCA 和 CPT 等贸易术语成交，主要运输中的风险由买方承担，因此，预约投保比较适合用于进口业务。实务中，进口企业不必填制保险单，只需提供出口方的装船通知或出口方传真过来的提单即可，保险公司对该批货物的保险责任自动生效。

二、出口投保的业务程序

采用 CIF 或 CIP 等贸易术语成交，卖方承担投保的义务。实务中，出口企业一般备有保险公司的保险单，由出口企业根据合同或信用证的规定填制保险单后交保险公司，保险公司在审核并收取保险费后，签发保险单。其业务程序为：

（1）出口企业在各个保险公司进行优选，并向保险公司领取保险单。

（2）出口企业根据出口合同或信用证的规定填制保险单。

（3）出口企业送保险公司投保，并缴纳保险费。

（4）出口企业领取保险单。

三、保险费的计算

保险费是指被保险人应缴纳的费用，由保险金额和保险费率计算得出。保险金额是指当保险标的发生承保范围内的损失时，保险人所应承担的最高赔偿金。保险金额一般按 CIF 和 CIP 的总值加成 10%，保险加成率是作为买方的经营管理费用和预期利润加保。如果合同或信用证没有说明，按惯例，卖方加 10% 的保险加成率投保即可。

保险金额 = CIF 价值 × （1 + 加减率）

保险费 = 保险金额 × 保险费率

例题： 我某外贸公司以 1 200 美元/千克 CIF 威尼斯向意大利某商人出口中药材 2 000 千克，根据合同规定，我方向保险公司投保平安险、串味险及淡水雨淋险，平安险、串味险及淡水雨淋险的保险费率分别为 0.5%、0.2% 和 0.3%，按发票金额的 120% 投保。请问：该批货物的保险金额和保险费各是多少？

解： 保险金额 = CIF 总值 × 120%

　　　　　　= 1 200 × 2 000 × 120%

　　　　　　= 2 880 000（美元）

保险费 = 保险金额 × 保险费率

　　　　= 2 880 000 × （0.5% + 0.2% + 0.3%）

　　　　= 28 800（美元）

答： 该批货物的保险金额是 2 880 000 美元，保险费是 28 800 美元。

四、保险单的缮制

1. **发票号码**（Invoice No.）

填写投保货物商业发票的号码。

2. **保险单号次**（Policy No.）

填写保险单号码。

3. **被保险人**（Insured）

如来证无特别规定，保险单的被保险人应是信用证上的受益人。由于出口货物绝大部分均由外贸公司向保险公司投保，按照习惯，被保险人一栏中须填写出口公司的名称。

信用证要求保险单为"to order of ×××Bank"或"in favour of ×××Bank"，即应在被保险人处填写"出口公司名称+Held to order of ×××Bank（或 in favour of ×××Bank）"。

信用证有特殊要求，所有单据以×××为抬头人，那么应在被保险人栏以×××为被保险人，这种保险单就不要背书。

信用证规定，保险单抬头为第三者名称即中性名义，可填为"被保险利益人"，即填写"To whom it may concern"。

信用证规定，保险单为空白抬头（TO ORDER），被保险人名称应填写"The applicant+出口公司名称，for the account of whom it may concern"。

4. 保险货物项目（Descriptions of Goods）

与提单相同，填写货物的总称。

5. 包装、单位、数量（Packing Unit Quantity）

与提单相同，填写最大包装的总件数。裸装货物填写货物本身件数，散装货物填写货物净重，有包装但以重量计价的应同时填写总件数和计价总重量。

6. 保险金额（Amount Insured）

《UCP 600》第28条规定，如果信用证中未规定投保金额，则投保金额至少为货物 CIF 或 CIP 价格的110%。因此，保险金额一般按照发票金额加一成（即发票金额的110%）填写。最终以双方商定的比例计算而成，但人保公司不接受保额超过发票总值的30%，以防止个别买主故意灭损货物，串通当地检验部门取得检验证明，向保险公司索赔。按《UCP 600》第28条的规定，保险金额货币单位应与信用证一致，如发票已扣除佣金或折扣，应按扣除佣金或折扣前的毛值投保。

对于信用证要求付款的金额与发票上显示的金额不一致时，《UCP 600》第28条还规定，如果从单据中不能确定 CIF 或者 CIP 价格，投保金额必须基于信用证要求付款或议付的金额，或者发票上显示的货物总值来计算，两者之中取金额较高者。

7. 承保险别（Conditions）

出口公司只需在副本上填写这一栏目的内容。当全套保险单填好交给保险公司审核、确认时，才由保险公司把承保险别的详细内容加注在正本保险单上。填制时应注意：

（1）应严格按信用证规定的险别投保，并且为了避免混乱和误解，最好按信用证规定的顺序填写。

（2）如信用证没规定具体险别，或只规定"Marine Risk"、"Usual Risk"

或"Transport Risk"等，则可投保一切险（All Risks）、水渍险（WA 或 WPA）和平安险（FPA）三种基本险中的任何一种。

（3）如信用证规定的险别超出了合同规定，或成交价格为 FOB 或 C & F，应由买方保险，但信用证规定由卖方保险。遇到这种情况应与买方交涉，在买方同意支付额外保险费的情况下，应按信用证规定的险别投保。否则，应要求取消此条款。

（4）如信用证规定使用伦敦协会条款，包括修订前的或修订后的，根据中国人民保险公司的现行做法，可以按信用证规定承保，保险单应按要求填制。

（5）如信用证要求投保转船险或无限转船险（Unlimited Transshipment Risk），即使直达提单也必须按规定保险，以防在运输途中由于特殊原因强迫或被迫转船而使货物受损。

（6）如果信用证没有规定"不计免赔率"（Irrespective of Percentage），则保险单内可以加注免赔率条款。

（7）投保的险别除注明险别名称外，还应注明险别适用的文本及日期。例如：

Covering All Risks and War Risks as per Ocean Marine Cargo Clauses & Ocean Marine Cargo War Risks Clauses of The People's Insurance Company of China dated 1/1/1981.

按照中国人民保险公司 1981 年 1 月 1 日海运货物条款和海运货物战争险条款承保一切险和战争险。

再如：

Covering Marine Risks Clauses（A）as per Institute Cargo Clauses（A）dated 1/1/1982.

按照伦敦协会 1982 年 1 月 1 日货物 A 条款承保海运险 A 条款。

（8）在实际业务中，有些文句可采用缩略写的形式。例如，上述第一个条款可写成"...as per OMCC & OMCWRC of the PICC（CIC）dd 1/1/1981"或"...as per CIC All Risks & War Risks"。上述第二个条款可写成"...as per ICC（A）dd 1/1/1982"等。

8. 货物标记（Marks of Goods）

与提单相同，也可以填写"AS PER INVOICE NO. ×××"。但如果信用证规定所有单据均要显示装运唛头，则应按实际唛头缮制。

9. 总保险金额（Total Amount Insured）

将保险金额以大写的形式填入。计价货币也应以全称形式填入。注意保险金额使用的货币应与信用证使用的货币一致，总保险金额大写应与保险金额的阿拉伯数字一致。

10. 保费（Premium）

一般已由保险公司在保险单印刷时填入"as arranged"字样。出口公司在填写保险单时无须填写。但如来证要求"Insurance Policy/Certificate endorsed in blank full invoice value Plus 10% marked Premium paid"或"Insurance Policy/Certificate endorsed in blank full invoice value Plus 10% marked Premium paid USD ×××"，对于上述要求，制单时应把原有的"as arranged"删去。加盖校对章后，打上"Paid"或"Paid USD ×××"字样。

11. 装载运输工具

填写装载船的船名。当运输由两程运输完成时，应分别填写一程船名和二程船名。例如，一程船名：Mayer；二程船名：Dongfeng；该栏填写：Mayer/Dongfeng，如转运到内陆加 Other Conveyance。

12. 开航日期

一般填写提单签发日期，也可填写提单签发日前后各 5 天之内的任何一天的日期，或填写"As Per B/L"。

13. 起运港

填写起点即装运港名称。

14. 目的港

填写讫点即目的港名称。

《UCP 600》第 28 条规定，保险单据须表明承保的风险区间至少涵盖从信用证规定的货物接管地或发运地开始到卸货地最终目的地为止。

当一批货物经转船到达目的港时，这一栏填写"目的港 W/T（VIA）转运港"。当一批货物到达目的港后须转运内陆某地买方仓库，如到达纽约港后转运芝加哥，保单目的港可填写"NEWYORK AND THENCE TO CHICAGO"或"NEWYORK IN TRANSIT TO CHICAGO"。

15. 保险单份数

当信用证没有特别说明保险单份数时，出口公司一般提交一套完整的保险单（一份"original"，一份"duplicate"）。

中国人民保险公司出具的保险单一套五份。由一份正本（original）、一份复联（复本）（duplicate）和三份副本（copy）构成。

当来证要求提供的保险单"in duplicate/in two folds/in 2 folds/in 2 copies"时，出口公司提交给议付行的是正本保险单和复联（复本）保险单，构成全套保险单。其中的正本保险单可经背书转让。根据《UCP 600》第 28 条的规定，如果保险单据表明所出具正本单据是一份以上，则必须提交全部正本保险单据。

16. 赔款偿付地点

一般将目的地作为赔付地点，将目的地名称填入该栏。如买方指定理赔代理人，则理赔代理人必须在货物到达目的港的所在国内，便于到货后检验。赔款货币一般为与投保额相同的货币。

17. 日期

日期指保险单的签发日期。由于保险公司提供仓至仓（Warehouse to Warehouse）服务，所以要求保险手续在货物离开出口方仓库前办理。保险单的日期也应是货物离开出口方仓库前的日期。《UCP 600》第 28 条规定，除非保险单据表明保险责任不迟于装运日生效，则保险单据签发日期不得晚于装运日期。

《ISBP》第 189 段规定，保险单据的出具日期不得晚于货物在信用证规定的地点装船，发运或接管（如适用的话）的日期，除非保险单据表明保险责任最晚于货物在信用证规定的地点装船、发运或接管（如适用的话）之日起生效。

18. 投保地点

填写投保地点的名称，一般为装运港（地）的名称。

19. 背书

（1）空白背书（Blank Endorsed）。空白背书只注明被保险人（包括出口公司的名称和经办人的名字）的名称。当信用证或合同没有明确使用哪一种背书时，可使用空白背书方式。

（2）记名背书。当信用证或合同要求 "Delivery to（The order of）×××Co.（Bank）" 或 "Endorsed in the name of ×××"，即规定使用记名方式背书。具体做法是：在保险单背面注明被保险人的名称和经办人的名字后，打上 "Delivery to ××× Co.（Bank）" 或 "in the name of ×××" 的字样。记名背书在出口业务中较少使用。

（3）记名指示背书。当信用证或合同要求 "Insurance policy or certificate in negotiable form issued to the order of ×××"，在制单时，具体做法是：在保险单背面打上 "To order of ×××"，然后签署被保险人的名称。

五、信用证保险单条款举例

例 1

Insurance policy or certificate, name of assured to be showed: ABC Co., Ltd. .

该条款要求保险单或保险凭证须作成以 ABC 有限公司为被保险人。

例 2

Marine insurance policy or certificate in duplicate, endorsed in blank, for full invoice value plus 10 percent stating claim payable in Thailand covering FPA as per Ocean Marine Cargo Clause of The People's Insurance Company of China dated 1/1/1981, including TPND loss and/or damage caused by heat, ship's sweat and odour, hoop-rust, breakage of packing.

该条款要求保险单或保险凭证一式两份，空白背书，按发票金额加成 10％投保，声明在泰国赔付。根据中国人民保险公司 1981 年 1 月 1 日的海洋运输货物保险条款投保平安险，包括偷窃提货不着、船舱受热发汗、串味、铁箍锈损、包装破裂所导致的损失。

例 3

Insurance Policy/Certificate, issued to the applicant, covering risks as per Institute Cargo Clauses (A), and Institute War Clauses (Cargo) including Warehouse to Warehouse Clause up to final destination at Schorndorf for at least 110 pct of CIF-Value, marked: "Premium Paid", showing claims if any payable in Germany, naming settling agent in Germany.

该条款要求保险单或保险凭证签发给开证申请人。按照伦敦保险协会条款投保 ICC（A）和协会战争险，包括仓至仓条款到达最后目的地 Schorndorf，至少按 CIF 价发票金额的 110％投保，标明保费已付，注明在德国赔付，同时标明在德国理赔代理人的名称。

例 4

Negotiable insurance policy/certificate in duplicate by The People's Insurance Co. of China incorporating their Ocean Marine Cargo Clauses (all risks) and war risks from China to Waterloo Ontario for 110% of invoice value, plus 23% for duty, additional cost of insurance is for buyer's account and to be drawn under this credit.

该条款要求出具可转让的保险单或保险凭证一式两份，投保中国人民保险公司的一切险和战争险，额外加保 23% 的关税险，连同原来保额共为发票金额的 133%，超额保险费可在信用证项下支付。

例 5

Insurance Policy/Certificate endorsed in blank of 110% of invoice value covering All Risks & War Risks as per CIC with claims payable at KUALA LUMPUR in the currency of draft（irrespective of percentage），including 60 days after discharge of the goods at port of destination（of at station of destination）subject to CIC.

该条款要求保险单或保险凭证空白背书，按发票金额的 110% 投保中国保险条款的一切险和战争险，按汇票所使用的货币在吉隆坡赔付（无免赔率），并根据中国保险条款，保险期限在目的港卸船（或在目的地车站卸车）后 60 天之内。

样单：保险单1

No 0071897

发票号码　　97-257-501367
Invoice No.

中保财产保险有限公司
The People's Insurance (Property) Company of China, Ltd.
PICC PROPERTY

No. of Original，One
保险单号次
Policy No.

海洋货物运输保险单
MARINE CARGO TRANSPORTATION INSURANCE POLICY　KC04 97 0 11 5 05 1 04

被保险人：　　G M G HARDWARE & TOOLS IMP. & EXP. COMPANY LTD.
Insured :

中保财产保险有限公司（以下简称本公司）根据被保险人的要求，及其所缴付约定的保险费，按照本保险单承保险别和背面所载条款与下列特别条款承保下述货物运输保险，特签发本保险单。
This policy of Insurance witnesses that the People's Insurance (Property) Company of China, Ltd.(hereinafter called " the Company"),at the request of the Insured
and in consideration of the agreed premium paid by the Insured, undertakes to insure the undermentioned goods in transportation subject to the conditions of this
Policy as per the Clauses printed overleaf and other special clauses attached hereon.

保险货物项目 Descriptions of Goods	包装 单位 数量 Packing Unit Quantity	保险金额 Amount Insured
HAND TOOLS TOTAL: 203 PACKAGES	203 PACKAGES	USD7.391.84

承 保 险 别
Conditions

货 物 标 记
Marks of Goods

Covering All Risks as per Ocean Marine Cargo Clauses (1/1/1981)
(Warehouse to Warehouse Clause is included) of The People's
Insurance Company of China.

GIATRAKIS

COPY

总 保 险 金 额 :　　U.S.Dollar SEVEN THOUSAND THREE HUNDRED & NINETY-ONE CENTS EIGHTY-FOUR ONLY.
Total Amount Insured:
保费　　　as arranged　　载运输工具　　NING GLORY V.98/207W　　　　　开航日期
Premium　　　　　　　　Per conveyance S.S.　　　　　　　　　　　　　　　Slg. on or abt. DEC. 10: 1997
起运港　　GUANGZHOU　　　　　　　　　　目的港　　　　To. . . . . PIRAEUS:
From
所保货物，如发生本保险单项下可能引起索赔的损失或损坏，应立即通知本公司下述代理人查勘。如有索赔，应向本公司提交保险单正本（本保险单共有　　份正本）及有关文件。一份正本已用于索赔，其余正本则自动失效。
In the event of loss or damage which may result in a claim under this Policy, immediate notice must be given to the Company's Agent as mentioned hereunder.
Claims, if any, one of the Original Policy which has been issued in　　Original (s) together with the relevant documents shall be surrendered to the Company.
If one of the Original Policy has been accomplished, the others to be void.

Macrymichalos Brothers S.A.
2, Gounari Street, Piraeus.

中保财产保险有限公司
THE PEOPLE'S INSURANCE (PROPERTY) COMPANY OF CHINA.LTD.

THE PEOPLE'S INSURANCE (PROPERTY) CO. OF CHINA, LTD.
GUANGDONG PROVINCIAL BRANCH
INTERNATIONAL DEPT.

赔款偿付地点　　PIRAEUS
Claim payable at
日期
Date. . . . . DEC. 10, 1997　　在
地址　　　　　　　　　　　　at　　. . GUANGZHOU
Address :　　2 Guangwei Road, Guangzhou,China
　　　　　　Fax:83324566 Tlx:440462 PICC CN

UNDERWRITING SIGNATURY (220)

样单：保险单 2

中 国 人 民 保 险 公 司
The People's Insurance Company of China
总公司设于北京　　　　一九四九年创立
Head Office: BEIJING　　　　Established in 1949

发票号码　　　海 洋 货 物 运 输 保 险 单　　　保险单号次
Invoice No.　97229KES　MARINE CARGO INSURANCE POLICY　Policy No.

KC04 97 01 1 06 10 045

被保险人：
Insured：　GUANGDONG TEXTILES IMPORT AND EXPORT KNITWEARS COMPANY LTD

中国人民保险公司（以下简称本公司）根据被保险人的要求，及其所缴付约定的保险费，按照本保险单承保险别和背面所载条款与
下列特别条款承保下述货物运输保险，特签发本保险单
This policy of Insurance witnesses that The People's Insurance Company of China (hereinafter called "The Company"),　the request of the
Insured and in consideration of the agreed premium paid by the insured, undertakes to insure the undermentioned goods in transportation
subject to the conditions of this policy as per the Clauses printer overleaf and other special clauses attached hereon.

保险货物项目　标记　数量及包装 Description, Marks, Numbers & Quantity of Goods :	承保条件 Conditions:
ALAHOUDI SPORT CENTER JEDDAH	COVERING ALL RISKS AS PER OCEAN MARINE CARGO CLAUSES (1/1/1981) (WAREHOUSE TO WAREHOUSE CLAUSE IS INCLUDED) OF THE PEOPLE'S INSURANCE COMPANY OF CHINA INCLUDING THE RISKS OF STRIKES, RIOTS & CIVIL COMMOTIONS AS PER S.R.C.C. CLAUSES OF THE PEOPLE'S INSURANCE COMPANY OF CHINA INCLUDING WAR RISKS AS PER OCEAN MARINE CARGO WAR RISK CLAUSES (1/1/1981) OF THE PEOPLE'S INSURANCE COMPANY OF CHINA INCLUDING THE RISKS OF THEFT, PILFERAGE AND NON-DELIVERY (INSURED VALUE) INCLUDING "EXTENDED COVER" AS AMALGAMATED IN TRANSIT CLAUSE OF I.C.C. MENTIONED ABOVE INCLUDING ALL RISKS DAMAGES FROM WAREHOUSE TO WAREHOUSE INCLUDING IRRESPECTIVE OF PERCENTAGE

BUY'S SPORT SHIRT

800,000 (150 CTNS)

总 保 险 金 额：
Total Amount Insured：USDM1580,000,0　U.S. DOLLARS FORTY-ONE THOUSAND FIVE HUNDRED AND EIGHTY ONLY
保费　as arranged　　装载运输工具
Premium　　　　　Per conveyance S.S.　TIANJU-T TOWN JERVIS BAY V. 10AC46
开行日期　　　　　　　自
Slg. on or abt.　Nov. 01, 1997　from　GUANGZHOU CHINA　　to　JEDDAH

本保单若有多份相同内容和日期的正本，如其中一份已用于索赔，则其余的自动失效。
所保货物，一如发生本保险单项下负责赔偿的损失或事故，应立即通知本公司下述代理人查勘

This policy has been issued in　Two ORIGINALS of the same tenor and date; one of which being accomplished, the other to be void.
In the event of accident whereby loss or damage may result in a claim under this Policy immediate notice applying for survey must be given
to the Company's Agent as mentioned hereunder.

CARGO SURVEYING AGENT:
ARADIAN ESTABLISHMENT FOR TRADE JOHARA BUILDING,
JEDDAH
P.O.BOX NO.832 ;JEDDAH
"MEYASSER　TELEX　40138 MEYASER SJ

赔款偿付地点：JEDDAH
Claim payable at　　　　　　　　　广州
日期　on　NOV.01,1997　　　Guangzhou
出单地点：中国广州　Date
Address: 2 Guangwei Road, Guangzhou China
Tlx: 44462 PICGG CN　Fax: 0086 20 3324566

THE PEOPLE'S INSURANCE CO. OF CHINA
GUANGDONG PROVINCIAL BRANCH
INTERNATIONAL DEPT.

UNDERWRITING MANAGER

中国人民保险公司广东省分公司
THE PEOPLE'S INSURANCE CO. OF CHINA
GUANGDON PROVINCIAL BRANCH

第八节　出口装运

当出口货物已备妥，并完成出口报关和出口投保后，出口企业必须按照与船公司达成的装运计划，及时安排货物装运。此阶段，外贸跟单员更要注意货、船的衔接，要明了出口装运的程序。在货物装运完毕后，属于 FOB、CFR、FCA、CPT 成交的贸易术语或合同信用证有规定的，应及时向买方发出装船通知。

一、出口装运程序

（1）货物集中港区：外贸跟单员密切跟踪船舶到港装货计划，收到港区进货通知后，在规定的期限内办妥集运手续，将出口货物及时运至指定港区集中，等待装船。

（2）外贸跟单员或出口企业委托的货运代理向理货员（代表船公司）提交经海关放行货物的装货单和收货单。

（3）理货员按照积载图和舱单，分批接货装船。装船过程中，外贸跟单员或出口企业委托的货运代理应有人在现场监装，随时掌握装船进度并处理临时出现的问题。

（4）装货完毕，理货组长要与船方大副共同签署收货单，交与外贸跟单员或出口企业委托的货运代理。

（5）外贸跟单员或出口企业委托的货运代理凭收货单向船公司或其代理换取已装船海运提单。如果在装船时理货员发现某批有缺陷或包装不良，即在收货单上批注，并由大副签署，船公司出具的提单即为不清洁提单。

（6）装运完毕，外贸跟单员向买方发出装船通知。

二、装船通知

（一）装船通知概述

1. 装船通知的作用

装船通知为在 FOB、CFR 或 FCA、CPT 条件下成交的合同的买方提供办理货物保险的凭证，也可使以 CIF 或 CIP 价格成交的买方了解货物装运情况、准备接货或筹措资金。

买方为了避免卖方因疏忽未及时通知，所以经常在信用证中明确规定，卖方必须按时发出装船通知，并规定通知的内容，而且在议付时必须提供该装船通知的副本，并与其他单据一起向银行议付。因而装船通知也是提交银行结汇的单据之一。

2. 装船通知的主要内容

装船通知（Shipping Advice 或 Advice of Shipment）又称装船声明（Shipping Statement 或 Shipment Declaration），即按信用证或合同规定，发货人通常在装船后将装船情况通知进口商，以便及时办理保险或准备提货租仓等。接受通知的一般是进口商，也有的是进口商指定的保险公司。通知的方式通常为电报通知，电报抄本随其他单据交银行议付。

装船通知的主要内容有收件人名称和地址、合同号或信用证号、货名、数量、金额、船名、开航日期、提单号码、发电日期等。

发电日期不能超出信用证规定的时限，如信用证规定"within two days after shipment"（装船后两天内），假如提单日为21日，最晚发电不能超过23日午夜12点，如信用证规定"immediately after shipment"（装船后立即），应在提单日后3天之内。

3. 装船通知的制作

（1）装船通知制作人名称和地址。一般情况下，装船通知的制作人就是出口公司，制作通知时标出出口公司的中文和英文名称。

（2）电报挂号或电传号码。

（3）参考号码一般为商业发票号码。

（4）抬头人名称和地址。

①填写保险公司的名称和地址，即给买方签发了预约保险单的保险人名称与地址。有些进口国家规定保险须在进口国投保，进口商与保险人签订预保合同，要求卖方公司在装船时直接向进口国的保险人发出装船通知。这种装船通知在上述预保合同业务中，又叫保险声明（Insurance Declaration）。该装船通知没有固定格式，主要内容包括保险人名称、信用证号、预保合同号、出口公司、发票号、船名、装船通知、品名、数量、重量、发票、金额等装船项目。当保险人直接收到装船通知后，可以将预约保险单及时转成为一份正式的保险单。

②填写开证人的名称与地址。

③填写信用证规定的代理人的名称与地址。代理人收到通知后，可及时通知保险公司实际装船情况，以便及时投保，同时方便收货人准备收货或卖出在途货物。代理人可以是保险公司的代理人，也可以是开证人的代理人，甚至可

以是收货人本人。

（5）单据名称。单据名称常用"ADVICE OF SHIPMENT"或"SHIPPING ADVICE"表示。

（6）商品名称。商品名称填写商品的总称即可。

（7）数量。该处填写商品的包装总数量，而不是计价单位的总数量。

（8）发票总金额。

（9）船名。当需要转船时，必须填写第一程和第二程的船名。

（10）开航日期。

（11）唛头。

（12）信用证号码。

（13）预约保险单号码。该预约保险单的号码由开证人通过信用证条款或其他方式通知卖方。

（14）出口公司名称及签章。

三、信用证装船通知条款举例

例1

Insurance covered by buyers, Shipping Advice must be sent to Credit & Commercial Insurance Co., Ltd., P. O. Box No. 397, Aden, by registered airmail immediately after shipment, advising full detailed shipping particulars and Cover Note No. ×××, such copy of shipping advice to accompany the documents for negotiation.

该条款要求由买方投保。装船通知必须在货物装船后立即通过挂号航空寄给指定的保险公司，告知全部的装船情况和预约保险单号码，该装船通知副本议付时必须与其他单据一起提交银行。

例2

Certificate from beneficiary stating that they have advised applicant by cable date of shipment, number of packages, name of commodity, total net and gross weight, name of vessel and number of voyage within 5 days after shipment.

该条款要求出口人出具证明书声明在装船后5天内即以电报通知开证人装运日期、包装数量、商品名称、总净重和总毛重、船名和航号等有关事项。

例 3

Beneficiary's certified copy of telex dispatched to the accountee within 3 days after shipment advising number and date of B/L, quantity and value of shipment, name of vessel, sailing date and estimated time of arrival.

该条款要求交单时须向银行提交受益人签字证明的电传副本。该电传必须在货物装船 3 天内发给开证人,告知提单号码与日期、货物数量和金额、装运船名、开航日期以及预计到达目的港的日期。

例 4

Shipment advice in full details including shipping marks, carton numbers, vessel name, B/L number, value and quantity of goods must be sent on the date of shipment to the following parties: (1) Consignee; (2) Applicant; (3) Notify party. Copy of this telex required for negotiation.

该条款要求提供的装船通知必须具备详细内容,包括唛头、箱号、船名、提单号码、货值和货量,于装船日以电传告:(1)收货人;(2)开证人;(3)被通知人。凭电传副本议付。

例 5

Copy of cable stamped by post office, sent to Pila/Lyon indicating name of carrying vessel, actual date of shipment and amount of goods.

该条款要求提供由邮电局加盖印戳的、发给 Pila/Lyon 的电报副本,注明船名、实际装船日期及货物金额。

四、装船通知英语函电

1. 写信要点 (Writing Skills)
(1)通知货已装船。
(2)附寄装船资料。
(3)期待货物如期到达。

2. 常用句型 (Sentence Patterns)

句型 1:通知货已装船

(1) We are pleased to inform you that the goods were shipped on board S/S "May Flower" which sails for your port tomorrow.

我们很高兴通知你方，货已装上"五月花"号轮，该轮将于明日驶往你方港口。

（2）Regarding your Order No. 123, we take pleasure in advising you that your consignment of Air Conditioners has been dispatched by M/S "Sunlight" which is due to arrive at London on May 30.

有关贵方第 123 号订单，很高兴告知，空调已交由"阳光"号轮承运，预定 5 月 30 日抵达伦敦。

（3）We are pleased to advise you that the toys you ordered was dispatched by S/S "Ocean" today, which is due to arrive at Sydney on June 15.

我们很高兴通知你方，你方订购的玩具已于今天由"海洋"号轮发运，该轮将于 6 月 15 日抵达悉尼港。

句型 2：附寄装船资料

（1）Enclosed please find the shipping documents covering this shipment as follows：

现附上这批货物的装船单据如下：

（2）We are enclosing one set of the shipping documents covering this consignment, which comprises：...

现附上这批货物的装船单据一套，包括：……

（3）In compliance with the terms of the Contract, a full set of non-negotiable documents will airmailed to you immediately after the goods are shipped.

按照合同条款，在货物装船后即将全套单据副本空邮给你方。

句型 3：期待货物如期到达

（1）We trust that the goods will reach you in good condition and satisfy you in every respect.

相信货物将安然抵达贵公司，并使你方完全满意。

（2）We hope the goods will reach you in due course and give you complete satisfaction so that you may favor us with further orders.

希望本货能安然送达，并能使你方感到满意，我们期待接到你方更多的订单。

（3）We hope the goods will reach you in good time and turn out to your satisfaction.

希望本货能如期运达你方并令你方满意。

3. 信函示例及译文 (Sample Letters and Chinese Versions)

Dear Sir or Madam,

We are pleased to advise you that the electric goods you ordered were dispatched by S/S "Victory" today, which is due to arrive at Houston on October 15.

Enclosed please find one set of shipping documents covering this consignment, which comprises:

1. One non-negotiable copy of B/L;
2. Commercial Invoice in duplicate;
3. One copy of Certificate of Quality;
4. One copy of Certificate of Quantity.

We trust that the goods will reach you in good condition and turn out to your entire satisfaction.

Yours faithfully,

Encl.

参考译文

敬启者：

我们很高兴通知你方，你方订购的电器已于今天由"胜利"号轮发运，该轮将于 10 月 15 日抵达休斯敦港。

现附上这批货物的装船单据一套，包括：

1. 不可转让提单副本一份；
2. 商业发票一式两份；
3. 品质检验证书一份；
4. 数量检验证书一份。

相信货物将安然抵达贵公司，并使你方完全满意。

谨上

附件

样单：装船通知

广东轻工家电有限公司

GUANGDONG LIGHT ELECTRICAL APPLIANCES COMPANY LIMITED
52，DEZHENG ROAD SOUTH GUANGZHOU，CHINA.

传真 FAX：+86－20－8331 6675
编号 OUR REF. NO.：GDP98265443
To Messrs：　　　　A. B. C. CORP. AKEDSANTERINK AUTO
　　　　　　　　　P. O. BOX. 9，FIINLAND

ADVICE OF SHIPMENT

1）Name of Commodity：　　　　HALOGEN FITTING W500
2）Quantity：　　　　　　　　　800 CARTONS
3）Invoice Value：　　　　　　　CIF USD 36，480. 00
4）Name of Carrying Steamer：　DONGFANGHONG
5）Date of Shipment：　　　　　MAY 20，2007
6）Shipping Marks：　　　　　　N/M
7）Credit No. ：　　　　　　　　LRT987634
8）Port of Loading：　　　　　　GUAGNZHOU
9）Port of Discharge：　　　　　HELSINKI

GUANGDONG LIGHT ELECTRICAL
APPLIANCES CO. ，LTD.

第九节 催 单

货物装运出口后，出口企业要着手准备有关单证，向银行议付。在准备的有关单证中，有些是出口企业自己缮制的单据，有些是他人出具的单证。从时间上看，出口企业自己出具的单证比较容易把握，但他人出具的单证不容易把握，为了争取主动，外贸跟单员在这个阶段必须对他人出具的单证进行催收。通常催收的单证有海运提单、航空运单、保险单、原产地证明书、商检证书和船公司证明书等。

一、海运提单

（一）海运提单的内容

海运提单内容可分为固定部分和可变部分。固定部分是指海运提单背面的运输契约，这一部分一般不作更改。可变部分是指海运提单正面的内容，主要包括船名、装运港、目的港、托运人名称、收货人名称、被通知人名称、货物名称、唛头、包装、件数、重量、体积、运费、海运提单正本份数、海运提单签发地点和日期、承运人或船长签字等。这些内容根据运输的货物、运输时间、托运人以及收货人的不同而变化。

海运提单一般由船公司或其代理出具，也可由出口企业填制后交船公司或其代理签章。因此，外贸跟单员必须掌握提单的填制规范，特别是当信用证或合同对提单有特殊规定时提单的处理。

（二）海运提单的缮制

1. 托运人（Shipper/Consignor）

托运人是指委托运输的人，在贸易中是合同的卖方。一般在填写海运提单Shipper栏目时，如信用证无特殊的规定，都填写出口企业的名称。许多制单人是直接把公司的公章盖在这一栏目中。如果信用证或合同规定以第三者（Third Party）为发货人时，可以外运公司的名义。

《UCP 600》第14条K款规定，在任何单据中注明的托运人或发货人无须为信用证的受益人。因此，除非信用证另有规定，银行将接受表明以信用证受益人以外的一方为发货人的运输单据。

2. **收货人**（Consignee）

与托运单"收货人"栏目的填写完全一致。根据信用证在记名收货人、凭指示和记名指示中选择一个。

例如，信用证或合同对提单要求如下：

（1）"Full set of B/L consigned to ABC Co."——记名收货人。

（2）"Full set of B/L made out to order"——to order 凭指示，即"空白抬头"。

（3）"B/L issued to order of Applicant"——记名指示。

（4）"Full set of B/L made out to our order"——记名指示（our 指开证行 XYZ 银行）。

（5）"Full set of B/L made out to order of shipper"——与 to order 没有区别。

提单"收货人"栏目填写如下：

（1）"Consigned to ABC Co."（注：ABC Co. 为 Applicant 的名称）。

（2）"To order"。

（3）"To order of ABC Co."。

（4）"To order of XYZ Bank"或"To XYZ, Bank's order"（注：XYZ Bank 为开证行的名称）。

（5）"To order of shipper"。

3. **被通知人**（Notify party，Notify，Addressed to）

该栏目填写货物到达目的港（地）船公司需要通知的人。一般情况下，该栏目填写的内容与托运单内容一致。实务中主要有以下两种情况：

（1）如果信用证或合同没有说明哪一方为被通知人，那么就应将 L/C 中的申请人名称、地址填入副本 B/L 的这一栏目中，而正本的这一栏目保持空白。如"收货人"栏目已填"凭××人指定"，被通知人如另无规定，可以不填。

（2）如果信用证或合同要求两个或两个以上的公司为被通知人，出口公司应把这两个或两个以上的公司名称和地址完整地填写在这一栏目中。若这一栏目太小，填写不下，可在结尾部分做上记号"＊"，然后在海运提单中描述货物内容的空白处做上同样的记号"＊"，接着写完应填写的内容。

4. **前段运输**（Pre-carriage by）

如果货物需转运，在这一栏目中填写第一程船的名称；如果货物不需转运，这一栏目空白。但驳船用"Lighter"字样填入此栏目。如海运提单没有此栏目，应将驳船的名称写在大船名称之前，如 Lighter/Beijing（北京轮），但对日本、美国不能用"Lighter"，须填写驳船的具体名称，如"粤海 110"（YUEHAI 110）。对多式联运提单，此栏可填运输工具统称，如填写"Train"或"Truck"。

5. 收货地点（Place of Receipt）

如果货物需转运，填写收货的港口名称或地点；如果货物不需转运，这一栏目空白。

6. 海运船只、航次（Ocean Vessel Voy. No.）

如果货物需转运，填写第二程船的船名；如果货物不需转运，填写第一程船的船名。

7. 装运港（Port of Loading）

填写装运港名称。如果货物需转运，填写装运港/中转港名称。如货物在广州装运，需在香港转船，则在此栏目填写"GUANGZHOU/HONG KONG"。

8. 卸货港（Port of Discharge）

填写卸货港（指目的港）名称。如货物需转运，装运港后面没有注明中转港，则可在目的港之后加注"WITH TRANSSHIPMENT AT 中转港"，简写为"W/T 中转港"，如"SINGAPORE W/T HONG KONG"（目的港新加坡，在香港转船）。如货运目的港装运内陆某地，或利用邻国港口过境，须在目的港后加注"IN TRANSIT TO 某地"或"IN TRANSIT 某地"，如"KUWAIT IN TRANSIT SAUDI ARABIA"（目的港科威特装运沙特阿拉伯）。

如果信用证或合同没有规定具体的卸货港，只规定了卸货港的地理区域或范围，根据《ISBP》第 83 段的规定，实际出单时，提单必须表明实际的卸货港，而且该港口必须位于信用证规定的地理区域或范围之内。

9. 交货地点（Place of Delivery）

填写最终目的地名称。如果货物的目的地就是目的港，该栏空白。

10. 集装箱号码（Container No.）

填写集装箱箱号。海运集装箱号码由四个字母箱主代码（第四位为海运集装箱代号 U）+ 顺序号六位数 + 核对数一位组成，如"KHLU620686 - 7"。

11. 封箱号、唛头及件号（Seal No. Marks & Nos.）

填写唛头和封箱号。封箱号一般由五位数组成，如"SEAL 08134"。

12. 商品描述及数量（Description of Goods）

提单的商品描述可用货物统称。商品描述使用文字：

（1）在没有特别说明时全部使用英文。

（2）来证要求使用中文填写时，应遵守来证规定，用中文填写。

数量是指本海运提单项下的商品总包装件数。

（1）对于包装货物，本栏应注明包装数量和单位，例如"1,000 BALES"、"250 DRUMS"等。提单下面应加大写数量，大小写数量应一致。

（2）如是散装货，例如煤炭、原油等，此栏可加"IN BULK"，数量无须加大写。

（3）如是裸装货物，应加件数。如一台机器或一辆汽车，应填"1 UNIT"；两架飞机应填"2 PLANES"；100头牛应填"100 HEADS"等，并加大写数量。

（4）如是集装箱运输，由托运人装箱的整箱货可只注集装箱数量，如"2 CONTAINERS"等。只要海关已对集装箱封箱，承运人就对箱内的内容和数量不负责任，提单内应加注"SHIPPER'S LOAD & COUNT"（托运人装货并计数）。如须注明集装箱箱内小件数量时，数量前应加"SAID TO CONTAIN..."。

（5）如是托盘装运，此栏应填托盘数量，同时用括号加注货物的包装件数，如"5 PALLETS（60 CARTONS）"。提单内还应加注"SHIPPER'S LOAD & COUNT"。

（6）如是两种或多种包装，如"5 CARTONS"、"10 BALES"、"12 CASES"等。件数栏内要逐项列明，同时下面应注合计数量，如上述包装数量可合计为"27 PACKAGES"，在大写栏内应加大写合计数量。

（7）如件数栏注"20 CARTONS"，但同时提单内又注有"SHUT OUT 2 CARTONS"或"SHORT LOADED（SHIPPED）2 CTNS"等，表示少装2箱，发票和其他单据应注"18 CARTONS"。

13. **毛重**（Gross Weight）

填写承运货物的总毛重，该数据是船公司计算运费的根据之一。

14. **尺码**（Measurement）

填写承运货物的总尺码，该数据是船公司计算运费的根据之一。

15. **特殊条款**（Special Conditions）

提单特殊条款主要根据合同或信用证的要求，填写一些一般情况下不必填写的内容。提单中出现特殊条款的内容主要有：

（1）指定船名。

（2）强调运费的支付。

（3）出现"预计"的条款。

（4）不显示发票金额、单价、价格等的条款，或强调显示信用证号码、合同号码等的条款。

（5）限制使用班轮公会的条款或指定承运人的条款。

当信用证要求已装船的清洁提单时，提单不必特别注明"清洁"字样。《ISBP》第 91 段对此已作了特别的说明：即使信用证可能要求"清洁已装船提单"或注明"清洁已装船"的提单，提单也无须出现"清洁"字样。

16. 运费缴付方式

除非信用证或合同有特别要求，几乎所有的海运提单都不填写运费的数额，而只是表明运费是否已付清或什么时候付清。它主要有：

（1）运费已付——FREIGHT PAID。

（2）运费预付——FREIGHT PREPAID。

（3）运费到付——FREIGHT PAYABLE AT DESTINATION。

（4）运费待付——FREIGHT COLLECT。

如信用证或合同规定加注运费，一般可加注运费的总金额。如规定要详细列明运费，就必须将计算单位、费率等详细列明。

17. 签发地点和时间（Place and Date of Issue）

海运提单签发时间表示货物实际装运的时间或已经接受船方、船代理的有关方面监管的时间。

海运提单签发地点，表示实际货物装运的港口或接受有关方面监管的地点。

18. 正本的签发份数（No. of Original B(s)/L）

《UCP 600》第 17 条 b 款规定，除非单据本身表明其不是正本，银行将视任何表面上具有单据出具人正本、标志、图章或标签的单据为正本单据。

承运人一般签发海运提单正本 3 份，也可应收货人的要求签发 3 份以上。签发的份数应用大写数字（如 Two、Three 等）在栏目内标明。

信用证或合同规定要求出口方提供"全套海运提单"（Full Set or Complete Set B/L），实务中一般提供两份或三份海运提单正本。

19. 有效的签章（Stamp & Signature）

海运提单必须经装载船只的船长签字才能生效，在没有规定非船长签字不可的情况下，船方代理可以代办。

信用证或合同规定手签的必须手签。印度、斯里兰卡、黎巴嫩、阿根廷等国港口，信用证虽未规定手签，但当地海关规定必须手签。有的来证规定海运提单须由中国贸促会签证，也可照办。

《UCP 600》第 19 条 a 款规定，至少包括两种不同运输方式的运输单据，不论其称谓如何，必须表面看来注明承运人名称并由下列人员签署：承运人或作为承运人具名代理或代表，或船长或作为船长的具名代理或代表。代理的签字必须注明其是作为承运人的代理或代表还是船长的代理或代表签字的。因此，承运人或船长的任何签字或证实，必须表明"承运人"或"船长"的身份。代理人代表承运人或船长签字或证实时，也必须表明所代表的委托人的名称和身份，即注明代理人是代表承运人或船长签字或证实的。

按照上述规定，提单签字应根据签字人的不同情况批注不同内容。例如：

（1）承运人签字。如果承运人为 COSCO，则提单签字处显示：

COSCO

（承运人签字）As Carrier 或 The Carrier

（2）代理人签字。如果承运人为 COSCO，代理人为 ABC SHIPPING CO.，则提单签字处显示：

ABC SHIPPING CO.

（代理人签字）As agent for the Carrier COSCO

（3）船长签字。如果承运人为 COSCO，则提单签字处显示：

COSCO（注或不注船名）

（船长签字）As Master 或 The Master

（三）海运提单常见术语

术　语	含　义
BAF	bunker adjustment factor 燃油附加费
CFS	container freight station 集装箱货运站
C. O. C.	carrier's own container 船主箱
CY	container yard 集装箱堆场
DC	dry cargo container 干货集装箱
DDC	destination delivery charge 目的地交货费
FCL	full container load 整箱货
FEU	forty-foot equivalent unit 40 英尺箱
GP	general propose container 通用集装箱（干货箱）
GH（HC、HQ）	general high container 通用高箱（干货高箱）
LCL	less than container load 拼箱货
ORC	original receiving charge 原产地接货费
OT	open-top container 敞顶集装箱

（续上表）

术　语	含　义
RF	reefer container 冷藏集装箱
RH	reefer high container 冷藏高箱
SBS	said by shipper 托运人申报
SLAC	shipper's load and count 由托运人装箱和点数
SLACS	shipper's load and count and seal 由托运人装箱、点数和封箱
S. O. C.	shipper's own container 货主箱
STC	said to contain 据称包括
TEU	twenty-foot equivalent unit 20 英尺标准箱
TK	tank container 罐式集装箱

（四）关于海运提单的背书

1. 背书的类型

（1）当收货人一栏填写凭指示（To order）时，由托运人（Shipper）背书。

（2）当收货人一栏填写记名指示（To ×××'s order 或 To order of ×××）时，由记名的一方背书。

①当收货人一栏填写凭托运人指示时（To shipper's order 或 To order of shipper），由托运人背书。

②当收货人一栏填写凭申请人或其他商号公司指示时，由申请人或其他商号公司背书。

③当收货人一栏填写凭某银行指示时，由该银行背书。

2. 背书方式

（1）空白背书。书写背书人的名称、地址。

（2）记名背书。既书写背书人的名称、地址，又书写被背书人（海运提单转让对象）的名称与地址。

（3）记名指示背书。既书写背书人的名称、地址，又要书写"TO ORDER OF +被背书人（海运提单转让对象）的名称与地址"。

（五）信用证条款与海运提单举例

例 1

Full set of clean on board shipped bills of lading (3/3 negotiable copies minium and 5 non-negotiable copies) issued to the order of ABC Limited notify ABC Limited, mentioning destination Hong Kong.

该条款要求提供全套清洁已装运提单（至少三份可议付的正本和五份不可议付的副本）作成"凭 ABC 有限公司指定"，通知 ABC 有限公司，标上目的港香港。

例 2

Full set of clean on board shipped bill of lading, made out to the order and blank endorsed, evidencing shipment from Guangzhou to La Spezia port not later than April 5, 1998, marked "freight prepaid" and notify to the applicant.

该条款要求全套清洁已装船海运提单，空白抬头并空白背书，证明从广州运输到拉斯佩齐亚，不迟于 1998 年 4 月 5 日装运，注明"运费预付"并通知开证人。

例 3

Bill of lading should mark freight payable as per charter party, evidencing shipment from Huangpu, China to US Gulf port.

该条款要求在提单上标明运费根据租船契约支付，并标明装运由中国黄埔至美国的哥尔夫波特港。制单时应在提单的空白处打上"Freight has been payable as per charter party"、"The shipment has been made from Huangpu, China to US Gulf port"。

例 4

Full set of not less than two clean on-board marine bills of lading marked "freight prepaid" and made out to order and endorsed to our order, showing ABC CO. as notifying party, short form Bills of lading are not acceptable. Bill of lading to state shipment has been effected in containers and container numbers.

该条款要求全套不少于两份清洁已装船海运提单，注明"运费预付"，空白抬头并背书给开证行，通知 ABC 公司，不接受简式提单。提单声明集装箱运输并标明集装箱号码。

例5

Bill of lading must specifically state that the merchandise has been shipped or loaded on board a named vessel and/or bill of lading must evidence that merchandise has been shipped or loaded on board a named vessel in the on-board notation.

该条款要求在提单上特别地注明货物装上一指定船名的船。制单时可在提单的空白处打上"We certify that the merchandise has been shipped on a ship named × × ×"。

二、航空运单

航空运单（Airway Bill）简称为AWB，是航空运输公司及其代理人签发给发货人表示已收妥货物并接受托运的货物收据。航空运单不是物权凭证，不能通过背书转移货物的所有权。航空运单不可转让，持有航空运单也并不能说明可以对货物要求所有权。

航空运单正本按国际惯例为一式三份，每份都印有背面条款。第一份"ORIGINAL 1（FOR ISSUING CARRIER）"，由航空公司留存，作为记账凭证；第二份"ORIGINAL 2（FOR CONSIGNEE）"，随货同行，在货物到达目的地、交付给收货人时作为核收货物的依据；第三份"ORIGINAL 3（FOR SHIPPER）"，交给托运人，是承运人或其代理人接收货物的依据。虽然正本签发三份，但银行允许只提交一份正本。副本9份，由航空公司按规定和需要分发。

（一）航空运单的作用和种类

1. 航空运单的作用

（1）航空运单是航空运输承运人与托运人之间的运输合同。海运提单只是运输合同的证明，它本身不是运输合同。但航空运单不仅是航空运输合同的证明，而且其本身就是托运人与航空运输承运人之间签订的货物运输合同。

（2）航空运单是航空公司或其代理人收运货物的证明文件。在托运人将货物托运后，航空公司或其代理人就会将其中一份交给托运人，作为已按航空运单所列内容收妥货物的证明。

（3）航空运单是承运人核收运费的依据。航空运单分别记载着属于收货人负担的费用，属于应支付给承运人的费用和应支付给代理人的费用，并详细列明费用的种类、金额，因此可作为运费账单和发票。承运人往往也将其中的承运人联作为记账凭证。

（4）航空运单是进出口货物办理清关的证明文件。当货物通过航空运输出口报关时必须提交航空运单。在货物到达目的地机场进行进口报关时，海关也是根据航空运单查验放行货物的。

（5）航空运单是承运人处理货物运输过程情况的依据。航空运单中的一份随货同行，用于记载有关该票货物发送、转运、交付的事项，是承运人处理货物运输过程情况的依据。

（6）航空运单是收货人核收货物的依据。航空运单的正本一式三份，其中一份交托运人，是承运人或其代理人接收货物的依据；第二份由承运人留存，作为记账凭证；最后一份随货同行，用于记载有关该票货物发送、转运、交付的事项，在货物到达目的地、交付给收货人时作为核收货物的依据。

2. 航空运单的种类

航空运单可分为有出票航空公司（Issue Carrier）标志的航空货运单和无承运人任何标志的中性货运单两种。

（二）航空运单的缮制

1. 航空公司数字代号（Airline Code Number）

填写航空公司的代号，如中国民航的代号为999，日本航空公司的代号为131等。

2. 始发站机场（Airport of Departure）

填写始发站机场的IATA三字代号。

3. 货运单序号及检验号（Serial Number）

填写货运单号及检验号共8位数字。

4. 托运人名称和地址（Shipper's Name and Address）

填写托运人的名称、地址、国家（或国家两字代号）以及托运人的电话、传真、电传号码。

托运人的名称依据不同的支付方式确定填写内容。信用证结算方式：当信用证有特殊规定时按信用证要求填写，否则，一般填写受益人名称。托收结算方式：一般填写合同中卖方的名称。

必须注意，一张航空运单只能用于一个托运人在同一时间、同一地点托运的由承运人承运的，运往同一目的站同一收货人的一件或多件货物。

5. 托运人账号（Shipper's Account Number）

除非承运人需要，此栏一般空白不填。

6. 收货人名称和地址（Consignee's Name and Address）

填写收货人的名称、地址、国家（或国家两字代号）以及收货人的电话、传真、电传号码。

收货人的名称依据不同的支付方式确定填写内容。信用证结算方式：根据信用证的规定填写，有时以买方为收货人，有时以开证行为收货人。托收结算方式：一般填写合同中的买方。

7. 收货人账号（Consignee's Account Number）

除非承运人需要，此栏一般空白不填。

8. 签发航空运单的承运人的代理人名称和城市（Issuing Carrier's Agent Name and City）

如果航空运单由承运人的代理人签发，填写收取佣金的代理人名称及城市名；如果航空运单直接由承运人本人签发，此栏空白不填。

9. 代理人国际航协代号（Agent's IATA Code）

IATA 是 International Air Transport Association（国际航协）的缩写。国际航协的代号为 7 位数字，如 34 - 41234。实务中，本栏一般不需填写，有时航空公司要求其代理人在此栏填写相应的代码。

10. 账号（Account Number）

填写代理人账号，供承运人结算时使用。实务中除非承运人需要，一般不需填写。

11. 始发站机场和指定航线（Airport of Departure and Requested Routing）

填写始发站机场名称和所要求的运输路线。实务中一般仅填写起航机场名称或所在城市的全称。

12. to（by First Carrier）

填写目的站机场或第一个转运点的 IATA 三字代号。当该城市有多个机场而又不知道机场名称时，可填写该城市代号。

13. by First Carrier

填写第一承运人的名称或 IATA 两字代号。

14. to（by Second Carrier）

填写目的站机场或第二个转运点的 IATA 三字代号。当该城市有多个机场而又不知道机场名称时，可填写该城市代号。

15. by（Second Carrier）

填写第二承运人的 IATA 两字代号。

16. to（by Third Carrier）

填写目的站机场或第三个转运点的 IATA 三字代号。当该城市有多个机场而又不知道机场名称时，可填写该城市代号。

17. by（Third Carrier）

填写第三承运人的 IATA 两字代号。

18. **目的地机场**（Airport of Destination）

填写货物运输的最终目的地机场全称。当该城市有多个机场而又不知道机场名称时，可填写该城市代号。

19. **航班/日期（仅供承运人使用）**（Flight/Date for Carrier's Use Only）

填写飞机航班号及其实际起飞日期，本栏一般不需填写。

《UCP 600》第 23 条 a 款规定，在空运单据的方格（标明"仅供承运人使用"或类似说明）内所表示的有关航班号和起飞日期的信息不能视为发运日期的专项批注。因此，本栏即使填写，其所填内容也只能供承运人使用，该起飞日期不能视为货物的装运日期，货物的装运日期一般以航空运单的签发日期为准。

20. **财务说明**（Accounting Information）

填写运费缴付方式及其他财务说明事项。如 FREIGHT PREPAID（运费预付）、FREIGHT COLLECT（运费到付）或托运人结算时使用的信用卡卡号、账号。货物到达目的站无法交付收货人而需退运的，应将原始货运单号码填入新货运单的本栏内。

21. **货币**（Currency）

填写始发国支付费用使用的 ISO（国际标准组织）的货币代号，如 USD、HKD 等。

22. **费用代码**（CHGS Code）

本栏一般不需填写，仅供电子传送货运单信息时使用。

23. **航空运费/声明的价值及其他费用**（WT/VAL and Other）

航空运费（Weight Charge，WT）是指根据货物计费重量乘以适用的运价收取的运费。

声明的价值费（Valuation Charge，VAL）是指下列第 17 栏向承运人声明了价值时，必须与运费一起交付的声明价值费。在"PPD"（Prepaid）栏下打"×"表示预付，在"COLL"（Collect）栏下打"×"表示到付。

其他费用（Other Charges at Origin，OTHER）是指在始发站的其他费用预付或到付。在"PPD"（Prepaid）栏下打"×"表示预付，在"COLL"（Collect）栏下打"×"表示到付。

24. **运输申报价值**（Declared Value for Carriage）

填写托运人声明的托运货物总价值，一般按发票的总额填写。如果托运人没有声明价值，此栏必须填写"NVD"（No Value Declared），即没有声明价值。

25. **海关申报价值**（Declared Value for Customs）

填写报关货物的商业价值金额。此栏所填价值是提供给海关的征税依据。当以出口货物报关单或商业发票作为征税依据时，本栏可空白不填或填"AS PER INVOICE"。如果货物没有商业价值（如样品等），此栏必须填"NCV"（No Commercial Value），即没有商业价值。

26. **保险金额**（Amount of Insurance）

如果承运人向托运人提供代办货物保险业务时，则在本栏填写托运人货物的保险金额；如果承运人不提供此项服务或托运人不要求投保时，则此栏必须填写"×××"符号，或填写"NIL"（No Insurance L）。

27. **运输处理注意事项**（Handling Information）

填写出票航空公司的注意事项：

（1）当货物为危险货物时，分两种情况处理：①需要附托运人的危险品申报单，则填写"DANGEROUS GOODS AS PER ATTACHED SHIPPER'S DECLARATION"，对于要求装上货机的危险货物，还应再加填"CARGO AIRCRAFT ONLY"；②不要求附危险品申报单的危险货物，则填写"SHIPPER'S DECLARATION NOT REQUIRED"。

（2）当一批货物既有危险货物又有非危险货物时，危险货物必须填写在第一项。一般情况下，此类危险货物应属于不要求托运人附危险品申报单、危险货物不是放射性物质且数量有限的货物。

（3）其他注意事项：①包装情况如唛头、包装方法等；②飞机随带的有关商业单据名称如商业发票、装箱单等；③被通知人的名称、地址、国家、电话等；④托运人对货物在途时的某些特别处理规定等；⑤海关规定等。

28. **件数**（No. of Pieces RCP）

填写托运货物的总包装件数。"RCP"（Rate Combination Point）即运价组合点。如果使用非公布直达运价计算运费时，则应在件数的下面填写运价组合点城市的 IATA 三字代号。

29. **毛重**（Gross Weight）

填写托运货物的实际毛重。以千克为单位时可保留小数点后一位。

30. **千克/磅**（kg/lb）

填写重量的计量单位。以千克为单位用代号"K"，以磅为单位用代号"L"。

31. **运价等级**（Rate Class）

根据航空公司的有关资料，按实际填写运价等级的代号。运价等级代号有：

（1）M。代表 Minimum Charge（最低运费），即货物的起运运价。

（2）N。代表 Normal under 45kgs Rate（45 千克以下运价），即 45 千克以下的普通货物的运价。

（3）Q。代表 Quantity over 45kgs Rate（45 千克以上运价），即 45 千克以上普通货物的运价。45 千克被称为重量分界点（Weight Break Point）。

（4）C。代表 Special Commodity Rate（特种货物运价）。

（5）R。代表 Class Rate Reduction（折扣运价），即对少数货物，可按"N"运价给予一定百分比的折扣。

（6）S。代表 Class Rate Surcharged（加价运价），即对少数货物，按"N"运价加一定的百分比。

（7）U。代表 Unit load Device Basic Charge or Rate（集装化设备基本运费或运价）。

（8）E。代表 Unit load Device Additional Rate（集装化设备附加运价）。

（9）X。代表 Unit load Device Additional Information（集装化设备附加说明）。

（10）Y。代表 Unit load Device Discount（集装化设备折扣）。

32. **商品编号**（Commodity Item No.）

使用指定商品运价时，按运价等级填写托运货物的商品编号。填写时应注意商品编号应与运价代号保持水平。

使用等级货物运价时，填写附加或附减运价的比例（百分比）。

当托运的货物是集装货物时，填写集装货物运价等级。

33. **计费重量**（Chargeable Weight）

填写托运货物的实际毛重。若属于"M"运价等级和以尺码计费者，此栏可空白。

如果托运货物是集装货物，则：

（1）与运价代号"U"对应打印适合集装货物基本运费的运价点重量。

（2）与运价代号"E"对应打印超过使用基本运费的重量。

（3）与运价代号"X"对应打印集装器空重。

34. **运价/运费**（Rate/Charge）

填写实际计费的运价。对折扣运价或加价运价，此栏与运价等级对应填写附加或附减后的运价。

35. **运费总额**（Total）

填写计收运费的总额，即计费重量与适用运价的乘积。如果是最低运费或集装货物基本运费时，本栏与"运价/运费（Rate/Charge）"填写的金额相同。

36. 货物品名和数量（包括体积或容积）（Nature and Quantity of Goods Incl. Dimensions or Volume）

填写合同或信用证中规定的货物名称、数量及尺码等内容。注意：

（1）当托运货物中含有危险货物时，应分别填写，并把危险货物填列在第一项。

（2）当托运货物为活动物时，应根据 IATA 活动物运输规定填写。

（3）对于集合货物，填写"Consolidation as Per Attached List"。

（4）货物的体积，表示为"长×宽×高"，如"DIMS：30×30×20 cm"。

（5）当合同或信用证要求标明产地国时，可在此栏中标出货物的产地国。

37. 计重运费（Weight Charge）（Prepaid /Collect）

在对应的"预付"或"到付"栏内填入按重量计算的运费额。其运费额与上面"运费总额（Total）"中的金额一致。

38. 声明价值附加费（Valuation Charge）

如果托运人对托运货物声明价值，则在对应的"预付"或"到付"栏内填入声明价值附加费金额，其公式为：

$$声明价值附加费金额 = （声明价值 - 实际毛重 \times 最高赔偿额）\times 0.5\%$$

若托运人无声明价值，本栏一般空白不填。

39. 税款（Tax）

在对应的"预付"或"到付"栏内填入适用的税款。

40. 由代理人收取的其他费用（Total Other Charges Due Agent）

在对应的"预付"或"到付"栏内填入由代理人收取的其他费用总额。

41. 由承运人收取的其他费用（Total Other Charges Due Carrier）

在对应的"预付"或"到付"栏内填入由承运人收取的其他费用总额。一般填写"AS ARRANGED"。

42. 预付费用总额（Total Prepaid）

填写前面37、38、39、40、41 等项有关预付费用之和，也可在相应栏内填列"AS ARRANGED"。

43. 到付费用总额（Total Collect）

填写前面37、38、39、40、41 等项有关到付费用之和，也可在相应栏内填列"AS ARRANGED"。

44. 货币兑换比价（Currency Conversion Rate）

填写目的站国家货币代号及兑换比率。

45. **用目的站国家货币付费**（CC Charges in Destination Currency）

填写目的站国家货币到付的费用总金额。

46. **仅供承运人在目的站使用**（For Carrier's Use Only at Destination）

本栏一般不填。

47. **在目的站的费用**（Charges at Destination）

填写最后承运人在目的站发生的费用金额，包括利息等。

48. **待付费用总额**（Total Collect Charges）

填写待付费用总额。

49. **其他费用**（Other Charges）

填写始发站运输中发生的其他费用，如集中货物服务费、货运单费、危险品处理费、始发站保管费、目的站保管费等。各种其他费用填写时应冠以代号。常用代号有：

代号	英文全称	中文含义
AC	Animal Container	动物容器租费
AS	Assembly Service Fee	集中货物服务费
AT	Attendant	押运员服务费
AW	Air Waybill	货运单费
BR	Bank Release	银行放行
DB	Disbursement Fee	代垫付款手续费
DF	Distribution Service	分发服务费
FC	Charges Collect Fee	运费待付手续费
GT	Government Tax	政府捐税
HR	Human Remains	尸体、骨灰附加费
IN	Insurance Premium	代办保险服务费
LA	Live Animals	动物处理费
MA	Miscellaneous-Due Agent	代理人收取的杂项费用
MC	Miscellaneous-Due Carrier	填开货运单的承运人收取的杂项费用
PK	Packaging	包装服务费
RA	Dangerous Goods Surcharge	危险品处理费
SD	Surface Charge Destination	目的站地面运输费

（续上表）

代号	英文全称	中文含义
SI	Stop in Transit	中途停运费
SO	Storage Origin	始发站保管费
SR	Storage Destination	目的站保管费
SU	Surface Charge	地面运输费
TR	Transit	过境费
TX	Taxes	税捐
UH	ULD Handling	集装设备操作费

承运人收取的其他费用用"C"表示，代理人收取的其他费用用"A"表示。若无"其他费用"，本栏空白不填。

50. 托运人或其代理人签名（Signature of Shipper or His Agent）

签名后以示保证所托运的货物并非危险品。

51. 运单日期（Executed on Date）

签单以后，正本航空运单方能生效。本栏所表示的日期为签发日期，也就是本批货物的装运日期。如果信用证规定运单必须注明实际起飞日期，则以该所注的实际起飞日期作为装运日期。本栏的日期不得晚于信用证规定的装运日期。以代理人身份签章时，如同提单一样，需在签章处加注"AS AGENT"；承运人签章则加注"AS CARRIER"。

52. 签发运单地点（Executed at Place）

53. 承运人或其代理人签字（Signature of Issuing Carrier or Its Agent）

三、保险单

保险单是在被保险货物遭受损失时，被保险人索赔的主要依据，也是保险公司理赔的主要依据。保险单主要有以下几种：

（一）保险单（Insurance Policy）

保险单俗称"大保单"，该保险单印有保险条款。它是一种独立的保险凭证，一旦货物受到损失，承保人和被保险人都要按照保险条款和投保险别来分清货损，处理索赔。

（二）保险凭证（Insurance Certificate）

保险凭证俗称"小保单"，是一种简单的保险凭证。它不印刷保险条款，只印刷承保责任界限，以保险公司的保险条款为准。这种保险凭证格式简单，但其作用与保险单完全相同。

（三）联合保险凭证（Combined Insurance Certificate）

联合保险凭证利用商业发票在上面加盖保险章，注明保险编号、险别、金额、装载船名、开船日期等，以此作为保险凭证。它与保险单有同等效力，但不能转让。一般用于港澳地区中资银行开来的信用证项下业务。

（四）预约保险单（Open Policy）

预约保险单是保险公司承保被保险人在一定时期内发运的、以 CIF 价格条件成交的出口货物或以 FOB、CFR 价格条件成交的进口货物的保险单。预约保险单载明保险货物的范围、险别、保险费率、每批运输货物的最高保险金额以及保险费的结付办法等。凡属于预约保险范围内的进出口货物，一经起运，即自动按预约保险单所列条件承保，但被保险人在获悉每批保险货物起运时，应立即以起运通知书或其他书面形式将该批货物的名称、数量、保险金额、运输工具的种类和名称、航程起讫地点、开航日期等情况通知保险公司。

（五）批单（Endorsement）

批单是专门用于修改保险单的一种修改书。当被保险人投保后，由于某种原因需要补充或修改保险单的内容，可向保险人提出修改申请，由保险人出具批单进行修改。实际操作中，批单应粘贴在保险单上，并加盖骑缝章，批单的效力优先于保险单。

批单的内容通常有：①更改被保险人名称；②更改货物名称；③更改货物包装或数量；④更改保险金额；⑤更改承保险别；⑥更改货物标记（唛头）；⑦更改船名、加注转船或内陆目的地；⑧更改开航日期；⑨更改起运港或目的港；⑩更改赔款偿付地点；⑪更改出单日期；⑫延长保险有效期（期限）等。

四、产地证明书

产地证明书是证明货物原产地和制造地的文件，也是进口国海关采取不同的国别政策和关税待遇的依据。产地证明书一般可分为：①普通产地证（又称原产地证） （Certificate of Origin）；②普惠制产地证（Generalized System of Preference Certificate of Origin FORM A）；③欧洲纺织品产地证。其中，普惠制产地证由商检机构出证，普通产地证由商检机构或贸促会出证。

五、商检证书

商检证书的作用主要有：①作为议付货款的一种单据。如果商检证书中所列的项目或检验结果和信用证的规定不符，有关银行可以拒绝议付货款。②作为证明交货的品质、数量、包装以及卫生条件等是否符合合同规定的依据。③如交货品质、数量、包装以及卫生条件与合同规定不符时，买卖双方可以凭此作为拒收、索赔或理赔的依据。

根据信用证或合同的规定，出具的商检证书是结汇的必备单据，必须按信用证或合同的规定严格出证。如果没有说明，商检证书可由出口企业出证，但信用证或合同有明确要求出证机构的，必须按要求办理。

六、船公司证明书

有些合同或信用证要求出口企业租用的承运货物的船只必须符合一定的要求（如船龄、船籍等），并且要有船公司的证明书加以证明，在结汇时随全套结汇单据一并提交银行。因此，出口企业的外贸跟单员在租船订舱时，必须了解有关的要求，选择符合要求的船公司作为承运人，并在装运后要求船公司出具相关的证明书。

样单：海运提单

ORIGINAL

B/L NO.: COSU294898200

GDONG IMPORT AND EXPORT TRADING
CORPORATION OF GUANGDONG
1,XIN CHANG ROAD, YANGDONG COUNTY
GUANGDONG,CHINA
TEL: (86-662)991-2050
FAX: (86-662)861-2850 means "To Order of Shipper")

景华船务有限公司
Kenwa Shipping Co. Ltd.

TO ORDER OF INTERNATIONAL BANK OF
CALIFORNIA

Port-to-Port or Combined Transport
BILL OF LADING

RECEIVED in external apparent good order and condition except as otherwise noted. The total number of the packages or units stuffed in the container, the description of the goods and the weights shown in this Bill of Lading are furnished by the Merchants, and which the carrier has no reasonable means of checking and is not a part of this Bill of Lading contract. The carrier has issued the number of Bills of Lading stated below, all of this tenor and date, one of the original Bills of Lading must be surrendered and endorsed or signed against the delivery of the shipment and whereupon the other Original Bills of Lading shall be void. The Merchants agree to be bound by the terms and conditions of this Bill of Lading as if each had personally signed this Bill of Lading. SEE clause 4 on the back of this Bill of Lading (Terms continued on the back hereof, please read carefully)

3. Notify Party insert Name, Address and Phone
(It is agreed that no responsibility shall attach to the Carrier or his agents for failure to notify)

KAB TRADE CO 12953 E.GARVEY AVE.
BALDWIN PARK, CALIFORNIA 91706
TEL: (626)813-9995
FAX: (626)338-1202

4. Combined Transport * Pre-carriage by	5. Combined Transport * Place of Receipt	10. For delivery of goods please apply to: KENWA SHIPPING, USA INC.
6. Ocean Vessel Voy.No. JI WANG V.0129M	7. Port of Loading HUANGPU HARBOR,CHINA	701 S. Atlantic Blvd. Suite 200 Monterrey Park, CA 91754
8. Port of Discharge LOS ANGELES HARBOR, CALIFORNIA	9. Combined Transport * Place of Delivery	Telephone: (818) 293 8811 Facsimile: (818) 588 2266

Marks & Nos. Container. Seal No.	No. of Containers or Pkgs	Description of Goods (If Dangerous Goods, See Clause 20)	Gross Weight kgs	Measurement
ITEM NO.: DESC: ORDER NO. CTN.NO.1-UP MADE IN CHINA	640CTNS	SHIPPER'S LOAD & COUNT & SEAL 1X40'HQ CONTAINER S.T.C. METAL FRUIT BASKET W/WOOD BASE D/C NO. 7911	14,160KGS	65.441CBM
1X40'HQ FCL/FCL CY/CY TGHU7036445/54660		SHIPMENT AS FULL CONTAINER LOAD IN 40'HQ CONTAINER FREIGHT PREPAID ORC PREPAID DDC COLLECT USD755.00/40'HQ BAF COLLECT USD82.00/40'HQ		

Description of Contents for Shipper's Use Only (Not Part of This B/L Contract)

11. Total Number of containers and / or packages of ONE (1X40'HQ) CONTAINER ONLY.
Subject to Clause 7 Limitation (STC. SIX HUNDRED AND FORTY CARTONS ONLY.)

12. Freight & Charges	Revenue Tons	Rate	Per	Prepaid	Collect
Declared Value Charge				AS AGENT FOR THE CARRIER: KENWA SHIPPING CO.,LTD.	
Ex. Rate: NOV. 05,1998		Payable at		Place and date of Issue GUANGZHOU NOV. 05,1998	SHIPPED ON BOARD
LADEN ON BOARD THE VESSEL DATE (KENWA STANDARD FORM 9802)		No. of Original B(s)/L THREE		Stamp & Signature	

00331

CHINA OCEAN SHIPPING AGENCY GUANGZHOU
AS AGENTS (12)

* Applicable Only When Document Used as a Combined Transport Bill Of Lading

样单：航空运单

160　HKG　36877175		FILE NO.: AE05-02-0016	House Air Waybill Number
			IFS-31661

Shipper's Name and Address　　　　Shipper's Account Number	Not negotiable **Air Waybill** (Air Consignment note) Issued by	**IFS** 運航國際空運有限公司 **IFS INTERNATIONAL AIR CARGO LIMITED**
STEP ELEGANT LTD RM201,2/F,WAI CHING COMM BLDG, 77 WAI CHING ST,KLN,HONG KONG 27812910 DEREK CHENG		Copies 1, 2 and 3 of this Air Waybill are originals and have the same validity.

Consignee's Name and Address　　　Consignee's Account Number	It is agreed that the goods described herein are accepted in apparent good order and condition (except as noted) for carriage SUBJECT TO THE CONDITIONS OF CONTRACT ON THE REVERSE HEREOF. THE SHIPPER'S ATTENTION IS DRAWN TO THE NOTICE CONCERNING CARRIERS' LIMITATION OF LIABILITY. Shipper may increase such limitation of liability by declaring a higher value for carriage and paying a supplemental charge if required.
TO ORDER OF BNP PARIBAS (CANADA)	FREIGHT PREPAID NOTIFY COSACO INC 9600 RUE MEILLEUR,MONTREAL, QC H2N 2E3 CONTACT PERSON:KAREN CRAWLEY TEL:(514)3824860 FAX:(514)3878086

Airport of Departure (Addr. of First Carrier) and Requested Routing									
HONG KONG									

to	By First Carrier　Routing and Destination	Air Waybill Number	Currency	CHGS Code	WT/VAL PPD COLL	Other PPD COLL	Declared Value for Carriage	Declared Value for Customs
YUL	CX		HKD		P	P	N.V.D.	AS PER INV

Airport of Destination	Flight/Date	For Carrier Use only	Flight/Date	Amount of Insurance	INSURANCE - If Carrier offers insurance and such insurance is requested in accordance with conditions on reverse hereof, indicate amount to be insured in figures in box marked amount of insurance.
MONTREAL	CX828		05 FEB 2005	NIL	

Handling information

THIS SHIPMENT,INCLUDING ITS CONTAINERS,DOES NOT CONTAIN ANY
NON-MANUFACTURED WOODEN PACKING MATERIAL,DUNNAGE,BRACING MATERIAL,PALLETS,
CRATING OR OTHER NON-MANUFACTURED WOODEN PACKING MATERIAL.

No. of Pieces RCP	Gross Weight	kg lb	Rate Class Commodity Item No.	Chargeable Weight	Rate / Charge	Total	Nature and Quantity of Goods (incl. Dimensions or Volume)
22	189.0K			189.0	PREPAID AS ARRANGED		LADIES' 95% COTTON 5% SPANDEX KNITTED SWEATER PO. C9588 STYLE NO.52309D5S/LD QTY:800PCS
	MARKS: OUR MARK OUR P/O NO. CONCECUTIVE PACKAGE NUMBER STYLE NO. COLOR SIZE QTY MADE IN CHINA WEIGHT MEASURMENT		INVOICE,PACKING LIST,ORIGINAL CHINA C/O#040551659 ATT'D E/L : E501221500005				[D34*60*31CM*14] [D54*31*31CM*8] VOL. = 1300512.0CM BY VOL. 186.0K

Prepaid	Weight Charge	Collect	Other Charges	
AS ARRANGED		PREPAID		
	Valuation Charge			
	Tax			
Total other Charges Due Agent			Shipper certifies that the particulars on the face hereof are correct and that insofar as any part of the consignment contains restricted articles, such part is properly described by name and is in proper condition for carriage by air according to the applicable Dangerous Goods Regulations.	
Total other Charges Due Carrier				
			IFS INTERNATIONAL AIR LIMITED	
			Signature of Shipper or his Agent	
Total Prepaid		Total Collect		
Currency Conversion Rates		CC Charges in Dest. Currency	03 FEB. 2005　　HONG KONG	
			Executed on　(Date)　at　(Place)　Signature of Issuing Carrier or its Agent	

ORIGINAL 1 (FOR SHIPPER)

	House Air Waybill Number
	IFS-31661

样单: 保险单

PICC 中国人保财险
北京2008年奥运会保险合作伙伴
OFFICIAL INSURANCE PARTNER OF THE BEIJING 2008 OLYMPIC GAMES

中国人民财产保险股份有限公司 PICC PROPERTY AND CASUALTY COMPANY LIMITED
货物运输保险单 CARGO TRANSPORTATION INSURANCE POLICY

印刷号 (Printed No.) NO: 060 0011432

保险单号 (Policy No.) PYIE2007449404000000308

合同号 (Contract No.)

发票号 (Invoice No.) FSE-2042   信用证号 (L/C No.)

被保险人 (Insured): FINE TRIUMPH TRADING LIMITED - MCO

中国人民财产保险股份有限公司(以下简称本公司)根据被保险人要求,以被保险人向本公司缴付约定的保险费为对价,按照本保险单所列条款承保下述货物运输保险,特订立本保险单。
This policy of insurance witnesses that PICC Property and Casualty Co. Ltd.(hereinafter called "the company") at the request of the insured and in consideration of the agreed premium paid to the company by the insured, undertakes to insure the undermentioned goods in transportation subject to the conditions of this policy as per the clauses printed below.

标记 MARKS & NOS.	包装及数量 QUANTITY	保险货物项目 GOODS	保险金额 AMOUNT INSURED
H7005H6030AZ D7214H5318B D7217H4061	28470 PCS 1X40' HQ CONTAINER NO.: GESU4828929	PANTS SKIRT BLAZER	USD174,519.13

总保险金额: US Dollars ONE HUNDRED AND SEVENTY FOUR THOUSAND FIVE HUNDRED AND NINETEEN
Total Amount Insured: AND CENTS THIRTEEN ONLY (USD174,519.13)

保费 (Premium): AS ARRANGED   启运日期 (Slg.on or abt): May 07 2007

装载运输工具 (Per Conveyance): HANJIN WASHINGTON V.072W

自 From SINGAPORE   经 Via ROTTERDAM, THE NETHERLANDS   至 HAMBURG, GERMANY

承保险别 (Conditions)
COVERING ALL RISKS AS PER OCEAN MARINE CARGO CLAUSES OF THE PEOPLE'S INSURANCE COMPANY-
OF CHINA DATED 1/1/81.   AND WAR RISKS AS PER OCEAN MARINE CARGO CLAUSE OF
THE PEOPLE'S INSURANCE COMPANY OF CHINA DATED 1/1/81.   INCLUDING S.R.C.C.-
AS PER S.R.C.C. CLAUSES OF THE PEOPLE'S INSURANCE COMPANY OF CHINA.   INCLUD-
ING RISKS DURING TRANSHIPMENT(S).

所保货物如发生保险单项下可能引起索赔的损失,应立即通知本公司或下述代理人查勘。如有索赔,应向本公司提交正本保险单(本保险单共有____份正本)及有关文件,如一份正本已用于索赔,其余正本自动失效。
In the event of loss or damage which may result in a claim under this policy, immediate notice must be given to the company's agent as mentioned hereunder. Claims, if any one of the original policy which has been issued in ____ original(s) together with the relevent documents shall be surrendered. BATTERMANN & TILLERY GMBH original policy has been accomplished, the others to be void.

MARLOWRING 21, D-22525 HAMBURG, GERMANY
TELEPHONE: (49) 40 897 12250 & 897 12252
MOBILE: (49) 172 7152549 (CAPT HANS JURGEN H
EYER) AFTER HOURS: (49) 172 7152549
FAX: (49) 40897 12266
EMAIL: OFFICE@LLOYDS-HAMBURG.COM

保险人: Underwriter: 广东省公司国际部市场四部
电话 (TEL):   PICC PROPERTY AN____ ...Y COMPANY LIMITED
传真 (FAX):   GUANGDO____ CIAL BRANCH
地址 (ADD):   (020)83____ DEPT.
                    (020)8352____
                    广州市广____
                    No.2 GUANGW____ ROAD, GUANGZHOU, CHINA

赔款偿付地点
Claim Payable at HAMBURG, GERMANY IN USD
May 06 2007

签单日期 (Issuing ____ 日期) 范小星   授权人签字: AUTHORIZED SIGNATORY

核保人: 制单人: 欧雪蓉 Authorized Signature   经办人: 黄维维

样单：出口商出具的检验证书

CERTIFICATE OF INSPECTION

DATE: Jul. 19, 2000

RE: L/C NO. ILCT507553

   INV. NO. 2000057WBS-5

DESCRIPT. OF GOODS. MEN'S WOMEN'S SWEATERS

STYLE NO.	QUANTITY	NO. OF CTN.
22275	758 PCS	63 CTNS
22277	441 PCS	37 CTNS
22292	383 PCS	32 CTNS
22328	140 PCS	12 CTNS
22332	143 PCS	12 CTNS
52281	300 PCS	25 CTNS
52281BH	132 PCS	11 CTNS
-----------	-----------	-----------
TTL.	2,297 PCS	192 CTNS

THIS IS TO CERTIFY THAT WE HAVE INSPECTED OF CAPTIONED
MERCHANDISES AND THE (CONTROL OF) QUALITY ARE IN CONFORMITY
WITH S/C NO. 2000CA44GMWBS11033

CERTIFIED BY:

INSPECTOR

广东省纺织品进出口毛织品有限公司
GUANGDONG TEXTILES
          IE   **WOOLEN**
KNITWEARS CO.   **LTD.**

样单：船公司证明书

JT 即達船務有限公司
JETER SHIPPING LTD.

香港皇后大道中367
萬利商業大廈106字
Rm 106, Manley Comm Bldg.
367-375 Queen's Rd., Central, H.K.
Tel : 2545 7979　　Fax : 2854 0836

CERTIFICATE

DATE:6 AUG.,1997

VSL/VOY:JI CHANG/AL IHSA'A V.WU735

B/L NO:JT97-1778

PORT OF DISCHARGE:DUBAI ,UAE

SHIPPING MARKS:
AL SHAMALI/DUBAI

WE CERTIFY THAT THE RELATIVE CARRYING VESSEL IS FULLY CLASSIFIED
AS PER INSTITUTE OF CLASSIFICATION CLAUCE,DATED 13-04-1992 AND
IS NOT ODDER THAN 15 YEARS OLD AND NO F.O.C. (FLAG OF
CONVENIENCE COUNTRIES) OR PROBLEM FLAG VESSELS.FOR BULK CARRIERS TH

For and on behalf of
JETER SHIPPING LIMITED
即達船務有限公司
馬紅光
AS CARRIER

第十节　制　单

由出口企业自己出具的单据，主要有汇票、发票、装箱单和受益人证明书等。外贸跟单员应掌握有关单据的填制规范，能根据信用证或合同的要求缮制有关单据。

一、汇票

（一）汇票的定义和基本内容

1. 汇票的定义

根据英国《票据法》所下的定义，汇票是指"由一人签发给另一人的无条件书面命令，要求受票人见票时或于未来某一规定的或可以确定的时间，将一定金额的款项支付给某一特定的人或其指定的人或持票人"。

我国《票据法》第19条对汇票下了如下的定义："汇票是出票人签发的，委托付款人在见票时或者在指定日期无条件支付确定的金额给付款人或者持票人的票据。"

2. 汇票的基本内容

各国《票据法》对汇票内容的规定不同。我国《票据法》第22条规定，汇票必须记载下列事项：①注明"汇票"字样；②无条件的支付委托；③确定的金额；④付款人的名称；⑤收款人的名称；⑥汇票的出票日期；⑦出票人签章。汇票上未记载规定事项之一者，汇票无效。

我国《票据法》第23条还就付款日期、付款地和出票地等内容作了以下规定："汇票上未记载付款日期的，为见票即付。汇票上未记载付款地的，付款人的营业场所、住所或经常居住地为付款地。汇票上未记载出票地的，出票人的营业场所、住所或经常居住地为出票地。"

上述基本内容，一般为汇票的要项，但并不是汇票的全部内容。按照各国《票据法》的规定，汇票的要项必须齐全，否则受票人有权拒付。

（二）汇票的当事人

1. 出票人（Drawer）

出票人即签发汇票的人。在进出口业务中，出票人通常是出口商。

2. 受票人（Drawee）

受票人即汇票的付款人。在进出口业务中，受票人通常是进口商或其指定的银行。

在信用证付款方式下，若信用证没有指定付款人，根据《UCP 600》的规定，开证行即是付款人，也就是汇票的受票人。同时，《UCP 600》又规定，不允许以开证人作为汇票中的付款人开立汇票。

3. 受款人（Payee）

受款人即汇票规定的可受领金额的人，也称为汇票的抬头人。在进出口业务中，若信用证没有特别指定，受款人通常是出口商本人或其指定的银行。

（三）汇票的填制

汇票属于资金单据，它可以代替货币进行转让或流通。因此，汇票是一种很重要的有价证券。为了防止丢失，一般汇票都有两张正本，即 First Exchange 和 Second Exchange。根据《票据法》的规定，两张正本汇票具有同等效力，但付款人付一不付二，付二不付一，先到先付，后到无效。银行在寄送单据时，一般也要将两张正本汇票分为两个邮次向国外寄发，以防在邮程中丢失。

1. 出票根据（Drawn under）

（1）信用证项下，出票根据表明汇票起源交易是允许的。其一般具备三项内容，即开证行名称、信用证号码和开证日期。

出票根据是说明开证行在一定的期限内对汇票的金额履行保证付款责任的法律依据，是信用证项下的汇票不可缺少的重要内容之一。

（2）托收项下，一般应加发运货物的名称、数量，有的还加起运港和目的港以及合同号等。例如：

Covering 500 cartons of garments shipped from Xingang to Hong Kong under Contract No. 90GD030.

清偿第 90GD030 号合同项下自新港装运至香港的服装 500 箱。

Being amount of 1,200 cartons Apple under Contract No. 667TMK6204.

系第 667TMK6204 号合同项下 1 200 箱苹果之金额。

有的只加合同号，如 "Drawn under Contract No. WK-4653-74"（第 WK-4653-74 号合同项下开立）。

托收汇票应在出票条款栏内或其他位置加注 "For collection"。有的在出票条款栏内只加此项内容而不加任何其他说明。

上述这些做法，从实务中看，一般均能接受。

2. 年息
填写合同规定的利息率。若合同没有规定，该项留空。

3. 号码
填写商业发票的号码，实务中一般留空不填。

4. 小写金额
汇票上的一定金额数，表示确切的金额数目。一般要求汇票金额使用货币缩写和用阿拉伯数字表示的金额小写数字。例如：USD 345.00。

除非信用证另有规定，否则，汇票金额所使用的货币必须与信用证规定和发票所使用的货币一致。在正常情况下，汇票金额应为发票金额的 100%，但以不超过信用证规定的最高金额为限。

5. 付款期限（Tenor）
付款期限在各国票据中都被认为是票据的重要项目。如果一张汇票没有确定的期限，这张汇票将是无效的。在缮制汇票付款期限时，应按照信用证的规定填写。即期的要打上"At Sight"或"***"。如证内规定开具远期汇票，应在"at"后面打印上期限。依据起算日期的不同，主要有如下几种：

（1）以装船日期为起算日期。例如：

We hereby issue our irrevocable documentary letter of Credit No. ××× available, at 60 days after B/L date by draft.

制单时应在汇票的付款栏目中填写"60 days after B/L date"。

（2）以交单日期为起算日期。例如：

This L/C is available with us by payment at 30 days after receipt of full set of documents at our counters.

制单时应在汇票的付款栏目中填写"30 days after receipt of full set of documents at your counters"。

（3）以发票日期为起算日期。例如：

Draft at 30 days from invoice date.

制单时应在汇票的付款栏目中填写"30 days from invoice date"。

（4）以见票日期为起算日期。例如：

Draft at 90 days sight.

制单时应在汇票的付款栏目中填写"90 days"。

6. 受款人
受款人又称收款人（Payee），是汇票的抬头人，是出票人所指定的接受票款的当事人。有的以出口商或其所指定的第三者为受款人。在国际票据市场上，汇票的抬头人通常有如下三种写法：

（1）记名式抬头（Demonstrative order），即在受款人栏目中填写"付给×××人的指定人"（Pay to the other of × × × ）。这种类型是最普遍使用的一种。

（2）限制性抬头（Restrictive order），即在受款人栏目中填写"仅付给×××人"（Pay to ×××only ）或"限付给×××人，不许转让"（Pay to × × × only not transferable）。

（3）持票人抬头（Payable to bearer），即在受款人栏目中填写"付给持票人"（Pay to bearer）。

在我国对外贸易中，汇票的受款人一般都是以银行指示为抬头。常见的信用证对汇票的受款人一般有以下三种做法：

（1）来证规定由中国银行指定或其他议付行，或来证对汇票受款人未作明确规定。通常，汇票的受款人应打印上"Pay to the order of Bank of China"（由中国银行指定）。

（2）当来证规定由开证行指定时，在汇票的这一栏目应打印上"Pay to the order of. . . Bank"（开证行的名称）。

（3）当来证规定由偿付行指定时，在汇票的这一栏目应打印上"Pay to the order of. . . Bank"（偿付行名称）。

7. 大写金额

用文字表示并在文字金额后面加上"ONLY"（"整"），防止涂改。例如"UNITED STATES DOLLARS ONE THOUSAND TWO HUNDRED AND THIRTY FOUR ONLY"。

大写金额应与上面的小写金额以及所使用的货币一致。如果大写与小写不符，议付行将不予接受。

8. 付款人及付款地点

汇票的付款人（Payer）即汇票的受票人（Drawee），也称为致票人。在汇票中表示为"此致……"（to. . .）。凡是要求开立汇票的信用证，证内一般都指定了付款人。若信用证没有指定付款人，根据《UCP 600》的规定，制票时以开证行为付款人。

（1）当信用证规定须开立汇票而又未明确规定付款人时，应理解为开证行就是付款人，从而打印上开证行的名称和地址。

（2）当信用证要求"DRAFT DRAWN ON APPLICANT"时，应要求开证人申请修改信用证，《UCP 600》不允许出具的汇票以开证人为付款人。

（3）当信用证要求"DRAWN ON US"时，应填写开证行的名称和地址。

付款人旁边的地点就是付款地点。它是汇票金额支付地，也是请求付款地或拒绝证书作出地。有时出票人也可在金额后写明用何地的货币偿还。

9. 出票人及出票地点

出票人（Drawer）即签发汇票的人。在进出口业务中，通常是指卖方（信用证的受益人）。按照我国的习惯，出票人一栏通常打上出口公司的全称，并由公司经理签署，也可以盖上出口公司包括有经理章字模的印章。

必须注意，汇票出票人应该是信用证指定的受益人。如果证内的受益人不是出具汇票的公司，应修改信用证。如未作修改，汇票的出票人应该是信用证指定的受益人名称，按来证照打，否则银行将当作出单不符而拒收。同时，汇票的出票人也应同其他单据的签署人名称相符。

汇票上必须注明出票地点，因为汇票如在一个国家出票，在另一个国家付款时，要确定以哪个国家的法律为依据，来判断汇票所具备的必要项目是否齐全，从而使之有效。对此，各国采用出票地法律或行为地法律的原则，即以出票行为的当地法律认为汇票已具备必要项目而生效时，付款地点也同样认为有效。

（四）汇票的使用

汇票的使用程序除出票外，还有提示、承兑、付款等。

1. 提示（Presentation）

提示是指持票人将汇票提交付款人，要求承兑和付款的行为。付款人看到汇票叫做见票（Sight）。如系即期汇票，付款人见票后立即付款；如系远期汇票，付款人见票后办理承兑手续，到期立即付款。

2. 承兑（Acceptance）

承兑是指付款人对远期汇票表示承担到期付款责任的行为。其手续是由付款人在汇票正面写上"承兑"字样，注明承兑的日期，并由付款人签名。付款人对汇票作出承兑，即成为承兑人（Acceptor）。承兑人有在远期汇票到期时立即付款的责任。

3. 付款（Payment）

对即期汇票，在持票人提示时，付款人即应付款，无须经过承兑手续；对远期汇票，付款人经过承兑后，在汇票到期日付款。

4. 背书（Endorsement）

背书是转让汇票的一种手续，就是由汇票抬头人（受款人）在汇票背面签上自己的名字，或再加上受让人，即被背书人（Endorsee）的名字，并把汇票交给受让人的行为。经背书后，汇票的收款权利便转移给受让人。汇票可以经过背书不断转让下去。对于受让人来说，所有在他以前的背书人（Endorser）

以及原出票人都是他的"前手";对于出让人来说,在他出让以后的所有受让人都是他的"后手"。前手对后手负有担保汇票必然会被承兑或付款的责任。

在国际市场上,汇票持有人如要求付款人付款之前取得票款,可以经过背书将汇票转让给银行,银行在扣除一定的利息后将票款付给持票人,这叫做贴现(Discount)。银行贴现汇票后,就成为汇票的持票人,可以在市场上继续转让汇票,或者向付款人索取票款。

5. 拒付 (Dishonour)

当汇票在提示时遭到付款人拒绝付款或拒绝承兑,称为拒付。汇票经过转让,如果遭到拒付,最后的持票人有权向所有的"前手"追索,一直追索到出票人。持票人为了行使追索权,应及时作出拒付证书(Protect)。拒付证书是由付款地的法定公证人或其他依法有权作这种证书的机构(例如法院、银行等)所作出的付款人拒付的文件,是最后持票人凭以向其"前手"进行追索的法律依据。如拒付的汇票已经承兑,出票人也可凭拒付证书向法院起诉,要求承兑汇票的付款人付款。

汇票的出票人或背书人为了避免承担被追索的责任,可在背书时加注"不受追索"(Without Recourse)的字样。凡列有这种批注的汇票,在市场上一般是很难转让流通的。

(五)信用证汇票条款举例

例 1

Credit available with any bank, by negotiation, against presentation of beneficiary's draft (s) at sight, drawn on applicant induplicate to order of ourselves.

该条款要求出具的即期汇票作成以开证人为付款人,并进行记名指示背书。填制汇票时,应在汇票的背面填"议付行名称、地址 + TO ORDER OF + 开证行名称、地址"。

例 2

All drafts must be marked "Drawn under the Royal Bank of Canada, Montreal L/C No. × × × dated × × × and Banco de Chile, Santiago Credit No. × × × dated × × ×".

该出票条款中有两家银行、两个信用证号码、两个开证日期。前者是转开证行也是指定的付款行或保兑行,后者是原始开证行。由于原始开证行与通知行无代理关系，因此通过另一家银行转开信用证，这样就出现了有两家银行、两个证号、两个开证日期的条款，出口人在开立汇票时须按该条款的要求缮制。

例 3

Draft to be enfaced with the following clause: "Payable with interest at bank's current rate of interest pertaining to the currency of this bill from date here of to the date of payment."

该条款要求在汇票上注明开证行自汇票开出的日期（即议付日期）起至其转向进口人收回垫款之日止这段时间的利息，开证人应按条款规定偿付给开证行。事实上这是开证行与进口人之间的利息结算，与出口人无关。但出口人须按此条款缮制汇票，以符合信用证要求（一般由银行代加）。

例 4

Draft at 90 days sight. We are authorized to pay interest at the rate of 9% p. a. for full invoice value at Materity. Invoice and draft must show the amount of interest.

该条款是 90 天远期汇票，见票后起算。开证行被授权按年息 9 厘计息到期付款。发票与汇票上必须显示利息金额。此条款表明货款金额连同利息都可在见票 90 天后在信用证项下支付，这就是真远期加利息。在发票上应打出"Plus 90 days interest ×××"，然后再把货款加利息的总金额打在下面。汇票上应打出："The amount of 90 days interest at 9% p. a. being ××× is included."

例 5

Draft at 180 days sight drawn on Saitama Bank Ltd. , Tokyo Office. Usance drafts drawn under this L/C are to be negotiated at sight basis. Discount charges and acceptance commission are for account of accountee.

该条款由日本银行开来，汇票开立远期见票 180 天付款，但可即期议付，其承兑费和贴现费均由开证人负担。对受益人来说是即期信用证，通常称为假远期信用证。

二、发票

(一) 商业发票

1. 商业发票的作用

商业发票是所有结汇单据的核心单据。其作用主要有：①发票是交易的合法证明文件，是货运单据的中心，也是装运货物的总说明；②发票是买卖双方收付货款和记账的依据；③发票是买卖双方办理报关、纳税的计算依据；④在信用证不要求提供汇票的情况下，发票代替了汇票作为付款依据；⑤发票是出口人缮制其他出口单据的依据。

2. 商业发票的缮制

（1）出票人名称与地址。一般情况下，出票人即为出口公司，制单时应标出出票人的中文和英文名称和地址。当企业采用印刷空白发票或电脑制单时，都已预先印上或在程序中编入出票人的中文名称和地址。

出票人的名称和地址应与信用证的受益人的名称和地址一致。

（2）发票名称。发票名称必须用粗体标出"COMMERCIAL INVOICE"或"INVOICE"。

（3）发票抬头人（Messrs.）名称与地址。当采用信用证支付货款时，如果信用证上有指定抬头人，则按来证规定制单。否则，一般情况下填写开证申请人（进口商）的名称和地址。当采用托收方式支付货款时，填写合同买方的名称和地址。填写时，名称和地址不应同行放置。

（4）出票人（Exporter）名称与地址。填写出票人的英文名称和地址。

（5）运输资料（Transport Details）。填写货物实际的起运港（地）、目的港（地）以及运输方式。如果货物需经转运，应把转运港的名称表示出来。例如：

FROM GUANGZHOU TO HELSINKI W/T HONGKONG BY VESSEL

（6）发票号码（Invoice No.）。发票号码由出口公司根据本公司的实际情况自行编制。

（7）发票日期（Invoice Date）。

在所有结汇单据中，发票是签发日期最早的单据，该日期可以早于开证日期，但不得迟于信用证的议付有效期（Expiry Date）。

（8）信用证号码（L/C No.）。当采用信用证支付货款时，需填写信用证号码。若信用证没有要求在发票上标明信用证号码，此项可以不填。当采用其他支付方式时，此项不填。

（9）开证日期（L/C Date）。填写信用证的开证日期。

（10）合同号码（S/C No.）。合同号码应与信用证上列明的一致。一笔交易牵涉几个合同的，应在发票上表示出来。

（11）支付方式（Terms of Payment）。填写该笔业务的付款方式，如 L/C、T/T 等。

（12）唛头及件号（Marks and Nos.）。发票的唛头应按信用证或合同的规定填写，并与托运单、提单等单据唛头严格保持一致。若为裸装货或散装货，可填写"N/M"（"No Mark"的缩写）。

如信用证或合同没有指定唛头，出口商可自行设计唛头。唛头内容包括客户名称的缩写、合同号（或发票号）、目的港、件号等部分。如货物运至目的港后还要转运到内陆城市的，可在目的港下面加打"IN TRANSIT TO ×××"或"IN TRANSIT"字样。

（13）货物内容（Description of Goods）。货物内容一般包括货物的名称、规格、数量、单价、贸易术语、包装等项目。制单时应与信用证的内容严格一致，省略或增加货名的字或句，都会造成单证不符，开证银行有权拖延或拒付货款。信用证引导货物内容的词或词组主要有"Description of goods、Shipment of goods、Covering Value of、Covering the following goods by、Covering shipment of、Description of merchandise"。

对成交商品规格较多的，信用证常规定"AS PER S/C NO. . ."，制单时须分别详列各种规格和单价。

当使用其他支付方式（如托收）时，货物内容应与合同内容一致。

（14）商品的包装、件数（Quantity）。填写实际装运的数量及包装单位，并与其他单据相一致。凡信用证数量前有"约"、"大概"、"大约"或类似的词语，交货时允许数量有 10% 的增减幅度。

（15）单价（Unit Price）。完整的单价由计价货币、计量单位、单位金额和价格术语四个部分组成。凡信用证单价前有"约"、"大概"、"大约"或类似的词语，交货时允许单价有 10% 的增减幅度。

（16）总值（Amount）。发票的总值不能超过信用证规定的最高金额。如超过信用证规定的金额，按照《UCP 600》第 18 条 b 款的规定，按照指定行事的指定银行、保兑行（如有）或开证行可以接受超过信用证所允许金额出具的商业发票。如果有关银行已经付款或议付的金额未超过信用证所允许的金额，则该银行的决定对有关各方均具有约束力。对信用证总值前有"约"、"大概"、"大约"或类似的词语，交货时允许总值有 10% 的增减幅度。

实际装运时，如信用证金额有余额，在开证人和开证行同意接受的情况下，可用发票金额制单结汇。如信用证金额不够，可作如下处理：

①发票金额比信用证金额多一点（如 8.20 美元），可在发票上加注"Written off USD 8.20, net proceed USD 10,000.00"（实收货款 10 000 美元，少收 8.20 美元），以便保证发票金额与信用证金额一致。

②发票金额比信用证金额多一些（如 80.20 美元），可在发票上加注"Less USD 80.20 to be paid by D/D latter, net proceed USD 10,000.00"（实收货款 10 000 美元，80.20 美元通过以后的票汇收取），以便保证发票金额与信用证金额一致。

③发票金额比信用证金额多许多（如 300 美元），则须征得进口商和开证行同意，方可按发票的实际金额制单。具体操作可通过议付行电询开证行，得到开证行同意后制单结汇。对于扣佣金，要按信用证规定处理。信用证没有明确表示的，不能直接在实际进口商开来的信用证规定的毛额中扣除；否则，变成佣金付给实际进口商，而中间商却未得到。

（17）价格术语（Trade terms）。价格术语涉及买卖双方的责任、费用和风险的划分问题，同时，也是进口地海关核定关税的依据。因此，商业发票必须标出价格术语。信用证中的价格术语一般在货物内容的单价中表示出来。

（18）声明文句。信用证要求在发票内特别加列船名、原产地、进口许可证号码等声明文句，制单时必须一一详列。常用的声明字句有：

①证明所到货物与合同或订单所列货物相符。例如：

We certify that the goods named have been supplied in conformity with order No. 888.

兹证明本发票所列货物与第 888 号合同相符。

②证明原产地。例如：

We hereby certify that the above mentioned goods are of Chinese Origin.

This is to certify that the goods named herein are of Chinese Origin.

兹证明所列货物系中国产。

③证明不装载于或停靠限制的船只或港口。例如：

We certify that the goods mentioned in this invoice have not been shipped on board of any vessel flying Israeli flag or due to call at any Israeli port.

兹证明本发票所列货物不装载于悬挂以色列国旗或驶靠任何以色列港口的船只。

④证明货真价实。例如：

We certify that this invoice is in all respects true and correct both as regards to the price and description of the goods referred herein.

兹证明本发票所列货物在价格、品质规格各方面均真实无误。

⑤证明已经航邮有关单据。例如：

This is to certify that two copies of invoice and packing list have been airmailed direct to applicant immediate after shipment.

兹证明发票、装箱单各两份，已于装运后立即直接航邮开证人。

（19）出单人签名或盖章。商业发票只能由信用证中规定的受益人出具。

除非信用证另有规定，如果以影印、电脑处理或复写方法制作的发票，作为正本者，应在发票上注明"正本"字样，并由出单人签字。

《UCP 600》规定商业发票可不必签字，但有时来证规定发票需要手签的，则不能盖胶皮签字章，必须手签。对墨西哥、阿根廷出口，即使信用证没有规定，也必须手签。

3. 部分国家对发票的特殊规定

（1）智利：发票内要注明运费、保险费和 FOB 值。

（2）墨西哥：发票要手签。一般发票要求领事签证，可由贸促会代签，并注明"THERE IS NO MEXICAN CONSULATE HERE"（此地无墨西哥领事）。在北京可由墨西哥驻华使馆签证。

（3）澳大利亚：发票内应加发展中国家声明，可享受优惠关税待遇。声明如下：

Developing country declaration that the final process of manufacture of the goods for which special rates are claimed has been performed in China and that not less than one half of the factory or works cost of the goods is represented by the value of the labour or materials or of labor and materials of China and Australia.

（4）伊拉克：要求领事签证，由贸促会代替即可。

（5）黎巴嫩：发票应加证实其真实性的词句。例如：

We hereby certify that this invoice is authentic, that it is the only one issued by us for the goods herein, that the value and price of the goods are correct without any deduction of payment in advance and its origin is exclusively China.

（6）科威特：发票内要注明制造厂商名称和船名，注明毛、净重并以千克表示。

（7）巴林：发票内应注明货物原产地，并且应手签。

（8）斯里兰卡：发票要手签，并且要注明"BTN NO."。

（9）秘鲁：如信用证要求领事签证，可由贸促会代签。发票货名应以西班牙文表示，同时要列明 FOB 价值、运费、保险费等。

（10）巴拿马：可由贸促会签证并须注明"此地无巴拿马领事"。

（11）委内瑞拉：发票应加注西班牙文货名，由贸促会签证。

（12）伊朗：发票内应注明关税号。

（13）阿拉伯地区：一般都要求发票注明货物原产地并由贸促会签证，或者由贸促会出具产地证。

（14）尼泊尔、印度：发票要手签。

（15）土耳其：产地证不能联合在发票内。

4. 信用证商业发票条款举例

例1

Manually signed commercial invoices in six fold certifying that goods are as per indent No. GA/MAMN/003/98 of 03.06.1998 quoting L/C No. BTN/HS No. and showing original invoice and a copy to accompany original set of documents.

该条款要求手签的商业发票一式六份，证明货物是根据 1998 年 6 月 3 日、号码为 GA/MAMN/003/98 的订货单，注明信用证号码和布鲁塞尔税则分类号码，显示正本发票和一份副本随附原套单证。

例2

5% discount should be deducted from total amount of the commercial invoice.

该条款要求商业发票的总金额须扣除 5% 折扣。

例3

Signed commercial invoices in quadruplicate showing a deduction of USD 141.00 being ORC charges.

该条款要求签署的商业发票一式四份，并在商业发票上显示扣除 141 美元的 ORC 费用。

例4

Manually signed commercial invoices in triplicate（3）indicating applicant's ref. No. SCLI - 98 - 0474.

该条款要求手签的商业发票一式三份，并在商业发票上显示开证人的参考号码。

例 5

Beneficiary's original signed commercial invoices at least in triplicate issued in the name of the buyer indicating the merchandise, country of origin and any other relevant information.

该条款要求以买方的名义开具、注明商品名称、原产国及其有关资料，并经签署的受益人的商业发票正本至少一式三份。

(二) 海关发票

海关发票 (Customs Invoice) 是进口国 (地区) 海关制定的一种专用于向该国 (地区) 出口的一种特别的发票格式。其主要内容是证明商品的成本价值和商品的生产国家。国外来证对海关发票所使用的名称常见的有以下几种：

(1) Customs Invoice (海关发票)。

(2) Appropriate Certified Customs Invoice.

(3) Invoice and Combined Certificate of Value and Origin (估价和原产地联合证明书)。

(4) Certified Invoice in accordance with × × × (进口国名称) Customs Regulations (根据××国《海关法》开具的诚实发票)。

(5) Signed Certificate of Value and Origin in Appropriate Form.

1. 海关发票的作用

海关发票由出口商填制，供进口商在报关时提交给进口国 (地区) 海关。其主要作用有：

(1) 进口国海关以此作为进口货物估价完税的依据。

(2) 进口国海关以此核定货物原产地，以实行差别税率政策。

(3) 进口国海关以此查核货物在出口国市场的销售价格，以确定出口国是否以低价倾销而征收反倾销税。

(4) 进口国海关以此为统计资料依据。

2. 要求提供海关发票的主要国家 (地区)

目前，要求提供海关发票的主要国家 (地区) 有美国、加拿大、澳大利亚、新西兰、牙买加、加勒比共同市场国家、非洲国家等。

3. 海关发票的填制 (以加拿大海关发票为例)

(1) 卖方 (Vendor) 的名称及地址。填写出口单位的名称及地址。

(2) 直接运往加拿大的日期 (Date of Direct Shipment to Canada)。必须填写货物开始进行连续运输的日期，即装运日期，须与提单日期相一致。如单据送银行预审，可请银行按正本提单日期代为加注。

（3）其他参考事项（Order Reference）。应填写有关合约、订单号码或商业发票号码等。

（4）收货人（Consignee）的名称及地址。必须填写加拿大收货人的名称和地址。

（5）买方（Purchaser's）。应填写向出口商（卖方）购买货物的人。如果是第4栏内的收货人则此栏可打上"Same as Consignee"。

（6）转船国家（Country of Transshipment）。填写转船地点的名称。如在香港转船可填写"From Shanghai to Montreal with Transshipment at Hongkong by Vessel"，如不转船可填"N/A"（Not Applicable）。

（7）生产国别（Country of Origin of Goods）。应填 CHINA。

（8）运输方式及直接运往加拿大的起运地点（Transportation：Give Mode and Place of Direct Shipment to Canada）。只要货物不在国外加工，不论是否转船，均填写起运地和目的地名称以及所用运载工具，如"From Shanghai to Montreal by Vessel"。

（9）价格条件及支付方式（Condition of Sales and Terms of Payment）。按商业发票的价格条件填写，如"C & F Montreal by L/C at sight"或"CIF Vancouver D/P at 60 days sight"。

（10）货币名称（Currency of Settlement）。卖方要求买方支付货币的名称，须与商业发票一致，如"CAD"。

（11）件数（No. of PKG）。应填写总包装件数，如"400 Cartons"。

（12）商品描述（Specification of Commodities）。应按商业发票的描述填写，并将包装情况及唛头填写在此栏。

（13）数量（Quantity）。应填写商品的具体单位数量，而不是包装的件数。

（14）单价（Unit Price）。应按商业发票的单价填写。

（15）总值（Total）。应按商业发票的总价填写。

（16）净重及毛重的总数（Total Weight）。填写总毛重和总净重。

（17）发票总金额（Invoice Total）。按商业发票的总金额填写。

（18）If any of fields 1 to 17 are included on and attached Commercial invoice, Check this box.

如果1~17的任何栏内容均已包括在随附的商业发票内，则在方框内打上"√"记号，并将有关的商业发票号填写在横线上。

（19）出口商名称及地址（Exporter's Name and Address）。可将第一栏卖方名称及地址填入，也可以打上"Same as Vendor"。

（20）负责人的姓名及地址（Originator Name and Address）。此栏仍应填写出口公司名称、地址、负责人签名。

（21）主管当局的现行管理条例（Departmental Ruling）。指加方海关和税务机关对该货进口的有关规定。一般填写"N/A"（Not Applicable）。

（22）If fields 23 to 25 are not applicable, Check this box.

如果 23 ~ 25 这三个栏目均不适用，可在方框内打上"√"记号。

（23）If included in field 17 indicate amount：

如果以下金额已包括在第 17 栏目内：

①自起运地至加拿大的运费和保险费，可用原币制填写在横线上面。

②货物进口到加拿大后进行建造、安装及组装而发生的成本费用，我出口纺织品和服装类商品不适用，可打上"N/A"。

③出口包装费用，可按实际情况将包装费用金额打上。

（24）If not included in field 17 indicate amount.

如果以下金额不包括在第 17 栏目内：

①、②、③三栏一般均填写"N/A"。但如价格条件为 FOB，由出口方代进口方订舱出运，运费在货到时支付，则①栏可填实际运费金额。

（25）与补偿贸易、来料加工、产品专卖等业务有关，一般出口业务不适用，①、②两栏均填写"N/A"。

三、装箱单、重量单和尺码单

（一）装箱单、重量单和尺码单的作用

装箱单的作用主要是补充商业发票内容的不足，通过表内的包装件数、规格、唛头等项目填制，明确阐明商品的包装情况，便于买方对进口商品包装及数量的了解和掌握，也便于国外买方在货物到达目的港时，供海关检查和核对货物。

重量单和尺码单的作用与装箱单的作用基本相同，一般均列明每件货物的毛重和净重。在具体业务中，卖方须根据国外来证的规定及商品性质主要提供这两种单据，或只提供其中一种。

（二）装箱单、重量单和尺码单的缮制

（1）出口公司的中文、英文名称和地址。

（2）单据名称。填写装箱单、重量单和尺码单的中英文字样。中英文字

样用粗体标出。常见的单据名称有:

PACKING LIST(NOTE) 装箱单

WEIGHT LIST(NOTE) 重量单

MEASUREMENT LIST 尺码单

PACKING LIST AND WEIGHT LIST 装箱单/重量单

PACKING NOTE AND WEIGHT NOTE 装箱单/重量单

PACKING LIST AND WEIGHT LIST AND MEASUREMENT LIST 装箱单/重量单/尺码单

PACKING NOTE AND WEIGHT NOTE AND MEASUREMENT NOTE 装箱单/重量单/尺码单

WEIGHT AND MEASUREMENT LIST 重量单/尺码单

WEIGHT AND MEASUREMENT NOTE 重量单/尺码单

PACKING AND MEASUREMENT LIST 装箱单/尺码单

PACKING AND MEASUREMENT NOTE 装箱单/尺码单

(3)填写出口公司的名称和地址。

(4)填写发票的开票日期。

(5)填写发票的号码。

(6)填写提单的号码。

(7)填写合同的号码或销售确认书的号码。

(8)填写运输的装运港、目的港和中转港名称以及运输方式和船名。

(9)填写唛头。

(10)填写商品的数量。该数量为运输包装单位的数量,而不是计价单位的数量。

(11)填写商品的名称。

(12)填写商品的单位净重和总净重。

(13)填写商品的单位毛重和总毛重。

(14)填写商品的单位尺码和总尺码。

(15)填写数量的大写。

(16)特别说明。

(17)出口公司落款。

装箱单一般不显示收货人、价格和装运情况,对货物内容的描述一般都使用统称。

装箱单着重表现货物的包装情况,包括从最小包装到最大包装所有使用的包装材料、包装方式。对于重量和尺码内容,在装箱单中一般只体现它们的累计总额。

- 包装条款一般包括包装材料、包装方式及包装规格等。

重量单在装箱单的基础上详细表示货物的毛重、净重、皮重等。

尺码单要用"m^3"表示货物的体积,其他内容与重量单相同。

装箱单、重量单或尺码单可以出现特殊条款,它是根据信用证要求填写的。如来证要求在装箱单中标明信用证号码、合同号码或特殊包装的说明文句等。

(三) 包装的表示法举例

1. 只注明包装方式、造型等

PACKED IN CARTON (箱装)

PACKED IN BAG (袋装)

若为散装货,只注"IN BULK"。

2. 加注包装材料

PACKED IN WOODEN CASE (木箱)

PACKED IN GUNNY BAG (麻袋装)

3. 包装内货物数量或重量

EACH CARTON CONTAINS 2 SETS (每箱装 2 套)

ONE DOZEN PER BAG (每袋一打)

2 KGS/CASE (每箱 2 千克)

4. 注明包装件数及每件内含量

PACKED IN 100 CARTONS OF 2 PIECES EACH (装 100 箱,每箱 2 件)

200 SETS = 2 SETS/CTN × 100CTNS (200 套 = 每箱 2 套共 100 箱)

PACKED IN 160 EXPORT CARTONS EACH CONTAINING 5 PIECE OF 56 × 20 YARDS (装 160 个出口包装箱,每箱 5 匹,每匹 56 英寸 × 20 码)

500 M/TONS NET PACKED IN 2, 500 DRUMS OF 200 KGS NET EACH (净重 500 公吨装 2 500 桶,每桶净装 200 千克)

EACH PIECE IN A POLY BAG, 1, 000 PCS IN 200 CARTONS AND THEN IN CONTAINER (每件装在一个聚乙烯塑料袋内,1 000 件装 200 箱,然后装在集装箱内)

5. 带附带说明的包装

25KGS NET IN POLY WOVEN CLOTH LAMINATED WITH OUTER 1-PLY KRAFT PAPER BAG (每个聚乙烯塑料袋内净装 25 千克,外套单层牛皮纸袋)

ONE SET PACKED IN A BOX TIED UP WITH STRIPE, TWO BOXES PER

CARTON（1 个盒子内装 1 套，用带子扎起来，2 套装 1 箱）

EACH PIECE IN A POLY BAG WITH A HANGER，2，500 PCS HANGED IN ONE CONTAINER（每件带 1 个衣架装在塑料袋内，2 500 件挂在 1 个集装箱内）

EACH PIECE/EXPORT CARTON CARRIES A STAMP/LABEL INDICATING THE NAME OF COUNTRY OF ORIGIN IN A NON-DETACHABLE OF NON-AL-TERABLE WAY（每件装在 1 个出口包装箱内，并带有 1 个印章/标签，上面以不可分开或不能更改的方式注有产地国名称）

6. 包装相同、货物和货量不同的表示法

Art No.	Description of Goods	Quantity	G. W.	N. W.
SW0520	DINNER SET	300 CTNS	@ 18 KGS	@ 14. 5 KGS
		2 SETS/CTN	5,400 KGS	4,350 KGS
TS0450	TEA SET	450 CTNS	@ 15 KGS	@ 12 KGS
		4 SETS/CTN	6,750 KGS	5,400 KGS
	TOTAL	750 CTNS	12,150 KGS	9,750 KGS

7. 纺织品货物相同、型号不同的表示法

MEN'S/WOMEN'S SWEATERS

STYLE NO.	C/NO.	COLOUR	SIZE/CTN（PCS）				@ QTY.
			S	M	L	XL	（PCS）
22275	1 – 19	INDIGO	2	4	4	2	12
	20	– DO –		8	3	1	12
	21 – 42	CHARCOAL	2	4	4	2	12
	43 – 50	LT CHARCOAL	2	6	2	2	12
	51 – 63	OLIVE	2	4	5	1	12
TTL	63 CTNS		756 PCS				

8. 信用证规定包装要求的表示法

有的信用证规定 "SEAWORTHY PACKING"（适于海运的包装）、"PACK-

ING SUITABLE FOR LONG DISTANT TRANSPORTATION"（适于长途运输的包
装）或 "STRONG WOODEN CASE PACKING"（坚固木箱装）等。发票和装箱
单应照抄。

（四）信用证装箱单条款举例

例 1

Signed Packing List, original and nine copies.

该条款要求签名的正本装箱单和九份副本。

例 2

Manually signed Packing List in triplicate detailing the complete inner packing
specifications and contents of each package.

该条款要求手签装箱单一式三份，详注每件货物内部包装的规格和内容。

例 3

Packing List in six fold.

该条款要求装箱单一式六份。

例 4

Signed Packing List in quadruplicate showing gross weight, net weight, net/net
weight, measurement, color, size and quantity breakdown for each package, if
applicable.

该条款要求签名的装箱单一式四份，如果适用请标明每个包装的毛重、净
重、净净重、尺码、颜色、尺寸和数量。

例 5

Detailed Weight and Measurement List showing in detail the colors, sizes and
quantities in each carton and also NT. WT and G. WT.

该条款要求明细重量和尺码单，详注每箱货物的颜色、尺寸、数量以及毛
重和净重。

四、受益人证明书

受益人证明书（Beneficiary's Certificate）是一种由受益人自己出具的证明，以便证明自己履行了信用证规定的任务或证明自己按信用证的要求办事，如证明所交货物的品质，证明运输包装的处理，证明按要求寄单等。

（一）受益人证明书的种类

1. 寄单证明

寄单证明是根据信用证的规定，在货物装运前后的一定期限内，由发货人邮寄给信用证规定的收货人全套或部分副本单据（个别的要求寄送正本单据），并单独出具寄单证明书，或将寄单证明内容列明在发票内，作为向银行议付的单证。

2. 电抄本

电抄本是根据信用证的规定，在货物出运前后的一定期限内，由发货人按信用证规定的内容，用电报、电传通知信用证规定的收电人，并以电报、电传的副本，或另缮制发电证明书，作为已发电的证明，交银行作为议付的单证。

3. 履约证明

证实某件事实、货物符合成交合约或来自某产地。如交货品质证明，由发货人按信用证的规定，证明所交货物的品质，该证明书可直接作为银行议付的单证。交货品质证明书中所证明的内容一般在发票或其他单据中已表明，但信用证要求单独出具该证明书，表明开证人对货物品质的关切程度。又如生产过程证明，由生产厂家说明产品的生产过程，该证明书也可直接作为银行议付的单证。

（二）受益人证明书的制作

受益人证明书的特点是自己证明自己履行了某项义务。一份受益人证明书一般有以下几个栏目：

（1）受益人中文、英文名称。

（2）单据名称。一般标明"BENEFICIARY'S CERTIFICATE"（受益人证明）或"BENEFICIARY'S STATEMENT"（受益人声明）。

（3）发票号码。

（4）信用证号码。

（5）出证日期。

（6）证明内容。

（7）受益人名称及签字。

（三）信用证受益人证明书条款举例

例1

One copy of Invoice and Packing List to be sent direct to Applicant immediately after shipment, and Beneficiary's Certificate to be effect is required.

该条款要求装运后立即将发票和装箱单副本寄给开证人，并出具受益人证明书。

例2

One full set of non-negotiable documents should be sent to buyer by regd. Airmail and certificate to this effect together with the relative postal receipt should be accompanied with the documents.

该条款要求提供寄送一套副本单据的证明，并要提供邮电局的航空挂号收据。

例3

Certificate in duplicate issued by the beneficiary to the effect that 1/3 Original B/L, 1 Invoice, 1 Packing List have been sent by regd. Airmail to the above mentioned shipping agent with irrevocable instructions to reforward the goods up to Bujumbura to the order of × × × bank and notify buyer × × ×.

该条款要求发货人除须出具上述寄单证明一式两份外，还须将证明内容的要求函告该运输代理行照办。

例4

Beneficiary's Certificate certifying that the following documents have been sent to Applicant by expressed airmail or handed to applicant's representative after shipment effected：

① Certificate of Weight issued by CCIB/CCIC in quadruplicate.

② Certificate of Origin issued by CCIB/CCIC in quadruplicate.

③ Certificate of Quality issued by CCIB/CCIC in quadruplicate and showing the actual value of rofat and moisture.

④ One full set of non-negotiable shipping documents.

该条款要求出具受益人证明书证明受益人已在装船后把重量证书、产地证书、质量证书和一套装运单据寄交开证人。

例 5

Beneficiary's Certificate stating that certificate of manufacturing process and of the ingredients issued by Guangdong Yuefeng Trading Co. , should be sent to SUMI-TOMD CORP. ESCLZ SECTION.

该条款要求出具受益人证明书说明该出口公司出口货物的生产过程，并提交作为议付的单证。

样单：汇票

<table>
<tr><td>凭
Drawn under</td><td colspan="3">CANADIAN IMPERIAL BANK OF COMMERCE TORONTO</td></tr>
<tr><td>信用证
L/C</td><td>第 ILCT507553 号
No.</td></tr>
<tr><td>日 期
dated</td><td>年　　　月　　　日
July 10, 2000</td></tr>
<tr><td>按　息
Payable with interest @</td><td>付 款
% per annum</td></tr>
<tr><td>号 码
No.</td><td>汇票金额
Exchange for USD20,792.20</td><td>中国 广州 年 月 日
Guangzhou, China 19</td></tr>
<tr><td>见票
At</td><td colspan="2">日 后（本汇票之正本未付）付
sight of this SECOND of Exchange (First of exchange being unpaid)</td></tr>
<tr><td>pay to the order of</td><td colspan="2">BANK OF CHINA , GUANGDONG , BRANCH　　　　　或其指定人</td></tr>
<tr><td>金 额
the sum of</td><td colspan="2">U.S.DOLLARS TWENTY THOUSAND SEVEN HUNDRED AND NINETY</td></tr>
</table>

GUANGDONG TEXTILES & WOOLEN
KNITWEARS CO. LTD.

此致　CIBCCATT
To　CANADIAN IMPERIAL BANK OF COMMERCE
　　TORONTO

样单：商业发票

广东省纺织品进出口毛织品有限公司

GUANGDONG TEXTILES
WOOLEN KNITWEARS CO. LTD.

中国广州市小北路168号粤纺大厦13楼

13/F Guangdong Textiles Mansion,
168 XiaoBei Road, Guangzhou China

纺外00092号

出口专用

B N⁰ 0002057

To: M/S
ABC CO.

商 业 发 票
COMMERCIAL INVOICE

号码
No. 核销单号: 449835114

日期
Date 2000057WBS-5

信用证号
L/C No July 12,2000

SCARBOROUGH, ONTARIO

装船口岸 From	目的地 To	ILCT507563
(YANTIAN), GUANGDONG, CHINA	TORONTO, CANADA	

唛 号 Marks & Nos.	货 名 数 量 Descriptions and Quantities		总 值 Amount
			CIP TORONTO,
PRATEX-TOR	2000CA44GMWBS11033		CANADA INCOTERMS 1990
P.O.#			
STYLE#	MEN'S / WOMEN'S SWEATERS		
COLOUR	STYLE NO. 22275		
QUANTITY	758 PCS—63 CTNS	@USD 9.10/PC	USD 6,897.80
SIZE RATIO	STYLE NO. 22277		
LABEL	441 PCS—37 CTNS	@USD 9.50/PC	USD 4,189.50
PREPACKS RATIO/	STYLE NO. 22292		
	383 PCS—32 CTNS	@USD 9.10/PC	USD 3,485.30
	STYLE NO. 22328		
	140 PCS—12 CTNS	@USD 8.80/PC	USD 1,232.00
	STYLE NO. 22332		
	143 PCS—12 CTNS	@USD 9.20/PC	USD 1,315.60
	STYLE NO. 52281		
	300 PCS—25 CTNS	@USD 8.50/PC	USD 2,550.00
	STYLE NO. 52281BH		
	132 PCS—11 CTNS	@USD 8.50/PC	USD 1,122.00
		TOTAL VALUE:	USD 20,792.20
	TOTAL:2,297 PCS 192 CTNS		
合 计			

广东省纺织品进出口毛织品有限公司
GUANGDONG TEXTILES 1E
WOOLEN KNITWEARS CO. LTD.

样单：海关发票

CANADA CUSTOMS INVOICE FACTURE DES DOUANES CANADIENNES		Page of de

1 Vendor (Name and Address)/ Vendeur (Nom et adresse)	2 Date of Direct Shipment to Canada/ Date d'expédition directe vers le Canada
GUANGDONG TEXTILES IMP. & EXP. (GROUP) WOOLEN COMPANY LTD. NO.168 XIAO-BEI ROAD, GUANGZHOU	July 30, 2000
	3 Other References (Include Purchaser's Order No.) Autres references (Inclure le n° de commande de l'acheteur)
	2000CA44GMWRS11033

4 Consignee (Name and Address)/ Destinataire (Nom et adresse)	5 Purchaser's Name and Address (If other than Consignee) Nom et adresse de l'acheteur (S'il diffère du destinataire)
A.B.C CO.	SAME AS CONSIGNEE.
	6 Country of Transhipment/ Pays de transbordement NIL
	7 Country of Origin of Goods Pays d'origine des marchandises CHINA	IF SHIPMENT INCLUDES GOODS OF DIFFERENT ORIGINS ENTER ORIGINS AGAINST ITEMS IN 12 SI L'EXPEDITION COMPREND DES MARCHANDISES D'ORIGINES DIFFERENTES PRECISER LEUR PROVENANCE EN 12

8 Transportation: Give Mode and Place of Direct Shipment to Canada Transport: Préciser mode et point d'expédition directe vers le Canada	9 Conditions of Sale and Terms of Payment (i.e. Sale Consignment Shipment, Leased Goods etc.) Conditions de vente et modalités de paiement (p. ex. vente, expédition en consignation, location de marchandises etc.)
BY VESSEL SHIPMENT FROM (YANTIAN), GUANGDONG, CHINA TO TORONTO, CANADA	BY L/C AT SIGHT CIP TORONTO, CANADA INCOTERMS 1990
	10 Currency of Settlement/ Devises du Paiement U.S. DOLLARS

11 No. of Pkgs Nbre de colis	12 Specification of Commodities (Kind of Packages Marks and Numbers General Description and characteristics i.e. Grade Quality) Désignation des articles (Nature des colis marques et numéros description générale et caractéristiques, p. ex. classe, qualité)	13 Quantity (State Unit) Quantité (Préciser l'unité)	Selling Price / Prix de vente	
			14 Unit Price Prix Unitaire	15 Total
192 CTNS	(PLS SEE ATTACHING SHEET)		PER/PC CIP TORONTO, CANADA INCO	
	2000057WRS-5	Net 962 KGS	Gross/ Brut 1250 KGS	USD49792.40 Total Total de la facture

18 If any of fields 1 to 17 are included on an attached commercial invoice check this box Si les renseignements des zones 1 à 17 figurent sur la facture commerciale cocher cette boîte	☑ Total Weight Net 962 KGS / Gross/ Brut 1250 KGS	USD49792.40 Total Total de la facture

19 Exporter's Name and Address (If other than vendor) Nom et adresse de l'exportateur (S'il diffère du vendeur)	20 Originator (Name and Address)/ Expéditeur d'origine (Nom et adresse)
SAME AS VENDOR NIL	SAME AS VENDOR

21 Departmental Ruling (if applicable)/ Décision du Ministère(S'il y a lieu)	22 If fields 23 to 25 are not applicable, check this box Si les zones 23 à 25 sont sans objet, cocher cette boîte ☐

23 If included in field 17 indicate amount: Si compris dans le total à la zone 17 préciser:	24 If not included in field 17 indicate amount: Si non compris dans le total à la zone 17 Préciser:	25 Check (if applicable): Cocher (S'il y a lieu):
(i) Transportation charges expenses and insurance from the place of direct shipment to Canada Les frais de transport, dépenses et assurances à partir du point d'expédition directe vers le Canada $	(i) Transportation charges expenses and insurance to the place of direct shipment to Canada Les frais de transport, dépenses et assurances jusqu'au point d'expédition directe vers le Canada NIL $	(i) Royalty payments or subsequent proceeds are paid or payable by the purchaser Des redevances ou produits ont été ou seront versés par l'acheteur ☐
(ii) Costs for construction erection and assembly incurred after importation into Canada Les coûts de construction, d'érection et d'assemblage après importation au Canada $ RMB ¥ 1,536.00	(ii) Amounts for commissions other than buying commissions Les commissions autres que celles versées pour l'achat $ NIL	(ii) The purchaser has supplied goods or services for use in the production of these goods L'acheteur a fourni des marchandises ou des services pour la production des marchandises ☐
(iii) Export packing Le coût de l'emballage d'exportation $	(iii) Export packing Le coût de l'emballage d'exportation $	☐

样单：海关发票（附页）

唛 号 Marks & Nos.	货 名 数 量 Descriptions and Quantities		总 值 Amount
			CIP TORONTO, CANADA INCOTERMS 1990
PRATEX-TOR	2000CA44GMWBS11033		
P.O.#			
STYLE#	MEN'S / WOMEN'S SWEATERS		
COLOUR	STYLE NO.22275		
QUANTITY	758 PCS—63 CTNS	@USD 9.10/PC	USD 6,897.80
SIZE RATIO	STYLE NO.22277		
LABEL	441 PCS—37 CTNS	@USD 9.50/PC	USD 4,189.50
PREPACKS RATIO/	STYLE NO.22292		
	383 PCS—32 CTNS	@USD 9.10/PC	USD 3,485.30
	STYLE NO.22328		
	140 PCS—12 CTNS	@USD 8.80/PC	USD 1,232.00
	STYLE NO.22332		
	143 PCS—12 CTNS	@USD 9.20/PC	USD 1,315.60
	STYLE NO.52281		
	300 PCS—25 CTNS	@USD 8.50/PC	USD 2,550.00
	STYLE NO.52281BH		
	132 PCS—11 CTNS	@USD 8.50/PC	USD 1,122.00
		TOTAL VALUE:	USD 20,792.20
	TOTAL:2,297 PCS 192 CTNS		
合 计			

广东省纺织品进出口毛织品有限公司
GUANGDONG TEXTILES IEXPORT
WOOLEN KNITWEARS CO. LTD.

样单：装箱单

PACKING LIST

2000CA44GMWBS11033

2000057WBS-5

ILCT507553

July 12, 2000

MEN'S / WOMEN'S SWEATERS

STYLE NO.	C/NO.	COLOUR	SIZE/CTN(PCS)				@QTY.
			S	M	L	XL	(PCS)
22275	1-19	INDIGO	2	4	4	2	12
	20	-DO-		8	3	1	12
	21-42	CHARCOAL	2	4	4	2	12
	43	-DO-	3	6	7	2	18
	44-50	LT CHARCOAL	2	4	4	2	12
	51	-DO-	2	2	2	2	8
	52-62	OLIVE	2	4	4	2	12
	63	-DO-	2	4	5	1	12

TTL.: 63 CTNS 758 PCS

STYLE NO.	C/NO.	COLOUR	SIZE/CTN(PCS)				@QTY.
			S	M	L	XL	(PCS)
22277	1-11	NAVY	2	4	4	2	12
	12	-DO-	5		4	3	12
	13-28	CHARCOAL	2	4	4	2	12
	29	-DO-	2	1	6	3	12
	30-36	LT CHARCOAL	2	4	4	2	12
	37	-DO-	2	4	1	2	9

TTL.: 37 CTNS 441 PCS

STYLE NO.	C/NO.	COLOUR	SIZE/CTN(PCS)				@QTY.
			S	M	L	XL	(PCS)
22292	1-11	INDIGO	2	4	4	2	12
	12	-DO-	2	5	3	2	12
	13-19	CHARCOAL	2	4	4	2	12
	20	-DO-	2	4	6		12
	21-31	OLIVE	2	4	4	2	12
	32	-DO-	1	2	6	2	11

TTL.: 32 CTNS 383 PCS

STYLE NO.	C/NO.	COLOUR	SIZE/CTN(PCS)				@QTY.
			S	M	L	XL	(PCS)
52281	1-6	INDIGO	3	6	3		12
	7-14	CHARCOAL	3	6	3		12
	15	-DO-		7	5		12
	16-18	-DO-	3	6	3		12
	19-25	OLIVE	3	6	3		12

TTL.: 25 CTNS 300 PCS

STYLE NO.	C/NO.	COLOUR	SIZE/CTN(PCS)	@QTY.

PACKING LIST

2000CA44GMWBS11033

2000057WBS-5

ILCT507553

July 12,2000

			S	M	L	XL	(PCS)
52281BH	1-5	INDIGO	3	6	3		12
	6	-DO-	3	5	4		12
	7-11	OLIVE	3	6	3		12

TTL.: 11 CTNS 132 PCS

STYLE NO.	C/NO.	COLOUR	SIZE/CTN(PCS)				@QTY.
			S	M	L	XL	(PCS)
22328	1-11	OLIVE	2	4	4	2	12
	12	-DO-	1	2	4	1	8

TTL.: 12 CTNS 140 PCS

STYLE NO.	C/NO.	COLOUR	SIZE/CTN(PCS)				@QTY.
			S	M	L	XL	(PCS)
22332	1-11	CHARCOAL	2	4	4	2	12
	12	-DO-	1	7	1	2	11

TTL.: 12 CTNS 143 PCS

==

TTL.: 192 CTNS 2.297 PCS
TTL.G.W.: 1,250 KGS TTL.N.W.: 962 KGS TTL.MEAS.: 9.81 CBM

SHIPPING MARK
=============

PRATEX-TOR
P.O.#
STYLE#
COLOUR
QUANTITY
SIZE RATIO
LABEL
PREPACKS RATIO/

广东省纺织品进出口毛织品有限公司
GUANGDONG TEXTILES
IE WOOLEN
KNITWEARS COMPANY LTD.

PAGE 2

样单：受益人证明书

（ CERTIFICATE ）

INV.NO.:2000057WBS-5

L/C NO.:ILCT507553

DATE:July 30,2000

BENEFICIARY'S CERTIFICATE

WE HEREBY CERTIFYING THAT COMMERCIAL INVOICE,
PACKING LIST, ORIGINAL EXPORT LICENCE AND ORIGINAL
CANADA CUSTOMS INVOICE HAVE BEEN DESPATCHED BY
COURIER DIRECT TO A B C CO.

广东省纺织工业品口毛织品有限公司
GUANGDONG TEXTILES
1E   WOOLEN
KNITWEARS CO.   LTD.

第十一节　审单及出口结汇

当全套结汇单据已完成后，必须对全套单据进行认真的审核，对于信用证付款，审核单据的依据是信用证、《UCP 600》和《ISBP》，信用证没有规定的以合同为准；对于汇付或托收付款的，审核单据的依据是合同。

一、《UCP 600》对单据的要求

外贸跟单员应掌握《UCP 600》对单据的有关规定，依照有关的国际惯例办理。有关的要求主要有：

（1）除非信用证另有规定，只要单据注明为正本。如必要时，已加签字，银行也将接受下列方法制作或把按该方法制作的单据作为正本单据：影印、自动或电脑处理；复写。

（2）单据签字可以手签，也可用签样印制、穿孔签字、盖章、符号表示或其他任何机械或电子证实的方法处理。

（3）除非信用证另有规定，银行将接受标明副本字样或没有标明正本字样的单据作为副本单据，副本单据无须签字。

（4）如信用证要求多份单据，诸如"一式两份"、"两张"、"两份"等，可以提交一份正本，其余份数以副本来满足。但单据本身另有显示者除外。

（5）当要求提供运输单据、保险单据和商业发票以外的单据时，信用证中应规定该单据的出单人及其措辞或内容。如信用证对此未作规定，只要所提交单据的内容与提交的其他规定单据不矛盾，银行将接受此类单据。

（6）除非信用证另有规定，银行将接受出单日期早于信用证日期的单据，但该单据必须在信用证和本惯例规定的期限内提交。

二、审核各种结汇单据应考虑的主要问题

以信用证付款，必须按照"严格符合"的原则，做到"单单相符，单证相符"。以信用证为基础的审核可以做到"单证相符"，以商业发票为中心对其他单据的审核可以做到"单单相符"。因此，对单据的审核应从综合审核和分单审核两个方面进行。

（一）综合审核

（1）信用证规定的单证是否齐全？

（2）信用证规定的各单证所需份数是否足够？

（3）单据之间的货物名称是否存在矛盾？

（4）单据的名称是否符合信用证的要求？

（5）单据之间的出单日期顺序是否合理？

（6）单据之间的货物数量、重量、体积、唛头和金额等内容是否一致？

（7）信用证对单据要求的特别认证是否已办妥？

（二）分单审核

1. 商业发票

（1）商业发票的抬头人是否为信用证的开证人？信用证对商业发票的抬头人有特殊规定时是否按规定处理？

（2）商业发票的出票日期和号码是否漏填？出票日期是否在信用证规定的到期日之后？

（3）商业发票中货物的描述是否与信用证的要求完全一致？

（4）商业发票是否列明合同或信用证规定的贸易术语？

（5）商业发票上的总值大小写是否一致？含佣金或折扣的是否按要求列明？

（6）商业发票上的总值是否超过信用证规定的最高金额？

（7）商业发票上的币制是否与信用证一致？

（8）信用证要求在商业发票内加列如船名、原产地等的声明文句，是否按要求一一详列？

（9）商业发票的出票人是否为信用证的受益人？

（10）信用证要求商业发票手签时，是否按要求处理？

2. 汇票

（1）信用证付款时，是否按信用证规定的出票条款填写？

（2）汇票上的金额是否与商业发票上的金额一致？是否有佣金的处理？

（3）汇票上的金额是否超过信用证规定的金额？

（4）汇票上的金额大小写是否一致？

（5）汇票上的币制是否与信用证一致？

（6）汇票的付款人是否误填为进口商？

（7）付款人的名称、地址是否填写正确齐备？

（8）出票人的名称、地址、签章是否齐备？

（9）汇票须背书时是否按合同或信用证的要求处理？

（10）汇票的出票日期是否在信用证规定的有效期内？

3. 提单

（1）提单的种类（如已装船提单、舱面提单、直运提单或集装箱提单等）是否符合信用证的要求？

（2）提单的收货人、被通知人是否按信用证的要求填制？

（3）提单中的装运港、目的港及转运港是否填写正确？

（4）提单上运费缴付方式（如 FREIGHT PREPAID、FREIGHT COLLECT等）填写是否准确？

（5）提单日期是否迟于投保日期及信用证规定的最迟装运日期？

（6）提单是否已表明签发人的身份？提单是否有承运人及其代理人的名称？

（7）所有正本提单是否都有承运人或其代理人的签章？

（8）提单是否有不良批注？

（9）提单是否需要背书？

（10）提单内容的更改是否有提单签发人的签章？

4. 保险单

（1）保险单据的名称是否与信用证规定的相符？

（2）被保险人是否按信用证的要求填写？

（3）保险金额是否已含所要求的保险加成率？

（4）保险金额的货币单位是否与信用证一致？保险单上的保险金额大小写是否一致？

（5）保险条款是否按信用证的要求填写？保险险别和附加险别是否有遗漏？

（6）保险单中的船名、航次、装运港、目的港是否与提单一致？

（7）赔款偿付地点和投保地点是否混淆？

（8）保险单的签发日期是否在提单签发日期之后？

（9）保险单是否按要求背书？

（10）保险单是否有保险公司或其代理人签章？

5. 原产地证明书

（1）是否按信用证或合同的要求出具一般原产地证明书或普惠制原产地证明书 FORM A？

（2）签证机构是否符合信用证或合同的要求？

（3）一般原产地证明书或普惠制原产地证明书 FORM A 的第 1 项和第 2 项是否漏填了出口国和进口国的名称？

（4）一般原产地证明书第 7 项的包装数量和第 9 项的计价数量是否混淆？

（5）普惠制原产地证明书 FORM A 第 12 项的出口国和进口国是否错填为装运港和目的港？

（6）一般原产地证明书或普惠制原产地证明书 FORM A 的签发日期是否错填为早于申请日期？

三、出口结汇

（一）出口结汇的常用方法

1. 收妥结汇

收妥结汇是指议付行收到出口商的出口单据后，经审查无误，将单据寄交国外付款行索取货款，待收到付款行将货款拨入议付行账户的贷记通知书时，即按当日外汇牌价，折成人民币，扣除有关费用后拨给出口商。

目前，我国大多采用收妥结汇的方法。银行一般在扣除议付费后拨给出口商，议付费用中资银行一般以人民币扣费，外资银行一般以外汇扣费（参见后面的银行水单）。因此，当议付行为外资银行时，核算出口外汇净收入时应减去以外汇扣除的议付费。

2. 押汇

押汇是指议付行在审单无误的情况下，按信用证条款买入受益人的汇票和单据，从票面金额中扣除从议付日到估计收到票款之日的利息，将余款按议付日外汇牌价折成人民币，拨给外贸公司。

3. 定期结汇

定期结汇是指议付行根据向国外付款行索偿所需时间，预先确定一个固定的结汇期限，到期后主动将票款金额折成人民币拨给外贸公司。

（二）出口结汇时应注意的问题

1. 交单期最后一天的特殊情况

《UCP 600》第 29 条规定，如信用证的到期日及/或信用证规定的交单期限，或规定所适用的交单的最后一天，适逢接受单据的银行因第 36 条规定以外的原因而终止营业，则规定的到期日及/或装运后一定期限内交单的最后一天，将顺延至该银行开业的第一个营业日。

2. 交单期限的规定

《UCP 600》第 14 条规定，除规定一个交单到期日外，凡要求提交运输单据的信用证，尚需规定一个在装运日后按信用证规定必须交单的特定期限。如未规定该期限，银行将不予接受迟于装运日期后 21 天提交的单据。但无论如何，提交单据不得迟于信用证的到期日。

3. 装运期某些词语的理解

《UCP 600》第 3 条规定，不应使用诸如"迅速"、"立即"、"尽快"之类词语，如使用此类词语，银行将不予置理。又规定，如使用"于"或"约于"之类词语限定装运日期，银行将视为在所述日期前后各 5 天内装运，起讫日包括在内。

4. 单据中货物描述的规定

《UCP 600》第 18 条 c 款规定，商业发票中的货物描述，必须与信用证规定相符。其他一切单据则可使用货物的统称，但不得与信用证规定的货物描述有抵触。

（三）出口结汇应提交的单据

目前，国际货物买卖使用的贸易术语多采用 FOB、CFR、CIF 以及 FCA、CPT、CIP，这些贸易术语都属于象征性交货。不管是采用汇付、托收，还是信用证付款方式，结汇时一般都需要提交一系列单据。常用的结汇单据有：

（1）汇票。

（2）商业发票。

（3）装箱单。

（4）海运提单或航空运单。

（5）一般原产地证明书。

（6）普惠制原产地证明书。

（7）保险单。

（8）受益人证明书。

（9）商检证书。

（10）船公司证明书。

（11）邮寄证明。

（12）装船通知。

（13）海关发票。

样单：国际结算业务收费费率表

中国民生银行国际结算业务收费费率表

单位：人民币元

业务项目		费率/费额	最低	最高	备注
出口业务	**一、跟单信用证**				
	1. 通知/转递费	200			
	2. 修改/预通知/注销费	100			
	3. 议付费/验单费	1.25‰	200		
	4. 保兑费	2‰	300		每三个月收取一次，不足三个月按三个月计算，不另收通知费
	5. 转让费　信用证条款不变	300			
	信用证条款改变	1‰	300	1 000	
	6. 付款费	1.5‰	200		付款信用证
	二、跟单托收				
	1. 跟单托收手续费	1‰	100	2 000	
	2. 免付款交单手续费	100			
	3. 退单费	100			
	三、光票托收				
	1. 手续费	1‰	20	1 000	
	2. 退票费	50			
	3. 收益人退汇/转汇	1‰	50	1 000	按汇出汇款业务收费
进口业务	**一、跟单信用证**				
	1. 开证费	1.5‰	200		有效期三个月以上，每三个月增收0.05%，100%保证金者不加收增额或展期应加收相应费用，增额且展期按高额收费
	2. 修改/注销/退单	100			
	3. 承兑	1.5‰	200		按月收取，不足1个月按1个月计收，收足保证金者免收
	4. 拒付	200			
	5. 付款费	100			对外付款时收取
	6. 不符点处理费	USD50			向境外银行（受益人）收取
	7. 单据处理费	USD12.1			向境外银行（受益人）收取
	8. 提货担保	0.5‰	300		收足保证金者按最低标准收费
	二、进口代收				
	1. 进口代收手续费	1‰	100	2 000	
	2. 承兑费	150			
	3. 免付款交单	100			
	4. 拒付/退单	100			
	5. 付款费	100			对外付款时收取
	三、汇出汇款				
	1. 手续费	1‰	50	1 000	
	2. 汇款修改	100			
	3. 退汇/挂失止付	100			
保函	**一、开立保函**				
	1. 投标保函	0.5‰	300		按季收取
	2. 履约保函	1‰	500		按季收取
	3. 付款保函	2‰	300		按季收取，有效期三个月以上，每三个月增收0.5‰，100%保证金者不加收
	4. 预付款保函	1‰	300		按季收取
	5. 其他保函	0.5‰-2‰	300		按不同类型不同期限收取
	二、保函修改/注销	100			增额或展期应加收相应费用，增额且展期按高额收费
	三、保函通知	200			
其他	电报费		100	400	往来电报：港澳100，远洋200开证/保函：港澳200，远洋400
	邮电费				快邮费按实收取

注：邮费：港澳地区：USD8.00　　　　　东亚及东南亚地区：USD15.00
　　　　欧洲及北美地区：USD20.00　　中东，南美，非洲及其他：USD30.00

样单：银行水单

東亞銀行
廣州分行

THE BANK OF EAST ASIA, LIMITED
GUANGZHOU BRANCH

廣州天河北路 183 號大都會廣場一至四樓 電話:87551138 傳真:87553938 電傳:440726 BEAGZ CN 環球銀行財務電信:BEASCNSHAGZU 電報挂號:BEAGUANGZHOU
G/F–3/F,METRO PLAZA,183 TIAN HE BEI ROAD,GUANGZHOU,CHINA. TEL:87551138 FAX;87553938 TELEX:440726 BEAGZ CN S.W.I.F.T.:BEASCNSHAGZU TELEGRAM:BEAGUANGZHOU

出 口 水 单

致：GD TEXTILES I/E COTTON MANUFACTURED GOODS CO. LTD.

发票号码：2002706MCBS   金 额:USD 85,689.10

敝行编号：1012N013591   付款日期:D/P AT SIGHT

核销单号：44H585289

□ 上 述 的 买 单 单 据，年 利 率 _____ %，于 今 天 付 款 予   贵 公 司
☒ 上 述 的 单 据 之 款 项 已 经 收 妥，于 今 天 付 款 予   贵 公 司

现 将 细 目 列 出 以 供   贵 公 司 参 考

发 票 金 额   USD 85,689.10
国 外 扣 费 用   USD 60.00
敝行扣除偿还打包放款及/或买单单据

敝行扣除打包放款及/或买单利息

敝行扣除费用:议付费   USD 68.55
         无兑换佣金
         邮费   USD 18.00
         电报费/电汇费
         其他费用

敝行退还费用：

净付金额   USD 85,542.55

上述净付金额于 2 6 MAR 2002 通过 _____ 汇往/划入
省中行 后拨入 贵公司账户,账号 **800105753808091001**
如贵公司发现款项尚未收妥,请即与敝行联络,敝行定尽快调查及解决。

东亚银行广州分行 谨启
2 6 MAR 2002 日

总行:香港中環德輔道中十號 電話:28423200 電傳:HX 73017 電報挂號:BANKEASIA 環球銀行財務電信:BEASHKHH 傳真:2845 9333
Head Office:10Des Voeux Road Central,Hong Kong Telephone:28423200 Telex:HX73017 Telegram:BANKEASIA S.W.I.FT.:BEASHKHH Fax:2845 9333
GZBL 020

样单：提交银行全套结汇单据1：客户交单联系单

3053—③

客户交单联系单

致：中国银行

兹随附下列出口单据一套，信用证业务请按国际商会现行《跟单信用证统一惯例》办理，跟单托收业务请按国际商会现行《托收统一规则》办理。

信用证	开证行 Union Bank of Switzerland H.K		信用证号：ILC-435289	
	通知行号：4015958/9	提单日期：15/8	有效期：30/10	交单期限 15 天
无证托收	付款人全名及详址：			
	代收行外文名称及详址：（供参考）			
	交单方式：（ ）D/P （ ）D/P	付款期限：		

发票编号：97-380-2740　　核销单编号：599287　　金额：USD16701.00

单据	名称	汇票	发票	海关发票	装箱/重量单	产地证	GSP FORM A	数量/质量/重量证	检验/分析证	出口许可证	保险单	运输单据	电抄	受益人证明	船公司证明
	份数	2	3	3	1							1	2		

委办事项：（打"×"者）

（ ）上述单据请按我司与贵行签订之总质押书办理押汇。
（ ）上述单据系代理出口项下业务，收妥后请原币划。
（ ）开户行：_____，账号：_____
（ ）若付款人拒绝付款/承兑，不必作成拒绝证书，但须以电传通知我司。
（ ）附信用证及修改书共　　　　　　纸。
（ ）单据中有下列不符点：（ ）请向开证行寄单，我司承担一切责任。
　　　　　　　　　　　　　　（ ）请电询开证行同意后再寄单。
（ ）_____
（ ）_____
（ ）_____

公司联系人：陈华　　　联系电话：8782168-8473　　公司公章：乐器机械进出口公司

银行审单记录：	银行接单日期：	
	索汇金额： 1997年10月24日上午	
	寄单日期：	OC NO. 10/30
		通知/保兑：	索汇方式：
	银行费用	议/承/付： ✓	
		邮费： ✓	
		电传：	寄单方式：
		小计：	
	费用由　　　　承担	
退单记录：	银行经办：	银行复核：
	1997.10.24	

样单：提交银行全套结汇单据 2：商业发票

广东省机械进出口公司
GUANGDONG MACHINERY IMPORT AND EXPORT CORPORATION
726, DONGFENG ROAD EAST, GUANGZHOU CHINA.

商业发票
COMMERCIAL INVOICE
==================

Messrs: ORIENTAL STAR TRADING AND INVESTMENT CO LTD RM 1808 STAR HOUSE 3 SALISBURY. ROAD KOWLOON HONG KONG	INVOICE NO. : 97-380-2240
	INVOICE DATE: OCT.09, 1997
	L/C NO. : ILC-435289
	L/C DATE : AUG.28, 1997
Exporter: GUANGDONG MACHINERY IMPORT AND EXPORT CORPORATION 726, DONG FENG ROAD EAST, GUANGZHOU CHINA.	S/C NO. : A97SE38000217
Transport details: FROM GUANGZHOU TO GOTHENBURG BY VESSEL	Terms of payment: L/C

Marks and numbers	Description of goods	Quantity	Unit price	Amount
	GARDEN TOOLS A601H Axe with Wooden Handle			
A97SE38000217	1+1/2 lbs	100 DOZ	USD 16.10/DOZ	USD 1,610.00
-------------	2 lbs	200 DOZ	USD 18.20/DOZ	USD 3,640.00
R.A.	2+1/2 lbs	100 DOZ	USD 22.50/DOZ	USD 2,250.00
	A613H Axe with Wooden Handle 600 g	150 DOZ	USD 14.60/DOZ	USD 2,190.00
	A631H Axe with Metal Handle 400 g	200 DOZ	USD 26.70/DOZ	USD 5,340.00
	BOW SAW 12"	250 DOZ	USD 10.20/DOZ	USD 2,550.00
				USD 17,580.00
			LESS 5 PCT COMMISSION	USD 879.00
			CIF GOTHENBURG .....USD	16,701.00

TOTAL QUANTITY: 1,000 DOZ PACKING: 450 CTNS
TOTAL: U.S.DOLLAR SIXTEEN THOUSAND SEVEN HUNDRED & ONE ONLY.
AS PER SALES CONTRACT NO:A97SE38000217 DATED
AUG.21, 1997

GUANGDONG MACHINERY IMPORT AND
EXPORT CORPORATION

样单：提交银行全套结汇单据 3：装箱单

广东省机械进出口公司
GUANGDONG MACHINERY IMPORT AND EXPORT CORPORATION
726,DONGFENG ROAD EAST,GUANGZHOU CHINA.

装　箱　单
PACKING LIST

Exporter : GUANGDONG MACHINERY IMPORT AND
　　　　　EXPORT CORPORATION
　　　　　726,DONG FENG ROAD EAST,GUANGZHOU
　　　　　CHINA.

Date　　　: Oct.09, 1997

Invoice No.: 97-380-2240

S/C No.　: A97SE38000217

FROM GUANGZHOU TO GOTHENBURG BY VESSEL
Shipped per: HANJIN COLOMBO V.WN747

标记 Shipping Marks	件数 Quantity	货名 Description of goods	净重 NET WEIGHT	毛重 GROSS WEIGHT	尺 码 MEASUREMENT
		GARDEN TOOLS			
A97SE38000217	50 CTNS	A601H Axe with Wooden Handle 1+1/2 lbs　100 DOZ	@ 24.00 KGS	@ 25.00 KGS	@(48×24×17)CM
	100 CTNS	2 lbs　　200 DOZ	@ 27.00 KGS	@ 28.00 KGS	@(57×26×18)CM
R.A.	100 CTNS	2+1/2 lbs　100 DOZ	@ 19.00 KGS	@ 20.00 KGS	@(74×29×10)CM
	75 CTNS	A613H Axe with Wooden Handle 600 g　　150 DOZ	@ 22.00 KGS	@ 24.00 KGS	@(52×25×16)CM
	100 CTNS	A631H Axe with Metal Handle 400 g　　200 DOZ	@ 17.00 KGS	@ 18.00 KGS	@(50×24×24)CM
	25 CTNS	BOW SAW 12"　　250 DOZ	@ 18.00 KGS	@ 20.00 KGS	@(47×37×28)CM
	450 CTNS		9,600.00 KGS	10,150.00 KGS	11.450 M³

TOTAL QUANTITY: 1,000 DOZ

TOTAL: FOUR HUNDRED & FIFTY CTNS ONLY.

GUANGDONG MACHINERY IMPORT AND
EXPORT CORPORATION

样单：提交银行全套结汇单据4：海运提单

Shipper
GUANGDONG MACHINERY IMPORT AND EXPORT
CORPORATION

Consignee or order
TO ORDER

Notify address
RUNSVEN AB BOX 143, S-596 23,
SKANNINGE, SWEDEN.

Pre-carriage by	Port of loading
	GUANGZHOU
Vessel	Port of transhipment
HANJIN COLOMBO V. WN747	
Port of discharge	Final destination
GOTHENBURG	

SINOTRANS

B/L NO.
SH97-675

中国外运广东公司
SINOTRANS GUANGDONG COMPANY

OCEAN BILL OF LADING

SHIPPED on board in apparent good order and condition (unless otherwise indicated) the goods or packages specified herein and to be discharged at the mentioned port of discharge or as near thereto as the vessel may safely get and be always afloat.

The weight. measure. marks and numbers. quality. contents and value. being particulars furnished by the Shipper. are not checked by the Carrier on loading.

The Shipper. Consignee and the Holder of this Bill of Lading hereby expressly accept and agree to all printed. written or stamped provisions. exceptions and conditions of this Bill of Lading. including those on the back hereof.

IN WITNESS whereof the number of original Bills of Lading stated below have been signed. one of which being accomplished. the other (s) to be void.

Container. seal No. or marks and Nos.	Number and kind of packages	Description of goods	Gross weight (kgs.)	Measurement (m³)
		SAID TO CONTAIN:	KGS	M³
A97SE38000217	450 CTNS	GARDEN TOOLS	10,150.00	11.450
R.A.				
		TOTAL:FOUR HUNDRED AND FIFTY CARTONS ONLY.		

PARTICULARS FURNISHED BY SHIPPER

SHIPPED ON BOARD
15 OCT 1997

ORIGINAL

FREIGHT PREPAID

Freight and charges	REGARDING TRANSHIPMENT
AGENT AT DESTINATION TERMINUS SPEDITION & TRANSPORT AB BOX 55. TEL 640210	INFORMATION PLEASE CONTACT

Ex. rate	Prepaid at	Freight payable at	Place and date of issue
	Total Prepaid	Number of original Bs /L TWO	GUANGZHOU 15 OCT 1997 Signed for or on behalf of the Master SINOTRANS GUANGDONG COMPANY TELEX: 44046A CGTRC CN FAX (20) 86596411 AS AGENT FOR THE CARRIER: PACIFIC BRIDGE SERVICE as Agent

SINOTRANS STANDARD FORM 5) SUBJECT TO THE TERMS AND CONDITIONS ON BACK HEREOF. 0010747

样单：提交银行全套结汇单据 5：保险单

Nº 0071925

中保财产保险有限公司
The People's Insurance (Property) Company of China, Ltd.
PICC PROPERTY

发票号码
Invoice No.　　97-380-2240

保险单号次
Policy No.

海 洋 货 物 运 输 保 险 单
MARINE CARGO TRANSPORTATION INSURANCE POLICY

被保险人：
Insured：　　GUANGDONG MACHINERY IMPORT AND EXPORT CORPORATION

中保财产保险有限公司（以下简称本公司）根据被保险人的要求，及其所缴付约定的保险费，按照本保险单承保险别和背面所载条款与下列特别条款承保下述货物运输保险，特签发本保险单。

This policy of Insurance witnesses that The People's Insurance (Property) Company of China, Ltd.(hereinafter called "The Company",at the request of the Insured and in consideration of the agreed premium paid by the Insured, undertakes to insure the undermentioned goods in transportation subject to the conditions of this Policy as per the Clauses printed overleaf and other special clauses attached hereon.

保险货物项目 Descriptions of Goods	包装 单位 数量 Packing Unit Quantity	保险金额 Amount Insured
GARDEN TOOLS TOTAL: 450 CTNS	450 CTNS	USD19,338.00

承 保 险 别
Conditions

货 物 标 记
Marks of Goods

COVERING ALL RISKS AND WAR RISKS

A97SE38000217
R.A.

COPY

总 保 险 金 额：　　U.S.Dollar NINETEEN THOUSAND THREE HUNDRED & THIRTY-EIGHT ONLY.
Total Amount Insured：

保费　　　　　　载运输工具　　HANJIN COLOMBO V.WN747　　　　　　开航日期
Premium　as arranged　Per conveyance S.S.　　　　　　　　　　Slg. on or abt. OCT.15, 1997

起运港　　　　　　　　　　　　　　　　　目的港
From　GUANGZHOU　　　　　　　　　　To　　　　GOTHENBURG

所保货物，如发生本保险单项下可能引起索赔的损失或损坏，应立即通知本公司下述代理人查勘。如有索赔，应向本公司提交保险单正本（本保险单共有　份正本）及有关文件。如一份正本已用于索赔，其余正本则自动失效。

In the event of loss or damage which may result in a claim under this Policy, immediate notice must be given to the Company's Agent as mentioned hereunder. Claims, if any, one of the Original Policy which has been issued in Original (s) together with the relevant documents shall be surrendered to the Company, if one of the Original Policy has been accomplished, the others to be void.

中保财产保险有限公司
THE PEOPLE'S INSURANCE (PROPERTY) COMPANY OF CHINA,LTD.

赔款偿付地点　　SWEDEN
Claim payable at

日期　　　　　　　　　　　　在
Date　OCT.15, 1997　　at　GUANGZHOU

地址：
Address：

样单：提交银行全套结汇单据6：普惠制原产地证明书

ORIGINAL

1. Goods consigned from (Exporter's business name, address, country) GUANGDONG MACHINERY IMPORT AND EXPORT CORPORATION 726,DONG FENG ROAD EAST,GUANGZHOU CHINA.	Reference No. GZ7/80060/0599 GENERALIZED SYSTEM OF PREFERENCES CERTIFICATE OF ORIGIN (Combined declaration and certificate) FORM A
2. Goods consigned to (Consignee's name, address, country) RUNSVEN AB, BOX 143, S-596 23, SKANNINGE, SWEDEN.	Issued in THE PEOPLE'S REPUBLIC OF CHINA (country) See Notes overleaf
3. Means of transport and route (as far as known) ON/AFTER OCT.10, 1997 FROM GUANGZHOU TO GOTHENBURG BY VESSEL	4. For official use

5.Item number	6. Marks and numbers of packages	7. Number and kind of packages; description of goods	8. Origin criterion (see Notes overleaf)	9. Gross weight or other quantity	10. Number and date of invoices
1	A97SE38000217 R.A.	FOUR HUNDRED & FIFTY(450) CTNS OF GARDEN TOOLS ***-**************************	"P"	10,150 KGS	97-380-2240 OCT.09, 1997

11. Certification It is hereby certified, on the basis of control carried out, that the declaration by the exporter is correct. GUANGZHOU OCT.10, 1997 Place and date, signature and stamp of certifying authority	12. Declaration by the exporter The undersigned hereby declares that the above details and statements are correct; that all the goods were produced in CHINA (country) and that they comply with the origin requirements specified for those goods in the Generalized System of Preferences for goods exported to SWEDEN　(importing country) GUANGZHOU OCT.09, 1997 Place and date, signature of authorized signatory

样单：提交银行全套结汇单据 7：汇票

F14

凭

Drawn under　　UNION BANK OF SWITZERLAND HONG KONG

信用证　　　　　　　第　　　　　　　　号

L/C　　　*No.*　　　　ILC – 435289

日期　　　　　　年　　　　　月　　　　　日

dated　　　　　　AUG. 28, 1997

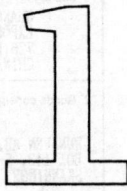

按　　　　息　　　　　　　　　付　　款

Payable with interest @　　　　　　*% per annum*

号码　　　汇票金额　　　　　中国　广州　　年　月　日

No.　　　**Exchange** *for*　　USD16,701.00　*Guangzhou, China*　　　20

见票　　　　　　　　　　　日　后（本汇票之副本未付）付

At　　******　　*sight of this* FIRST *of Exchange (Second of exchange being unpaid)*

pay to the order of　　　　BANK OF CHINA　　　　或其指定人

金　额　　U.S. DOLLARS SIXTEEN THOUSAND SEVEN HUNDRED &ONE ONLY

the sum of

此致
To: UNION BANK OF SWITZERLAND HONG　　GUANGDONG MACHINERY IMPORT
KONG　　　　　　　　　　　　　　AND EXPORT CORPORATION

　　　　　　　　　　　　　　　　　　（签名）

第十二节　出口收汇核销和出口退税

一、出口收汇核销

为了防止出口商将外汇截留在境外，国家外汇管理部门通过海关对出口货物的监管，银行对出口货物收汇是否实际到账的监督，明了货、款的去向和比例是否合理，这就是出口收汇核销。出口收汇核销单是指国家外汇管理局制发，出口商和银行填写，海关凭此受理报关，外汇管理部门凭此核销收汇的凭证。

（一）出口收汇核销的特点

1. 以核销单为核心

外管部门的出口收汇核销管理贯穿发放和收回核销单并办理核销的全过程，出口单位凭核销单及其附件办理报关或委托报关和有关核销手续。海关凭核销单受理有关出口货物的"验讫"手续，出口退关时，海关在核销单上签注意见并盖章。

2. 以事后核为基调

出口收汇核销手续是在货物出口后，并且及时收汇或明确"去向"后，方可受理。换言之，出口单位除事先需向外管部门领取一定量的核销单外，出口货物能否报关、何时报关无须也不应经外管部门认可。

3. 以全方位为范畴

一方面，覆盖面广，出口收汇核销是在全国各地贯彻执行；另一方面，涉及点多，核销业务涉及所有的出口单位、外运、海关、金融机构、外管部门诸方面，渗透在货物出口、货款收妥、实物进口或明确"去向"的全过程。

4. 以增收汇为宗旨

出口收汇核销制度，根据核销单的发放和出口单位不同，报关地点不一，规定了不同的交回核销单的时间，针对不同的出口地区、贸易方式和结算方式，明确了不同的最迟收款日期和相同的核销工作日等办理核销环节，来全面、准确地掌握出口收汇实绩，并及时、有效地促进安全收汇、催促逾期收汇。

（二）出口收汇核销的原则

1. 属地管理

由出口单位向其注册所在地的外管部门申领核销单，一般来说，在何地申领的核销单，就在何地办理核销。

2. 专单专用

谁申领的核销单就由谁使用，不得相互借用。核销单的交回核销或作废遗失、注销手续也由原领用该核销单的出口单位到其所在地的外管部门办理。

3. 领用衔接

多用多发、不用不发——续发核销单的份数与已用核销单、已核销情况和预计出口用单的增减量相"呼应"。

4. 单单对应

原则上一份核销单对应一份报关单。报关单、核销单、发票、汇票副本上的有关栏目的内容应一致，如有变动，应附有关的更改单或凭证。

（三）出口收汇核销程序

出口收汇核销程序一般可分为四个阶段：

（1）领单。出口商凭单位介绍信、出口核销员证或开户单位印鉴卡向外汇管理局领取核销单。

（2）使用。出口货物报关时向海关提交核销单。

（3）交单。出口商出口报关，海关对出口货物查验、放行，并在出口收汇核销单上加盖验讫章后，出口商收回核销单存根及其附件，并在报关之日起60天内，凭核销单、报关单、外贸商业发票到外汇管理局送交核销单存根。

（4）核销。出口商在收到外汇之日起30天内到外汇管理部门办理出口收汇核销。

（四）出口收汇核销单据

出口商到当地外汇管理部门办理出口收汇核销应提交如下单据：

（1）出口报关单。该出口报关单应贴有防伪标签并盖有海关"验讫章"。

（2）出口收汇核销单。该出口收汇核销单存根上应填写出口单位名称、出口单位代码、出口币种总价、收汇方式、预计收款日期、报关日期、报关单编号、出口货物名称和数量等内容。

（3）银行水单，即"出口收汇核销专用联"。

（4）出口发票，即"商业发票"。

二、出口退税

为帮助出口企业降低成本，增强出口产品的竞争力，鼓励出口，我国实行退税制。出口企业在货物出口报关离境后，可凭有关单证办理出口退税。退税包括出口产品各生产环节已缴纳的增值税或产品税。

根据 2005 年 5 月 1 日起实施的《出口货物退（免）税管理办法（试行）》，对出口退税管理办法介绍如下：

（一）出口企业的退税认定

对外贸易经营者按《中华人民共和国对外贸易法》和商务部《对外贸易经营者备案登记办法》的规定办理备案登记后，没有出口经营资格的生产企业委托出口自产货物（含视同自产产品，下同），应分别在备案登记、代理出口协议签订之日起 30 天内持有关资料，填写出口货物退（免）税认定表，到所在地税务机关办理出口货物退（免）税认定手续。

对外贸易经营者是指依法办理工商登记或者其他执业手续，经商务部及其授权单位赋予出口经营资格的从事对外贸易经营活动的法人、其他组织或者个人。其中，个人（包括外国人）是指注册登记为个体工商户、个人独资企业或合伙企业。

已办理出口货物退（免）税认定的出口商，其认定内容发生变化的，须自有关管理机关批准变更之日起 30 天内，持相关证件向税务机关申请办理出口货物退（免）税认定变更手续。

（二）出口退税的条件

出口产品只有同时满足下述四个条件才能办理退税：①必须是属于增值税、消费税及营业税征税范围内的产品；②必须已报关离境；③必须在财务上作出口销售；④必须是在国外消费的产品。

（三）出口产品的退税申报

出口企业应在规定期限内，收齐出口货物退（免）税所需的有关单证，使用国家税务总局认可的出口货物退（免）税电子申报系统生成电子申报数据，如实填写出口货物退（免）税申报表，向税务机关申报办理出口货物退（免）税手续。逾期申报的，除另有规定者外，税务机关不再受理该笔出口货物的退（免）税申报，该补税的应按有关规定补征税款。

出口退税附送的材料有：

（1）出口报关单（出口退税专用）。

（2）出口销售发票。

（3）增值税专用发票（抵扣联）。

（4）结汇水单或收汇通知书。

（5）属于生产企业直接出口或委托出口自制产品，凡以 CIF 结算的，应附送出口货物运单和出口保险单。

（6）有进料加工复出口产品业务的企业，还应向税务机关报送进口料件的合同编号、日期、进口料件名称、数量、复出口产品名称、进料成本金额和实纳各种税金等。

（7）税收（出口货物专用）缴款书或出口货物完税分割单。申请退消费税的企业，还应提供消费税专用缴款书。

（8）经外汇管理部门核销并签章的出口收汇核销单（出口退税专用）。

（9）与出口退税有关的其他材料。

（四）出口产品的退税受理

出口商申报出口货物退（免）税时，税务机关应及时予以接受并进行初审。经初步审核，出口商报送的申报资料、电子申报数据及纸质凭证齐全的，税务机关受理该笔出口货物退（免）税申报。出口商报送的申报资料或纸质凭证不齐全的，除另有规定者外，税务机关不予受理该笔出口货物的退（免）税申报，并要当即向出口商提出改正、补充资料、凭证的要求。

税务机关受理出口商的出口货物退（免）税申报后，应为出口商出具回执，并对出口货物退（免）税申报情况进行登记。

（五）税务机关的退税审核

税务机关受理出口商出口货物退（免）税申报后，应在规定的时间内，对申报凭证、资料的合法性、准确性进行审查，并核实申报数据之间的逻辑对应关系。根据出口商申报的出口货物退（免）税凭证、资料的不同情况，税务机关应当进行人工审核和计算机审核。

1. 人工审核

（1）税务机关重点审核的内容。

①申报出口货物退（免）税的报表种类、内容及印章是否齐全、准确。

②申报出口货物退（免）税提供的电子数据与出口货物退（免）税申报表是否一致。

　　③申报出口货物退（免）税的凭证是否有效，与出口货物退（免）税申报表明细内容是否一致等。

　　（2）税务机关重点审核的凭证。

　　①出口货物报关单（出口退税专用）。出口货物报关单必须是盖有海关验讫章，注明"出口退税专用"字样的原件（另有规定者除外），出口报关单的海关编号、出口商海关代码、出口日期、商品编号、出口数量及离岸价等主要内容应与申报退（免）税的报表一致。

　　②代理出口证明。代理出口货物证明上的受托方企业名称、出口商品代码、出口数量、离岸价等应与出口货物报关单（出口退税专用）上内容匹配，并与申报退（免）税的报表一致。

　　③增值税专用发票（抵扣联）。增值税专用发票（抵扣联）必须印章齐全，没有涂改。增值税专用发票（抵扣联）的开票日期、数量、金额、税率等主要内容应与申报退（免）税的报表匹配。

　　④出口收汇核销单。出口收汇核销单的编号、核销金额、出口商名称应当与对应的出口货物报关单上注明的批准文号、离岸价、出口商名称匹配。

　　⑤消费税税收（出口货物专用）缴款书。消费税税收（出口货物专用）缴款书各栏目的填写内容应与对应的发票一致，征税机关、国库（银行）印章必须齐全并符合要求。

　　2. 计算机审核

　　将出口商申报出口货物退（免）税提供的电子数据、凭证、资料与国家税务总局及有关部门传递的出口货物报关单、出口收汇核销单、代理出口证明、增值税专用发票、消费税税收（出口货物专用）缴款书等电子信息进行核对。审核、核对的重点是：

　　（1）出口报关单电子信息。出口报关单的海关编号、出口日期、商品代码、出口数量及离岸价等项目是否与电子信息核对相符。

　　（2）代理出口证明电子信息。代理出口证明的编号、商品代码、出口日期、出口离岸价等项目是否与电子信息核对相符。

　　（3）出口收汇核销单电子信息。出口收汇核销单号码等项目是否与电子信息核对相符。

　　（4）出口退税率文库。出口商申报出口退（免）税的货物是否属于可退税货物，申报的退税率与出口退税率文库中的退税率是否一致。

　　（5）增值税专用发票电子信息。增值税专用发票的开票日期、金额、税额、购货方及销售方的纳税人识别号、发票代码、发票号码是否与增值税专用发票电子信息核对相符。

在核对增值税专用发票时应使用增值税专用发票稽核、协查信息。暂未收到增值税专用发票稽核、协查信息的，税务机关可先使用增值税专用发票认证信息，但必须及时用相关稽核、协查信息进行复核；对复核有误的，要及时追回已退（免）税款。

（6）消费税税收（出口货物专用）缴款书电子信息。消费税税收（出口货物专用）缴款书的号码、购货企业海关代码、计税金额、实缴税额、税率（额）等项目是否与电子信息核对相符。

（六）　税务机关的退税审批

出口货物退（免）税应当由设区的市、自治州以上（含本级）税务机关根据审核结果按照有关规定进行审批。税务机关在审批后应当按照有关规定办理退库或调库手续。

样单：出口收汇核销系列单据1：出口货物报关单

中华人民共和国海关 **出口** 货物报关单　　　　　| 收汇核销联 |

✿✿✿✿✿✿✿ ✿ 主页 ✿ ✿✿报关单编号:	043171776-7 Page.	海关编号: 045171776	

出口口岸	蛇口海关　　(53／04)	备案号		出口日期 2002-04-05	申报日期 2002-03-28
经营单位 广东省纺织品进出口棉织品有限公司 4401043006(44010423111627Q)	运输方式 运输工具名称			提运单号	
发货单位 广东省纺织品进出口棉织品有限公司 4401043006(44010423111627Q)	贸易方式 B000003*PA302002 一般贸易 0119		征免性质 一般征税 (0101) 境内货源地	0420320175 结汇方式 电汇
批准文号	运抵国(地区) 成交方式 利	指运港 运费 (0307) 意大利	征免税 (0101) 保费 (0307)	杂费 惠州其他 (44139)
合同协议号 备案号CS08319	种数 000/ 随附单据 571	包装种类 000/ 纸箱	毛重(千克) 10,735	净重(千克) 000 10,164 生产厂家
标记唛码及备注 ✿ 1(2)				博罗石湾镇桂辉电子文具厂

项号 商品编号	商品名称、规格型号	数量及单位	最终目的国(地区)	单价	总价	币制	征免
01 42021290.10 *拉链公文包	无牌	27,408.00个	意大利 (307)	830	22,748.64	USD 美元	照章

税费征收情况

输往申报单

录入员		接单环节交单核放 录入单位	合计总价: 00022749		海关审单批注及放行日期(签章)
报关员 深圳服务中心 海声BP机号	兹声明以上申报无讹并承担法律责任 申报单位(签章)　计算机 报关员代码: 9999 填制日期: 20020328				
单位地址					
邮编	电话		填制日期		2002/03/29 黄思清

深圳市汉龙泰报关有限公司

样单：出口收汇核销系列单据 2：出口收汇核销单

出口收汇核销单

存根

（粤）编号：44H597794

出口单位：广东省饶平县进出口贸易品有限公司

单位代码：3111627-0

出口币种总价：USD 22,748.64

收汇方式：电汇

预计收汇日期：

报关日期：2002.03.28

备注：

此单报关有效期截止到

出口收汇核销单

（粤）编号：44H597794

出口单位：广东省饶平县进出口贸易品有限公司

单位代码：2311627-0

类别	币种金额	日期	盖章
银行盖注栏			
海关签注栏			
外汇局签注栏			

年　月　日（盖章）

出口收汇核销单

出口退税专用

（粤）编号：44H597794

广东省饶平县进出口贸易品有限公司

单位代码：2311627-0

货物名称	数量	币种总价
拉链及配色	571箱	USD 22,748.64

报关单编号：44171776

外汇局签注栏：

年　月　日（盖章）

未经核销此联不得撕开

样单：出口收汇核销系列单据 3：银行水单

中国银行　出口收汇核销专用联

日期：02/28/02

客户全称：广东省纺织品进出口（集团）公司

账　　号：800105753808291001

核销单号：44H683573　44H597944（1）

摘　　要	货币及金额
我行编号：IR4008076/02　汇入号：0126040TT2000288 汇入日期：02/27/02　金额：USD15,033.12 汇款人名：KAM SHING ENTERPRISES 申报号码：4400000001 01 020228 N115 汇款附言：COTTON 三部 INV NO 2002272MCCS	USD15,033.12

制票　刘萃萍
复核　张玉玲

中国银行出口收汇核销专用联

2002 年 3 月 6 日

广东省纺织品进出口（集团）公司

时间：10:09:58

800105753808091001

金　额	汇　价	折合人民币金额
USD7,808.40	100:826.657923	￥CNY　64,548.76

票据托收业务结汇　　我行编号：C40000301/02
票据编号：Z11784　　（DRAFT）票据金额 USD 7,808.40
国外收费：USD

票据如发生退票本行有追索权

核销单号：44H597944　44H2/2（1）

该笔业务以优惠汇率结汇（当天公布价 100:826.41）
申报号码：440000 0001 01 020306 N007

会计　　复核　张玉玲　　记账　　制票　钟志军

样单：出口收汇核销系列单据 4：出口发票

广东省出口商品发票
Guangdong Province Export Goods Invoice

国税

出口专用
For Export
0009911770
No. **0361590**

购货单位：
Purchaser:
地址：　　　　　　　　　　　　电话：　　　　　　　　　　开票日期：　　年　月　日
Add:　　　　　　　　　　　　　Tel:　　　　　　　　　　Issued date: Year Month Date

合同号码 Contract No.	8091MCCS08319	贸易方式 Trade Method	正常贸易	收汇方式 Foreign Exchange Collection Form	TT
开户银行及账号 Bank where Account opened &A/C Number	中行广东分行 800105753808091991	发运港 Port of Departure	蛇口	转运港 Port of Transshipment	***
信用证号 L/C　No.		运输工具 Means of Transportation	B000003EPAB	目的港 Port of Destination	意大利

标记唛头号码 Marks & Nos	品名规格 Description and Specification of Goods	单位 Unit	数量 Quantity	销售单价 Unit Price	销售总额 Total Sales Amount
N/M	拉链公文包	个	27,408	USD0.830	USD22,748.64

合计金额(币种：　　) Total Amount (　Currency　)	美元贰万贰仟柒百肆拾捌圆陆肆整		USD22,748.64
备注 Notes	核 44H597794		

填票人：
Filler:　　　　　　　　　　　　业户名称(盖章) Seller (Seal)
　　　　　　　　　　　　　　　地址：　Add:

（印章：4401042311162 ...）

附录一

常用货币符号中英文名称

货币符号	英文名称	中文名称	国家或地区
ARP	Argentine Peso	阿根廷比索	阿根廷
AUD	Australian Dollar	澳大利亚元	澳大利亚
BRC	Brazilian New Cruzeiro	新克鲁赛罗	巴西
CAD	Canadian Dollar	加拿大元	加拿大
CNY	Renminbi Yuan	人民币元	中国
EUR	Euro	欧元	欧盟
GBP	Pound Sterling	英镑	英国
HKD	Hong Kong Dollar	港元	中国香港
IDR	Indonesian Rupiah	盾	印度尼西亚
INR	Indian Rupee	卢比	印度
IRR	Iranian Rial	伊朗里亚尔	伊朗
JOD	Jordanian Dinar	约旦第纳尔	约旦
JPY	Japanese Yen	日元	日本
KWD	Kuwaiti Dinar	科威特第纳尔	科威特
MOP	Macao Pataca	澳门元	中国澳门
MYR	Ringgit	林吉特	马来西亚
NOK	Norwegian Krone	挪威克朗	挪威
NZD	New Zealand Dollar	新西兰元	新西兰
PHP	Philipine Peso	菲律宾比索	菲律宾
PKR	Pakistan Rupee	巴基斯坦卢比	巴基斯坦
SAR	Saudi Arabian Riyal	沙特里亚尔	沙特阿拉伯
SF	Swiss Francs	瑞士法郎	瑞士
SGD	Singapore Dollar	新加坡元	新加坡
SKR	Swedish Krona	瑞典克朗	瑞典
SUR	Russian Ruble	卢布	俄罗斯
THB	Thai Baht	泰铢	泰国
USD	U. S. Dollar	美元	美国
ZAR	South African rand	兰特	南非

附录二

出口跟单常用英语缩语

A

@	at 以（价格）
AA	Automatic Approval 自动许可证
A. A. R.	Against All Risks 保一切险
a. a.	after arrival 到达以后
abt.	about 大约
A/C，acct.	account 账户，入……账
Acc.	acceptance 承兑
A. D.	Anno Domini（拉丁文）公元（后）
a. d.	after date 期后
add.	address 地址
Ad val.	Ad valoren 从价（计算运费）
adv.	advance/advice 预付/通知
A. F.	Advanced Freight 预付运费
Agrt.	agreement 协定
agt.	agent 代理人
A. H.	After Hatch 后舱
A. I. R	All in Rate（集装箱）包干费率，全包价
Al	At Lloyd's 英国劳埃德商船协会商船注册第一级
amt.	amount 数额金额
amdt.	amendment 修改，修改书
A. N.	Arrival Notice 到货通知
A/O	account of……由……付账
A. P.	Additional Premium 额外保费
A/P	Authority to Purchase 委托购买证
approx.	approximate 大约
A. R.	1. All Risks 一切险
	2. Account Receivable 应收款

arr.	arrival 到达
art.	article 条款，货号
Art. No.	article number 货号
a. s.	at（after）sight 见票后（……天付款）
A. T. L.	Actual Total Loss 实际海损
att.	attach 附加，随附
atten.	attention 注意
A. V.	Ad Valoren 从值（从价）
av.	average 平均海损
Ave.	Avenue 大街
A/W	Actual Weight 实际重量，净重
AWB	Air Way Bill 空运提单

B

B/ – b/s	Bag（s），bale（s）包，袋
BAF	Bunker Adjustment Factor 燃油附加费
Bal.	Balance 余额，平衡
Bay（Hatch or Hold）	舱位，舱门，舱内
B. B. C.	Bareboat Charter 光船租赁
B. B. Clause	Both to Blame Collision Clause 船舶互撞条款（险）
B/C	Bill for Collection 托收汇票
B/D	1. Bank Draft. 银行汇票
	2. Bill Discounted 贴现汇票
b. d. i.	both days inclusive 包括头尾两天
bdl（s）	bundle（s）捆，把
B/E	1. Bill of Exchange 汇票
	2. Bill of Entry 进口报告书
b/f	brought forward 承前页
bg.	bag 袋
B/G	Bonded Goods 保税货物
B/H	Bill of Health 健康证明书
Bid	出价，报价
BIMCO	Baltic and International Maritime Council

	波罗的海国际海事协会
Bk.	Bank 银行
bkt.	basket 篮，筐
bl.	bale 包
B/L	Bill of Lading 提单
bldg.	building 大楼
blvd.	boulevard 大街
B/N	Booking Note 托运单，订舱单
B/O	1. Buyer's Option 买方选择
	2. Branch Office 分公司
BOC	Bank of China 中国银行
BOM	Beginning of Month 月初
bot.	bottle 瓶
BOY	Beginning of Year 年初
B/P	1. Bill of Payable 付票据
	2. Bill Purchased 出口押汇
	3. Bill Purchased 银行议付汇票
br.	branch 分行，分支机构
brkge.	breakage 破碎
brl.	barrel 桶
b/s	bags，bales 袋，包（复数）
BS，BSC	Bunker Surcharge 燃油附加费
B. T.	Berth Terms 班轮条款
btl.	bottle 瓶
B. T. N.	Brussels Tariff Nomenclature 布鲁塞尔税则分类
bu.	bushel 蒲式耳
bx（s）	box（es）箱，盒

C

c/－，c/s	case（s）箱
ca.	circa 大约（拉丁文）
CAAC	General Administration of Civil Aviation of China 中国民航

C. A. D.	Cash Against Documents 凭单据付款
CAF	Currency Adjustment Factor 货币贬值附加费
canc.	cancelled，cancellation 取消
Capt.	Captain 船长
Caricom	Caribbean Community 加勒比海共同体
Cat.	Catalogue 目录
C. B. D.	Cash Before Delivery 付现交货
C. C.	Carbon Copy 付本印送
CCCN	Customs Co-operative Council 海关合作理事会税则目录
CCIB	China Commodity Inspection Bureau 中国商品检验局
CCPIT	China Council for the Promotion of International Trade 中国国际贸易促进委员会
C. C. V. O.	Combined Certificate of Value and Origin 价值、产地联合证明书（海关发票）
C/D	Cash Against Documents 凭单据付款
Cert.	Certificate 证明书
c/f	carried forward 续后页
C & I	Cost and Insurance 成本加保险价
CFS	Container Freight Station 集装箱货运站
cft.	cubic feet 立方英尺
cgo.	cargo 货物
C. H.	Custom House 海关
chg.	charge 费用
C/I	1. Certificate of Inspection 检验证书 2. Certificate of Insurance 保险证明书
C. I.	Consular Invoice 领事发票
C. I. A.	Cash in Advance 预付现款
C. I. C.	China Insurance Clause 中国保险条款
C. I. O.	Cash in Order 订货时付款
ck.	1. check 支票 2. cask 桶
CL	Container Load 集装箱装载

CLP	Container Load Plan 集装箱装箱单
cm	centimeter 公分，厘米
CMI	Committee Maritime International 国际海事委员会
C/N	1. Case No. 箱号
	2. Contract No. 合同号
	3. Cover Note 暂保单
	4. Credit Note 贷项账单（贷记通知单）
CNCC	China National Chartering Corp. 中国租船公司
CNFTTC	China National Foreign Trade Transportation Corp. 中国对外贸易运输公司
CNY	China National Yuan 中国元
Co.	Company 公司
C/O	1. Certificate of Origin 产地证书
	2. Care of 由……转交
	3. Cash Order 本票
COA	Contract of Affreightment 包运租船
COC	Carrier's Own Container 承运人集装箱
C. O. D.	Cash on Delivery 货到付款
COFC	Container on Flatcar 铁路运集装箱
Comm.	Commission 佣金
Cont.	Contract 合同
Contd.	continued 继续，未完
COSA	China Ocean Shipping Agency 中国外轮代理公司
COSCO	China Ocean Shipping Company 中国远洋运输公司
Cover	（保险）包括，关于，给（货物等）保险
C/P	Charter Party 租船契约，租船合同
CQD	Customary Quick Dispatch 习惯快速装卸
Cr.	Credit 贷方
C/R	Cargo Receipt 货物承运收据
CR	Current Rate 现行费率
c/s	cases 箱
CSC	Container Service Charges 集装箱服务费
Csk	Cask 木桶
ct.	centiliter 毫升

C. T. B/L	Combined Transport Bill of Lading. 联运提单
ctn.	carton 纸箱
CWS	Currency Weakly Surcharge 货币软化附加费
Cwt.	Hundred weight 亨特威（英制 100 磅）
CY	Container Yard 集装箱堆场
CY to CY	Container Yard/ Container Yard 集装箱堆场至集装箱堆场
C. Z.	Canal Zone 运河地带

D

D/A	1. Documents Against Acceptance 承兑交单
	2. Documents Attached 随附单据
	3. … Days After Acceptance 承兑后……天（付款）
D. A.	Direct Additional 直航附加费
DC	Dry Cargo Container 干货集装箱
d/d	1. dated 日期是……
	2. … days after date 开票日后……天（付款）
D. D.	1. Demand Draft 即期汇票（银行汇票）
	2. Documentary Draft 跟单汇票
DDC	Destination Delivery Charge 目的地交货费（北美地区港口）
DESTN.	Destination 目的地
d. f.	dead freight 空舱费
D. G.	Dangerous Goods 危险货物
Disc.	Discount 折扣，贴现
D/N	Debit Note 借项账单
D/O	Delivery Order 提货单
DOCDEX Rules	Documentary Credit Dispute Resolution Expertise Rules 国际商会跟单票据争议专家解决规则
DOC.	Documentary 跟单的
D/P	1. Documents Against Payment 付款交单
	2. Delivery Against Payment 付款交货
	3. Deferred Payment 延期付款

D/P · T/R	Documents Against Payment with Trust Receipt 付款交单凭信托收据借贷
D/R	Dock Receipt 场站收据
D/S	Deviation Surcharge 绕航附加费
DTD	dated 日期是……
D/W	Dead Weight 总载重量
D. W. T.	Deadweight Tonnage 载重吨位
DZ.	dozen 打

E

E. A. O. N.	Except as Otherwise Noted 除非另有记载
EBS	Emergency Bunker Surcharge 应急燃油附加费
E. C.	East Coast 东海岸（指美国）
E/D	Export Declaration 出口申报书
EEC	European Economic Community 欧洲经济共同体
e. g.	exempligratia = for example 例如
E/L	Export License 出口许可证
Encl.	Enclosure 附件
E. & O. E.	Errors and Omissions Excepted 有错当查
E. O. M.	End of the Month 月底
E. O. S.	End of the Season 季底
E. O. Y.	End of the Year 年底
ERC	Equipment Reposition Charge 空箱调运费
E. S. C.	Economic and Social Council 联合国经济社会理事会
ETA	Estimated Time of Arrival 预定到达时间
etc.	et cetera = and others 等等
ETD	Estimated Time of Departure 预定开航时间
ETS	Estimated Time of Sailing 预定开航时间
Ex	1.（合同、运输上）表示"出自"、"在……（交货）"
	2.（证券、股票上）表示"没有"、"免除"
EXP.	Export 出口

F

F. A.	Freight Agent 货运代理行
FAK	Rates Freight All Kind Rates 不分品种运价
FAQ	Fair Average Qulity 良好平均品质，大路货
FBL	FIATA Bill of Lading 菲亚塔提单
FCR	Forwarder's Cargo Receipt 运输行货物收据
FCB	Freight for Class and Basis 包箱费率
FEU	Forty-foot Equivalent Unit 40 英尺箱
F. I.	Free in 船方不负担装货费
F. I. O. S. T.	Free In and Out and Stowed and Trimmed 船方不负担装卸费、理舱费和平舱费
FIATA	Federation Internationale des Associations de Transitaires et Assimiles 国际运输商协会联合会
F. I. O.	Free in & out 船方不负担装卸货费
FMC	Federal Maritime Commission 美国联邦海运委员会
F/O	In favour of 以……为受益人
F. O.	Free out 船方不负担卸货费
F. O. C.	Free of Charge 免费
FPA	Free from Particular Average 单独海损不赔、平安险
FT	Freight Ton 运费吨
FTL	Full Truck Load 整车货
FTZ	Foreign-Trade Zone 对外贸易区
F. Y. I.	For Your Information 供你参考
F. Z.	Free Zone 自由区

G

G. A. G/A	1. General Agent 总代理 2. General Average 共同海损
GATT	General Agreement On Tariff and Trade 关税与贸易协定

GMT	Greenwich Mean Time 格林威治标准时间
GP	General Propose Container 通用集装箱
GPO	General Post Office 邮政总局
Gr. Wt.	Gross Weight 毛重
GRI	General Rate Increase 整体费率上调
GRT	Gross Registered Tonnage 总登记吨（总容积吨）
GSP	Generalize System of Preference 普遍优惠制
GST	Goods and Service Tax 商品及服务税
Gvt.	Government 政府

H

HAWB	House Air Way Bill 空运代理提单/分提单
H/H	House to House 厂到厂（集装箱运输）
H. O.	Head Office 总公司

I

IATA	International Air Transport Association 国际航空运输协会
I. B.	In Bond 保税仓库
ICC	1. International Chamber of Commerce 国际商会
	2. Institute Cargo Clause 伦敦学会货物保险条款
ICS	International Chamber of Shipping 国际航运公会
ID	idem the same 同前
i. e.	idest = that is 即是
I/E	Import-Export 进出口
I/L	Import License 进口许可证
ILA	International Law Association 国际法协会
IMF.	International Monetary Fund 国际货币基金
IMP	International Market Price 国际市场价格
IMP.	Import 进口
INCOTERMS	International Rules for the Interpretation of Trade

	Terms 国际贸易术语解释通则
Inst.	instant（this month）本月
I. O. P.	Irrespective of Percentage 无免赔率
I. P. I.	Interior Point Intermodal 内陆公共点多式联运
I. Q.	Import Quota 进口配额
ISBP	International Standard Banking Practice 关于审核跟单信用证项下单据的国际标准银行实务
ISO	the International Organization for Standardization 国际标准化组织

J

JMP	Japan's Main Ports 日本主要港口

L

LASH	Lighter-aboard-ship 载驳船，子母船
Lb.	Libra = Pound 磅（重量单位）
L/C	Letter of Credit 信用证
LCL	Less than Container Load 拼装货（集装箱）
L/G	Letter of Guarantee 担保书
L. H.	Lower Hold 底舱
L/I	Letter of Indemnity 赔偿保证书
LIBOR	London InterBank Offered Rate 伦敦同业拆放利率
L. M. C.	Lloyd's Machinery Certificate 劳氏船机证书
L/T	Long Ton 长吨
LTL	Less than Truck Load 拼装货

M

Max.	maximum 最高
M/F	Manifest 舱单
Min.	minimum 最低，起码
M. I. P.	Marine Insurance Policy 海运保险单
M. L. B.	Mini-Land Bridge Service 小陆桥运输
M/R	Mate's Receipt 收货单，大副收据
Mr	先生
Mrs	夫人
M/S	Moter Ship 轮船
M/T	1. Metric Ton 公吨
	2. Mail Transfer 信汇
	3. Multimodal Transport 多式联运
MTD	Multimodal Transport Document 多式联运单据
M. V.	Motor Vessel 机动船，轮船
MOL	More or Less Clause 溢短条款

N

N.	number 数，数目，号码
N. A. , N/A	1. Not Applicable 不适用
	2. Not Available 无供
	3. No Acceptance 拒绝承兑
N. B.	Nota Bene ＝ Note Well 注意
N. C. V.	No Commercial Value 无商业价值
N/M	No Mark 无标记
N/N	Non-Negotiable，Not Negotiable 不可转让，不可议付
n. o. s.	not otherwise specified 未列名
Neg.	Negative（数）负的
NRT	Net Registered Tonnage 净登记吨（净容积吨）

O

O/C	Outward Collection 出口托收
O. C. P.	Overland Common Point 陆上共同点
O. P.	Open Policy 预约保单
ORE	Original Receiving Charge 原产地接货费

P

p. a.	per annum 每年，按年
P/A	1. Particular Average 单独海损
	2. Payment on Arrival 货到付款
pcl	parcel 包，包裹
pct.	percent 百分比
P. D.	Port Dues 港务费
PICC	People's Insurance Co. of China 中国人民保险公司
P & I. PIA	Protection and Indemnity Association 保险及赔偿协会
Pkg.	Package 包，件
P. M.	Post Meridien = afternoon 下午
PMA	Pacific Maritime Association 太平海运协会
P. O. C.	Port of Call 停靠港
P. O. B.	Post Office Box 邮政信箱
P. O. D.	Paid on Delivery 交货时付讫
Pos.	Positive（数）正的
p. p.	picked ports 选定港
ppt	prompt 即时的
pr.	pair 双，对
P. R. C.	The People's Republic of China 中华人民共和国
prox.	proximo = next month 下月
P. S.	Postcript 附言，再启
P. T. O.	Please Turn Over 请阅后页

Q

Qlty.	Quality 质量，品质
Quty.	Quantity 数量
Qy.	Quay 码头

R

Re	（拉丁文）关于
REF.	Reference 参考，资信情况
Rev.	Revocable 可撤销的
R. F. W. D.	Rain and/or Fresh Water Damage 雨淋淡水险
Ro-Ro	Roll-on/Roll-off 滚装船
RR	Rail Road 铁路

S

S. A.	Societe Anonyme （Fr.） = Corp. 公司
	Societa Anonima （Italy） = Corp. 公司
	Sociedade Anonima （Spanish） = Corp. 公司
S/C	1. Sales Contract 销货合同
	2. Service Charge 服务费
	3. Sales Confirmation 销货确认书
SCI	Special Customs Invoice 美国特别海关发票
S/D	1. Short Delivery 交货短缺
	2. Sight Draft 即期汇票
	3. Sea Damage 海上损失
SDR	Special Drawing Right 特别提款权
S/F	Stowage Factor 积载因素
S. G.	Ship and Goods 船与货
Sgd.	signed 签字
Shpt.	shipment 装
sig	signature 签字

SINOTRANS	China National Foreign Trade Transportation Corporation 中国外运公司
Sk.	sack 袋
S. L. & C. SLAC	Shipper's Load and Count 托运人装载，计数
SLACS	Shipper's Load and Count and Seal 托运人装载、计数、加封
S. N.	Shipping Note 装船通知书，托运单
S/O	1. Shipping Order 装货单
	2. Selle's Option 卖方选择
	3. Shout Out 退关
SOC	Shipper's Own Container 货主集装箱
SPC	Shanghai Port Charge 上海港附加费
SRCC	Strike，Riot and Civil Commotion 罢工险
S. S.	Steamship 轮船
St.	Street 街
S/T	Short Ton 短吨
S. T. C	Said to Contain 据称包括
Std.	Standard 标准
Stg.	Sterling 英镑
SWB	Sea Waybill 海运单
S. W. D.	Sea Water Damage 海水损失险
SWIFT	Society for Worldwide Interbank Financial Telecommunication 环球同业银行金融电讯协会

T

T. A.，T/A	1. Telegraphic Address 电报挂号
	2. Transhipment Additional 转船附加费
TAT	Train-Air-Truck 陆空陆联运
TBD	Policy to be declared 待报保险单（船名航期不填须待报者）
TCT	Time Charter on Trip Basis 航次租船
T. D.	Tween deck 二层舱
TEU	Twenty-foot Equivalent Unit 相当于 20 英尺标准集

	装箱
tgm.	telegram 电报
THC	Terminal Handling Charge 码头作业（操作）费
T. L. O.	Total Loss Only 全损险
Tlx.	Telex 电传
T. M. O.	Telegraphic Money Order 电汇单
TOFC	Trailer on Flatcar 铁路平车托运
T. P. N. D.	Theft Pilferage and Non-Delivery 偷盗及提货不着险
T/R	Trust Receipt 信托收据
tr. wt.	tare weight 皮重
T. T.（T/T）	Telegraphic Transfer 电汇
TTL.	Total 总计

U

UCP	Uniform Customs & Practice 统一惯例
U/D	Under Deck 甲板下
U. K.	United Kindom 联合王国（英国）
ULT	ultimo = last month 上月
U/M	under-mentioned 下述
U/T	Unlimited Transshipment 无限制转船

V

V.	vide 参阅
val.	value 价值
VIA	by way of 经由
Viz.	namely 即是
Voy.	voyage 航程
V. V.	Vice Versa = interchange 反过来

W

W. A.	With Average 水渍险，单独海报赔偿
W. C.	West Coast 西海岸
Whf.	Wharf 码头
Whse	Warehouse 仓库，栈房
WIPON	Whether in Port or Not 无论是否抵港
W/M	Weight or Measurement 重量或体积（按高者计算运费）
W. O.	Washing Overboard 浪击落海
W. P. A.	With Particular Average 水渍险
W. R.	War Risks 战争险
Wt.	Weight 重量
wtd.	warranted 保证
wty.	warranty 保证条款
W/T	With Transshipment at. . . 在……转船
w. w	Warehouse Warrant 栈单
W/W	Warehouse to Warehouse Clause 仓至仓条款
WWD	Weather Working Day 晴天工作日

Y

Y. A. R.	York-Antwerp Rules 约克—安特卫普规则（国际共同海损规则）
Yd（s）	yard（s）英码

Z

Z.	Zone 地区
Zip	Zoning Improvement Plan 美国邮区号

附录三

出口跟单常用港口一览表

港口名称	中译名	所属国家或地区
Aalborg	奥尔堡	丹麦
Aarhus	奥尔胡斯	丹麦
Abu Dhabi	阿布扎比	阿拉伯联合酋长国
Adelaide	阿德莱德	澳大利亚
Amsterdam	阿姆斯特丹	荷兰
Ancona	安科纳	意大利
Antofagasta	安托法加斯塔	智利
Antwerp	安特卫普	比利时
Arica	阿里卡	智利
Athens	雅典	希腊
Auckland	奥克兰	新西兰
Augusta	奥古斯塔	意大利
Bandar Khomeini	霍梅尼	伊朗
Bangkok	曼谷	泰国
Barcelona	巴塞罗那	西班牙
Barrow	巴罗	英国
Barry	巴里	英国
Basra	巴士拉	伊拉克
Bombay	孟买	印度
Bordeaux	波尔多	法国
Boston	波士顿	美国（英国有同名港口）
Bremen	不来梅	德国
Bremerha	不来梅哈芬	德国
Brest	布雷斯特	法国
Brindisi	布林迪西	意大利
Brisbane	布里斯班	澳大利亚
Bristol	布里斯托尔	英国

港口名称	中译名	所属国家或地区
Brunei	文莱	文莱
Brussels	布鲁塞尔	比利时
Chiba	千叶	日本
Chicago	芝加哥	美国
Colombo	科伦坡	斯里兰卡
Colon	科隆	巴拿马
Copenhagen	哥本哈根	丹麦
Dacca	达卡	孟加拉
Damman	达曼	沙特阿拉伯
Da Nang	岘港	越南
Darwin	达尔文	澳大利亚
Detroit	底特律	美国
Djakarta（Jakarta）	雅加达	印度尼西亚
Doha	多哈	卡塔尔
Dubai	迪拜	阿拉伯联合酋长国
Dublin	都柏林	爱尔兰
Frankfurt	法兰克福	德国
Fukuo	福冈	日本
Gothenburg	哥德堡	瑞典
Hai Phong	海防	越南
Hakodate	函馆	日本
Hamburg	汉堡	德国
Hamina	哈米纳	芬兰
Hanoi	河内	越南
Helsingborg	赫尔辛堡	瑞典
Helsingor	赫尔辛格	丹麦
Helsinki	赫尔辛基	芬兰
Hiroshima	广岛	日本
Ho Chi Minh City	胡志明市（西贡）	越南
Houston	休斯敦	美国
Hull	赫尔	英国

港口名称	中译名	所属国家或地区
Inchon	仁川	韩国
Istanbul	伊斯坦布尔	土耳其
Jakarta	雅加达	印度尼西亚
Jiddah（Jeddah）	吉达	沙特阿拉伯
Kagoshima	鹿儿岛	日本
Karachi	卡拉奇	巴基斯坦
Kawasaki	川崎	日本
Kemi	盖密	芬兰
Kitakyushu	北九州	日本
Kobe	神户	日本
Kokkola	科科拉	芬兰
Kotka	科特卡	芬兰
Kuwait	科威特	科威特
La Spezia	拉斯佩齐亚	意大利
Leningrad	圣彼得堡	俄罗斯
Lisbon	里斯本	葡萄牙
Liverpool	利物浦	英国（加拿大有同名港口）
London	伦敦	英国
Londonderry	伦敦德里	英国
Long Beach	长滩	美国
Los Angeles	洛杉矶	美国
Mahe	马希	印度
Malacca	马六甲	马来西亚
Manchester	曼彻斯特	英国
Manila	马尼拉	菲律宾
Marseilles	马赛	法国
Melborne	墨尔本	澳大利亚
Miami	迈阿密	美国
Middlesbrough	米德尔斯布勒	英国
Midland	米德兰	加拿大
Moji	门司	日本

港口名称	中译名	所属国家或地区
Mokpo	木浦	韩国
Montreal	蒙特利尔	加拿大
Membai	孟买	印度
Nagasaki	长崎	日本
Nagoya	名古屋	日本
Nampo	南浦	朝鲜
Naples（Napoli）	那不勒斯（那波利）	意大利
New Orleans	新奥尔良	美国
New York	纽约	美国
Oakland	奥克兰	美国（新西兰有同名港口）
Osaka	大阪	日本
Oulu	奥鲁	芬兰
Padang	巴东	印度尼西亚
Penang	槟城	马来西亚
Phom Penh	金边	柬埔寨
Pontlanak	坤甸	印度尼西亚
Pusan（Busan）	釜山	韩国
Quebec	魁北克	加拿大
Rangoon	仰光	缅甸
Rotterdam	鹿特丹	荷兰
San Diego	圣迭戈	美国
San Francisco	旧金山	美国（巴西有同名港口）
Seattle	西雅图	美国
Singapore	新加坡	新加坡
Southampton	南安普敦	英国
Suez	苏伊士	埃及
Sydney	悉尼	澳大利亚（加拿大有同名港口）
Tokyo	东京	日本
Tornio	托尔尼奥	芬兰
Toronto	多伦多	加拿大
Vasa	瓦沙	芬兰
Venice	威尼斯	意大利

港口名称	中译名	所属国家或地区
Visby	维斯比	瑞典
Vostochny	东方港	俄罗斯
Wellington	惠灵顿	新西兰
Whitby	惠特比	英国
Willmington	威尔明顿	美国
Wismar	维斯马	德国
Yokohama	横滨	日本

参考文献

1. 黎孝先．国际贸易实务．北京：对外经济贸易大学出版社，1994
2. 吴百福．进出口贸易实务教程．上海：上海人民出版社，1999
3. 刘端朗，方振富．国际贸易实务．南宁：广西人民出版社，1992
4. 许罗丹，王集寨．出口单据业务．广州：中山大学出版社，1992
5. 王乃彦．外贸英语函电．北京：中国对外经济贸易出版社，2002
6. 姚大伟．新编对外贸易单证实务．上海：复旦大学出版社，1995
7. 余世明．外贸跟单理论与实务．广州：暨南大学出版社，2006
8. 余世明．国际贸易实务．广州：暨南大学出版社，2005
9. 余世明．国际商务单证实务．广州：暨南大学出版社，2005
10. 余世明，丛凤英．国际商务单证．广州：暨南大学出版社，2001
11. 余世明，冼燕华．国际商务模拟实习教程（上、下册）．广州：暨南大学出版社，2004
12. 余世明．国际商务操作理论与实务．广州：岭南美术出版社，2005
13. 余世明．全国外销员资格考试辅导．广州：暨南大学出版社，2002
14. 冼燕华．国际商务英语函电．广州：暨南大学出版社，2006